Ulrich Dauscher

Moderationsmethode und Zukunftswerkstatt

Ulrich Dauscher

Moderationsmethode und Zukunftswerkstatt

Luchterhand

Die Deutsche Bibliothek – CIP-Einheitsaufnahme

Dauscher, Ulrich:
Moderationsmethode und Zukunftswerkstatt / Ulrich Dauscher.
– Neuwied ; Kriftel ; Berlin : Luchterhand, 1996
(Grundlagen der Weiterbildung)
ISBN 3-472-02432-1

Satz: Computersatz Dirk Pfaff, Hennef
Druck: Neuwieder Verlagsgesellschaft mbH; Neuwied
Printed in Germany, Januar 1996

♾ Gedruckt auf säurefreiem, alterungsbeständigem und chlorfreiem Papier

INHALT

Einleitung

Moderationsmethode und Zukunftswerkstatt

Die Moderationsmethode und die Zukunftswerkstatt sind Möglichkeiten, Menschen in gemeinsamer, eigenständiger Arbeit zu unterstützen. Die beiden Methoden gleichen sich in ihren grundlegenden Merkmalen: ein Moderator strukturiert mit Hilfe bestimmter Techniken den Arbeitsprozeß einer Gruppe, und alle wichtigen Beiträge werden gut sichtbar auf Plakaten festgehalten. Trotz ihrer Ähnlichkeit existieren die beiden Methoden weitgehend isoliert nebeneinander. Das liegt nicht zuletzt an ihrer Entstehungsgeschichte: während die Moderationsmethode v.a. aus Problemen der Unternehmensberatung heraus entstand und sich zunächst im Management verbreitete, liegen die Ursprünge der Zukunftswerkstatt in einer sozial engagierten Zukunftsforschung, und die Methode wurde eher im Bereich der sozialen Bewegungen angewendet.

Unterschiede

Die beiden Methoden stehen bei aller Verwandtheit für verschiedene Ansätze, Gruppen in ihrer Meinungsbildung und Entscheidungsfindung zu unterstützen. Die Moderationsmethode setzt auf rational orientierte Bearbeitung von Informationen und versucht dazu, die Kommunikation möglichst effizient zu gestalten. In der Zukunftswerkstatt spielen dagegen Phantasie und emotionale Dynamik wesentliche Rollen. Durch diese Unterschiede, die sich in vielen Einzelheiten der Ausgestaltung der Methoden ausdrücken, werden Moderationsmethode und Zukunftswerkstatt füreinander fruchtbar. Die Kenntnis der einen Methode vertieft das Verständnis der anderen und ermöglicht es, die Moderationsform passend zur jeweiligen Situation auszuwählen bzw. zu modifizieren.

Darstellung, Aufbau des Buches

In diesem Buch sind die beiden Methoden klar voneinander abgegrenzt. Dadurch können ihre Charakteristika besser herausgearbeitet werden. Tatsächlich sind beide Ansätze in ihrer Ausgestaltung flexibel und können ineinander übergehen. Wenn man die Moderationsmethode weit auffaßt, beinhaltet sie jede Form der Gruppenarbeit, in der ein Moderator die Teilnehmer in ihrer Arbeit unterstützt, ohne inhaltlich einzugreifen. So betrachtet wäre die Zukunftswerkstatt ein Sonderfall der Moderationsmethode.

Allerdings würde das ihrem eigenständigen Charakter nicht gerecht.

Im ersten Teil des Buches wird die Moderationsmethode beschrieben. Dabei wird besonders viel Wert auf das grundlegende Verständnis von Moderation gelegt, insbesondere auf das Verhalten des Moderators im Umgang mit der Gruppe. Der Abschnitt über die Zukunftswerkstatt baut darauf auf. Die Dynamik der moderierten Gruppe und Besonderheiten in der Anwendung einzelner Techniken werden tiefergehend behandelt. Dabei wird immer wieder auf die Moderationsmethode zurückgegriffen, so daß sich das Verständnis für beide Methoden im Betrachten der Ähnlichkeiten und Unterschiede schärft.

Das Buch soll für Einsteiger mit geringen Grundkenntnissen ebenso Anregungen enthalten wie für Menschen, die schon einige Erfahrung im Moderieren sammeln konnten. Es soll Verständnis für die Methoden vermitteln, es soll aber auch als Anleitung für den Einsatz einzelner Techniken dienen. Insofern ist es ebenso als Einführung wie als Handbuch geschrieben.

»Gebrauchs-anleitung«

Sollten Sie beide Ansätze noch kaum kennen, würde ich Ihnen empfehlen, die Methodendarstellungen bei der Zukunftswerkstatt zunächst nur flüchtig zu lesen. In der Fülle von Einzelheiten besteht sonst die Gefahr, daß der Gesamtüberblick verlorengeht. Lassen Sie sich vor allem durch die Flut von Details und die scheinbar unerfüllbaren Anforderungen an den Moderator nicht von eigenen Versuchen abhalten. Wenn Sie die zugrundeliegenden Ideen verstehen und sich in der Rolle des Moderators wohlfühlen können, können Sie moderieren. Sie werden vielleicht in Ihren ersten Versuchen nicht perfekt sein, aber Sie werden sehr wahrscheinlich auf Anhieb bessere Ergebnisse erzielen als mit einer mündlichen Diskussion. Regeln und Methoden sind schließlich nur Hilfsmittel, ein bestimmtes Verständnis von Gruppenarbeit umzusetzen – wichtige Hilfsmittel, aber eben nur Hilfsmittel. Im Zentrum steht das Verstehen der Ideen und der damit verknüpften Vorgehensweisen.

Sollten Sie die Möglichkeit dazu haben, so können Sie auch erst einmal einzelne Elemente einsetzen, etwa im Rahmen von Bildungsveranstaltungen. So werden Sie nach und nach sicherer im Umgang mit Verfahren der Moderation.

Moderieren ist praktischer Umgang mit Menschen und kann nicht rein theoretisch vermittelt werden. Nur in Ihrer Praxis können Sie erfahren, welche Wirkungen bestimmte Methoden haben, welche Folgen aus Variationen im Moderatorenverhalten oder in der Gruppenzusammensetzung entstehen. Verstehen Sie daher bitte die Beschreibung von Methoden in diesem Buch nicht als absolute Wahrheiten. Die Darstellungen sollen Anregungen für Ihre eigenen Versuche geben und Sie in Ihrer Reflexion unterstützen.

Erster Teil
Die Moderationsmethode

Die Moderationsmethode ist ein Verfahren, mit dem die Meinungsbildung und Entscheidungsfindung in Gruppen unterstützt werden kann. Typisch für sie ist eine ausführliche Visualisierung des Verlaufs und der Inhalte der Diskussion, Wechsel zwischen Plenums-, Kleingruppen- und Einzelarbeit sowie der Einsatz eines Moderators, der den Austausch in der Gruppe fördert und strukturiert, ohne dabei inhaltlich einzugreifen.

Um einen Überblick über die Hintergründe der Methode zu geben, werden zunächst ihre Entwicklung und die Zusammenhänge zwischen Moderatoren- und Gruppenverhalten, Thema und Methode dargestellt. Anschließend werden einzelne Aspekte der Methode detailliert besprochen.

1. Entwicklung

Gesellschaftlicher Hintergrund

Die Moderationsmethode entstand in den späten 60er und frühen 70er Jahren. Vor allem in den Hochschulen wurden in dieser Zeit bestehende Verhältnisse nicht mehr einfach hingenommen, wie sie waren. Studenten wollten in Entscheidungen einbezogen werden, mitbestimmen können. Es stellte sich allerdings heraus, daß der Wille, sogar die allgemeine Bereitschaft dazu, nicht genügte. Methoden, die die Einbeziehung der Betroffenen in Entscheidungen unterstützt hätten, fehlten. Üblich und bekannt waren damals zwei Gesprächsstrukturen: Diskussion und Vortrag. Im einen Fall wußte der Diskussionsleiter, worum es ging, im anderen der Experte. Gleichberechtigte Kommunikation war kaum möglich. Die »Schuld« am Scheitern von Mitbestimmungsversuchen lag also nicht unbedingt, wie häufig zugewiesen, am Gegenüber, am gesellschaftlichen System oder an Sachzwängen, sondern auch daran, daß Gesprächsformen noch nicht entwikkelt waren, die Mitbestimmung ermöglichten.

Ebenfalls in den 60er Jahren nahm in Deutschland, bedingt u.a. durch den wachsenden Wohlstand, das Bedürfnis nach Planung zu. Planungsstäbe und Unternehmensberatungen schossen aus dem Boden, erstellten Gutachten und Entwicklungspläne, wurden dafür gelobt, bezahlt und sahen ihre Vorschläge in der Schublade verschwinden. Auch hier fehlte ein Instrument, um Wünsche und Bedürfnisse im Vorfeld und während der Planung adäquat zu erfassen, so daß einerseits an den tatsächlichen Gegebenheiten, andererseits an den Betroffenen vorbeigeplant wurde.

Wurzeln

Aus dieser Situation heraus entwickelte Eberhard Schnelle, Mitglied einer Unternehmensberatung, des »Quickborner Teams«, das »Entscheidertraining« (Schnelle 1968). Er ging einerseits davon aus, daß aufgrund der wachsenden Komplexität der Probleme einzelne Planer überfordert und daher Kollektiventscheidungen notwendig seien, andererseits davon, daß Entscheidungen nicht nur *Verfahrens*-, sondern auch *Verhaltens*probleme seien, von den Betroffenen also Sachentscheidungen nicht unbedingt akzeptiert würden, nur weil die Planer sie für gut hielten. Im Entscheidertraining wurde Wissen über Entscheidungs*verhalten* gelehrt und die Planung im Team unter Einbeziehung der Betroffenen, bzw. deren Meinungsführer, propagiert.

Schnelles Konzept konnte mit den Erfahrungen aus der Beteiligung an Entscheidungsprozessen in Hochschulen verbunden werden, als Dr. Karin Klebert, ehemals Dozentin für Sozialphilosophie und Sozialpsychologie an der Universität Münster, und Dr. Einhard Schrader, ein Soziologe, zum Quickborner Team stießen. Anfang der siebziger Jahre entwickelten sie die Grundzüge der Moderationsmethode, damals »Metaplan-Methode« genannt – das »Quickborner Team« wurde zur »Metaplan GmbH«.

Problemanalyse

Man kann sich der Methode über die Nachteile üblicher Gespräche annähern. Was macht es so schwer, in Diskussionen Ideen zu entwickeln und Entscheidungen zu treffen?

– Gedächtnis

Zunächst fordern mündliche Diskussionen eine sehr hohe Konzentration. Beiträge müssen über lange Zeit im Gedächtnis bleiben, da man sich nicht immer sofort dazu äußern kann. Ermüdungserscheinungen, Mißverständnisse, die Notwendigkeit von häufigen Erklärungen und Wiederholungen sind also durch die Gesprächsform bedingt.

– Roter Faden

Auch muß man ständig aufpassen, nicht den roten Faden zu verlieren. Die Versuchung, sich an unwichtigen Kleinigkeiten festzubeißen, ist groß.

– Interaktionsdichte

Des weiteren ist eine mündliche Diskussion ziemlich unökonomisch: immer nur ein einziger kann sich äußern, so daß die Interaktionsdichte relativ gering ist. Dazu kommt, daß so gut wie immer Vielredner und Ausschweifer in einer Gruppe sind, so daß die Sprechzeit, die jedem einzelnen zur Verfügung steht, sehr unterschiedlich ist.

– Diskussionsleitung

Der Diskussionsleiter müßte in dieser Situation Schwerpunkte setzen und auf die gleichmäßige Verteilung der Sprechzeiten achten, eine Aufgabe, die einen einzelnen im allgemeinen überfordert.

– Außenstehende

Schließlich liegt ein Problem noch darin, daß Außenstehende in den Stand der Diskussion kaum einzuführen sind. Experten können ihre Beiträge nicht auf den Stand der Gruppe abstimmen, sporadische Teilnehmer sind ebensowenig ausreichend informiert wie Menschen, die von den gefällten Entscheidungen betroffen sind.

Visualisierung

Aus dieser Kritik entstand das erste Standbein der Moderationsmethode: die Visualisierung. Zusätzlich zur Sprache wurde der optische Kanal genutzt, indem auf Plakaten die Diskussion mitskizziert wurde. Dadurch sollten die Anforderungen an das Gedächtnis verringert und der rote Faden offensichtlich werden. Die Interaktionsdichte sollte steigen (man kann schreiben, während der andere redet), der Diskussionsleiter entlastet und Außenstehende leichter in den Diskussionsstand eingeführt werden können.

Moderator statt Leiter

Mit der Visualisierung allein allerdings war das Problem noch nicht gelöst: man mußte ja irgendwie ein Ergebnis erreichen, und je mehr die Gruppe gezogen und geschoben wurde, desto stärkeren Widerstand entwickelte sie. Die Lösung bestand in der Umwandlung des Trainers, des wissenden Gruppenführers, in den Moderator, der die Gruppe auf dem Weg ihrer Entwicklung des *eigenen* Willens und der *eigenen* Erkenntnisse unterstützt.

Frage-/Antworttechniken

Als dritter Pfeiler wurden schließlich die Frage- und Antworttechniken entworfen, das Bindeglied zwischen Gruppe, Moderator und Visualisierung. Damit waren die Fragen: »Wie kann ich die mündliche Diskussion verbessern?«, »Welche Haltung muß ich als Moderator einnehmen?« und »Welche Instrumente kann ich einsetzen?« fürs erste beantwortet.

Weiterentwicklung

Die Moderationsmethode verbreitete sich zunächst im Management, später griff sie über auf andere Bereiche des gesellschaftlichen Lebens, wie z.B. gewerkschaftliche Fortbildungen, Sitzungen von Sportvereinen usw. Neben dem Begriff »Metaplan-Methode« bürgerte sich »ModerationsMethode« ein, als, nach der Auflösung des Erfinderteams, 1980 das erste umfassende Buch über diese Methode erschien: »ModerationsMethode« von Klebert, Schrader und Straub. Beide Begriffe sind allerdings geschützt. Deswegen wird meist »Moderationsmethode« verwendet, auch wenn dieser Begriff durch seinen sehr umfassenden Charakter etwas verwegen erscheint.

Die Techniken und Verfahren der Moderationsmethode sind seit ihren Anfängen weiterentwickelt und verfeinert worden. Teilweise wird sie daher schon als »narrensicher« angesehen (z.B. Böning 1991, S.30). M.E. hat aber gerade durch die Begeisterung, eine reiche Auswahl vorgefertigter Instrumente zur Verfügung zu haben, die Moderationsmethode gelitten. Das grundlegende Verständnis der Methode trat gegenüber der Verfügbarkeit eines Werkzeuges zurück. Die Moderationsmethode ist aber eher ein kunstvolles Gebilde, bei dem sich Material, Methode und Menschenbild zu einer Einheit ergänzen. Diese Einheit kann in der Anwendung nicht vernachlässigt werden, ohne daß das Ganze darunter leidet.

2. Das Beziehungsgeflecht der Moderation – ein Überblick

In einer Moderation lernen die Mitglieder der Gruppe nicht von einem Lehrer, sondern von sich selbst. Dazu stellt ihnen der Moderator einerseits methodische Hilfen, andererseits seine gruppendynamische Erfahrung zur Verfügung. Die Beziehungen zwischen Gruppe, Moderator, Methode und Thema lassen sich schematisch als Geflecht darstellen:

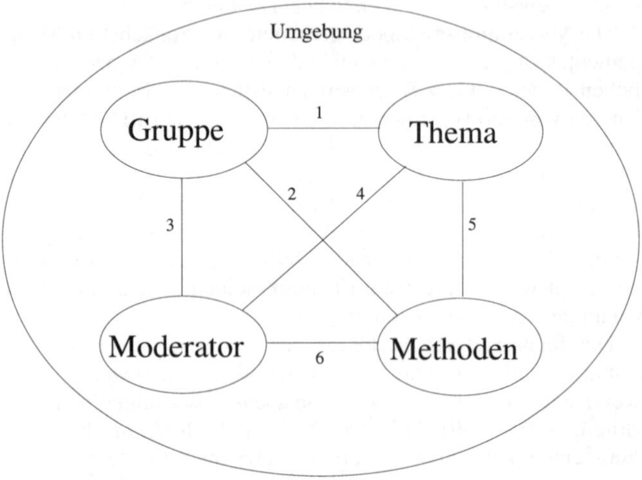

1. Verhältnis von Gruppe und Thema

- ❒ Die Mitglieder der Gruppe besitzen fachliche Kenntnisse zum Thema.
  Andernfalls: selbständige Themenbearbeitung ist nicht möglich.
- ❒ Das Thema ist für die Gruppe bedeutsam.
  Andernfalls: die geforderte hohe Eigenaktivität kommt nicht zustande, da das Thema nicht ausreichend interessiert.

2. Verhältnis von Gruppe und Methoden

- ❒ Die Gruppe akzeptiert die Moderationsmethode. Falls sie noch nicht bekannt ist, sind die Mitglieder bereit, sie auszuprobieren.

Andernfalls: die Themenbearbeitung wird durch Auseinandersetzungen über die Methode beeinträchtigt.

❒ Die Methode ist nur geeignet, wenn die persönlichen und inhaltlichen Spannungen in der Gruppe nicht zu hoch sind.
Andernfalls: Zusammenarbeit ist nicht möglich.

3. Verhältnis von Gruppe und Moderator

❒ Die Gruppe akzeptiert den Moderator als Methoden- und Kommunikationsfachmann.
Andernfalls: da die Gruppe immer wieder das Verhalten des Moderators hinterfragt, wird themenbezogenes Arbeiten erschwert.

❒ Der Moderator akzeptiert die Gruppe als fachkompetent.
Andernfalls: der Moderator mischt sich inhaltlich ein. Es kommt zu Auseinandersetzungen mit den Gruppenmitgliedern; manche empfinden sich als inkompetent beurteilt. Die Teilnehmer ziehen sich zurück oder beginnen (Macht-)Kämpfe mit dem Moderator.

4. Verhältnis von Moderator und Thema

❒ Der Moderator besitzt Grundwissen zu dem Thema.
Andernfalls: er kann den Entscheidungsfindungsprozeß der Gruppe nicht verfolgen. Daher kann er auch nicht steuernd eingreifen, wenn es nötig werden sollte.

❒ Das Thema betrifft den Moderator nicht zu stark.
Andernfalls: er hat Probleme, sich inhaltlich zurückzuhalten.

5. Verhältnis von Thema und Methoden

❒ Die Moderationsmethode ist nicht für jedes Thema sinnvoll anzuwenden. Geeignet ist sie insbesondere, um komplexe Probleme zu durchdringen. Bei einfachen Aufgaben sollte sie nur sparsam angewendet werden.
Andernfalls: der Zeitaufwand ist unangemessen hoch, die Gruppenmitglieder fühlen sich unterfordert.

6. Verhältnis von Moderator und Methoden

❒ Der Moderator beherrscht die Methoden.
Andernfalls: er kann die Gruppe nicht ausreichend unterstützen, ihr Ziel zu erreichen.

❒ Die Methoden passen zur Persönlichkeit des Moderators.
Andernfalls: er kann sie nicht überzeugend anwenden. Die Gruppenmitglieder spüren Unstimmigkeiten, wenn sich z.B. der Moderator normalerweise gern in den Vordergrund spielt und sich in der Moderation mühevoll zurückhalten muß. Damit wird vom Thema, das im Mittelpunkt stehen sollte, abgelenkt.

Schließlich wirkt sich noch die Umgebung, in der die Moderation stattfindet, aus. Ein unangenehmes Umfeld wirkt nicht gerade motivierend. Gerade für die Moderationsmethode ist aber die Motivation der Teilnehmer grundlegend: das Verfahren beruht ja auf der Aktivität der Gruppe.

3. Die Visualisierung

Die Visualisierung ist, wie schon angeführt, der erste Pfeiler, auf dem die Moderationsmethode ruht. Sie ist auch ihr Markenzeichen: die zur Visualisierung verwendeten Materialien sind weithin bekannt und werden auch außerhalb von Moderationen eingesetzt.

3.1 Verhältnis von Sprache und Visualisierung

Verhältnis Sprache-Auge

Die optische Darstellung soll die Sprache nicht ersetzen, sondern lediglich ergänzen. Die Visualisierung in einer Moderation ähnelt der in diesem Buch. Durch die Gliederung, durch Überschriften, wird das Thema strukturiert. Innerhalb der Abschnitte werden die Inhalte teilweise stichpunktartig in Randbemerkungen zusammengefaßt, z.B. bei den Vorteilen der Visualisierung (s.u.). Die detaillierte Darstellung findet im Text statt. In der Moderationsmethode geben Plakatüberschriften oder auch Plakatgruppen die Struktur einer Diskussion wieder, in den Plakaten selbst werden stichpunktartig die Inhalte festgehalten. Die genaue Bearbeitung ist der Sprache vorbehalten.

Vorteile der Visualisierung

Die optische Ergänzung der Sprache hat gegenüber der rein verbalen Verständigung mehrere Vorteile.

– Informationen präsent

Zunächst bleiben die Informationen stichwortartig ständig präsent: beschriebene Plakate sollen, soweit sie nicht zu Zusammenfassungen weiterverarbeitet worden sind, sichtbar sein. Dadurch steigen Aufnahmebereitschaft und -kapazität der Gruppe an. Mißverständnisse, die sonst durch Vergessen oder Überhören einzelner Informationen entstehen, nehmen dagegen ab.

– Struktur sichtbar

Da man die Struktur und die groben Inhalte der Diskussion vor Augen hat, sind Querverbindungen und Irrwege sichtbar (evtl. gekennzeichnet durch Linien oder Blitze). Der rote Faden ist für jeden Teilnehmer offensichtlich. Auch Außenstehende, z.B. Experten, sind schnell in den Diskussionsstand einzuführen.

– Konsens erleichtert

Der Einigungsprozeß der Gruppe wird erleichtert, da die ganze Meinungsvielfalt sichtbar ist und damit die eigenen Beiträge in Bezug zum Ganzen gesetzt und relativiert werden. Insofern ist auch förderlich, daß schriftliche Stichpunkte nur schwer als Angriffe gegen andere formuliert werden können: Beziehungs- und

Sachebene können sich nicht so leicht vermischen wie in einer mündlichen Diskussion. Die Ausartung in eine »Keilerei« mit dem eigentlichen Problem als Vehikel ist unwahrscheinlicher.

– Selektion des Wichtigen

Ebenfalls förderlich für eine konstruktive Zusammenarbeit ist der Zwang, wichtige und unwichtige Dinge zu trennen. Man kann zwar ganz gut fünf Minuten lang ausholen, um eine banale Aussage zu machen, dasselbe ist aber ziemlich schwierig, wenn man einige Stichpunkte auf Kärtchen schreiben soll.

– Stärkere Einbeziehung der Teilnehmer

Da die Teilnehmer Zugang zu Schreibmaterial und -fläche haben, besteht kein Zwang zur Einhaltung einer bestimmten Rednerfolge: während einer redet, können die anderen ihre eigenen Ideen auf Kärtchen festhalten und später der Gruppe präsentieren. Der Gedankenfluß wird also weniger gehemmt, die Spontaneität der Äußerungen steigt. Beiträge, die im Moment nicht in das Gespräch passen, können aufgeschrieben, in einem gesonderten Plakat gesammelt und im passenden Moment diskutiert werden. Alles in allem steigt die Interaktionsdichte gegenüber einer mündlichen Diskussion ebenso an wie die Aktivität der Teilnehmer, was wiederum zu einer stärkeren Identifikation mit dem Ergebnis führt.

– Dokumentation

Schließlich wird noch die Dokumentation der Diskussion erleichtert: im Grunde ist ja schon alles notiert, es geht nur noch darum, zusammen mit den Teilnehmern die wichtigen Teile zu bestimmen, abzuschreiben oder zu fotografieren und zu vervielfältigen. Dabei ist die Manipulationsmöglichkeit, im Vergleich zum Protokoll einer mündlichen Diskussion, relativ gering.

3.2 Elemente der Visualisierung

Vorüberlegungen

Zur Visualisierung werden einfache Hilfsmittel verwendet, die universell einsetzbar sind. Der Umgang damit ist leicht zu erlernen, so daß Diskussionsteilnehmer problemlos und flüssig damit arbeiten können – sie sollen ja selbst mitvisualisieren. Die wesentlichen Elemente sind:

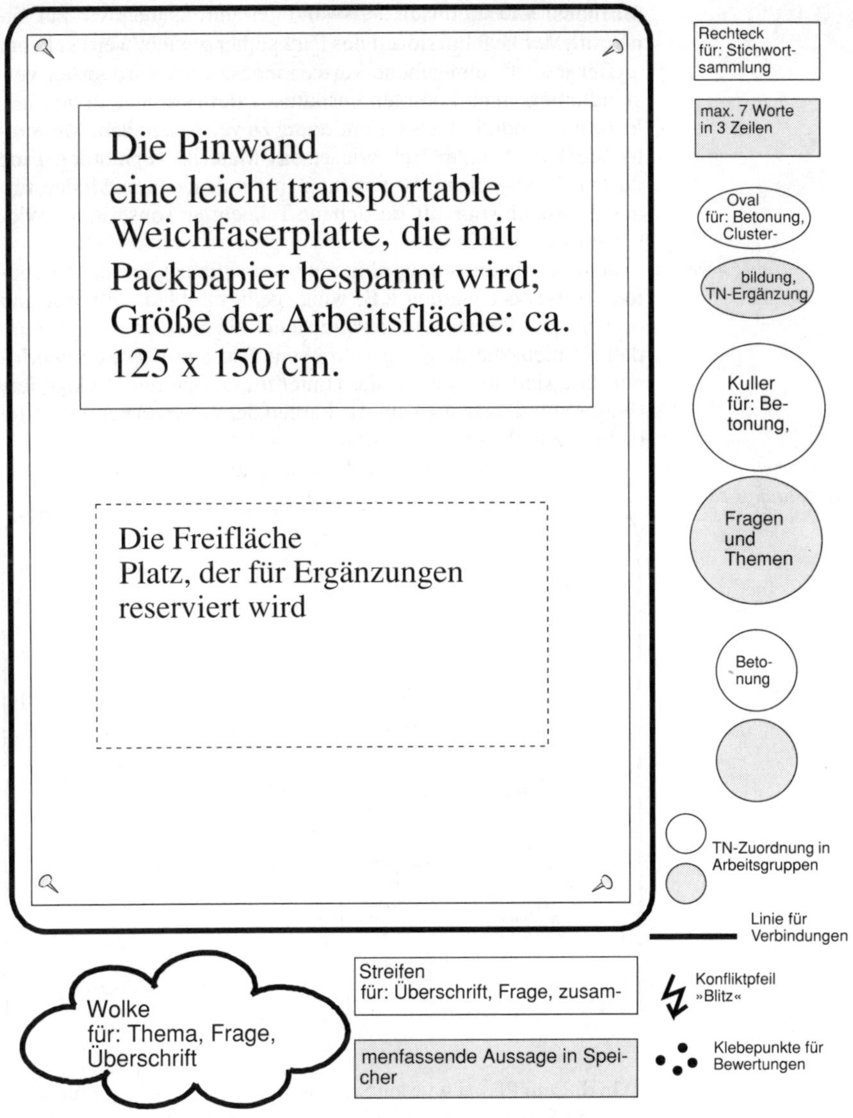

Die Elemente sind in der Darstellung gegenüber der Pinnwand leicht vergrößert (als Anhaltspunkt: das Rechteck mißt ca. 21 x 10 cm). Sie bestehen aus dünnem Karton, der mit Filzstift beschrieben und an die Arbeitswand gepinnt, später evtl. zur Sicherung der Ergebnisse auf das Packpapier geklebt werden kann.

Der jeweils angegebene Verwendungszweck wird später verständlicher, wenn komplett gestaltete Tafeln vorgestellt werden. Er ist auch lediglich als Orientierung zu verstehen: dem Moderator steht im Prinzip frei, wie er das Material verwendet. Eine durchgängig gleiche Anwendung in verschiedenen Moderationen ist jedoch sinnvoll, da sich die Teilnehmer sonst immer wieder umstellen müssen.

Farben

Jede Kärtchenform wird in unterschiedlichen Farben angeboten. Verwendet werden z.B. weiß, gelb, hellblau, hellgrün und orange. Die Farben sind ansprechend, zugleich aber so dezent, daß sie nicht die darauf geschriebene Botschaft optisch übertönen. Sie sind sowohl auf die Hintergrundfarbe des Packpapiers (beige-braun), als auch auf die Farben der verwendeten Filzstifte (schwarz und rot) abgestimmt.

Farbe/Form als Bedeutungsträger

Farben und Formen sind Bedeutungsträger:

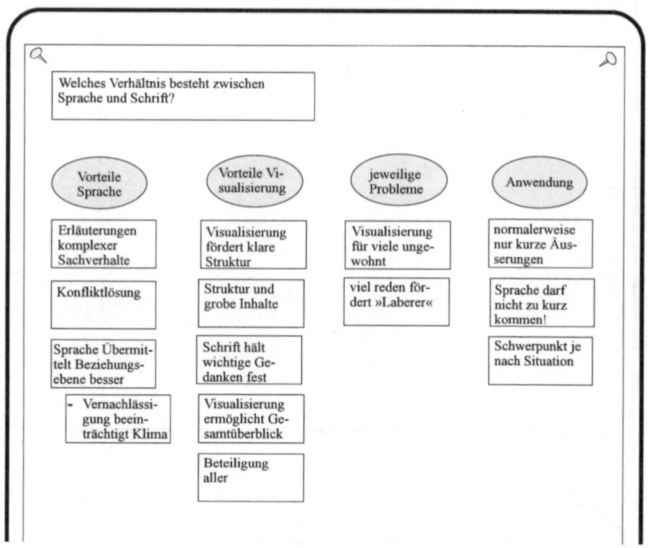

In diesem Plakat wurden Stichpunkte zum Verhältnis von Sprache und Schrift in Moderationen gesammelt. Die dazu verwendeten Rechtecke wurden nach Zusammengehörigkeit sortiert und mit Oberbegriffen versehen, die sowohl eine andere Farbe, als auch eine andere Form als die Stichpunkte haben. Sie sind damit deutlich von diesen zu unterscheiden.

Durch die Verwendung von Farben und Formen werden also Zusammenhänge innerhalb eines oder zwischen mehreren Plakaten herausgestellt. Wichtig ist dabei, daß ein übersichtliches Bild entsteht. Man sollte mit Farb- und Formwechseln sparsam umgehen, z.B. max. drei Farben pro Plakat verwenden.

Schrift

Das dritte Element der Visualisierung, neben Form und Farbe, ist die Schrift. Auf sie muß besonderer Wert gelegt werden, da sie, etwa bei einer Gruppe mit 20 Teilnehmern, auch noch aus einer Entfernung von ca. acht Metern gut zu lesen sein muß.

Grundsätzlich werden Druckbuchstaben verwendet. Die Schriftgröße beträgt für Überschriften ca. 5 cm, für Kartentext ca. 2,5 cm.

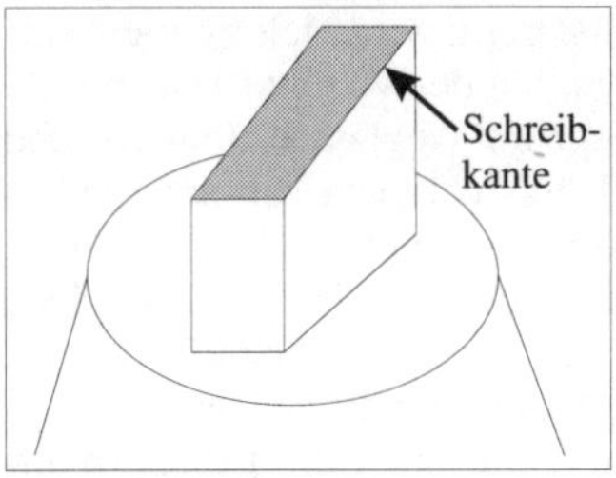

Dabei werden besondere Stifte verwendet (z.B. edding 800 und edding Nr. 1), die keine runde, sondern eine rechteckige Spitze besitzen. Sie werden so gehalten, daß bei Abstrichen auf dem Papier ein breiter Strich entsteht und dann beim Schreiben nicht mehr gedreht. Beim edding Nr. 1 wird mit der Breitseite geschrieben, der Giebel zeigt zum Daumen; beim edding 800 wird der Giebel benutzt.

Um Platz zu sparen, werden die Ober- und Unterlängen (das sind l, g usw.) im Verhältnis zu den Mittellängen (a, o) sehr klein geschrieben. Bei einer Zeilenhöhe von 5 (Überschriften) bzw. 2,5 cm (Text) beträgt der Anteil der Mittellängen 3 bzw. 1,5 cm. Die Buchstaben werden innerhalb der Wörter eng zusammen geschrieben. Um optisch besser zu gliedern, verwendet man Groß- und Kleinbuchstaben. EIN TEXT, DER AUSSCHLIESSLICH

AUS GROSSBUCHSTABEN BESTEHT, IST VERHÄLTNISMÄSSIG SCHLECHT ZU LESEN.

3.3 Die optische Gestaltung von Plakaten

Visualisierung ist zielorientiert

Bei der Zusammenstellung der Plakate ist darauf zu achten, daß die Darstellung eine bestimmte Wirkung auf den Betrachter hat. So ist aus einer reinen Stichpunktsammlung noch keine Gliederung zu erkennen, eine geordnete Darstellung zeigt nicht unbedingt Zusammenhänge, eine perfekt bis ins kleinste Eckchen gestaltete und gefüllte Pinwand stellt keine Aufforderung zur Ergänzung derselben dar. Visualisierung wird zielorientiert vorgenommen und birgt immer die Gefahr der Manipulation in sich.

Grundregeln

Die Kunst der Darstellung liegt im Weglassen. Plakate sind einfach zu gestalten, so daß die Übersicht nicht verlorengeht. In ihnen soll jeweils nur ein Gedanke bearbeitet werden, allerdings müssen alle wesentlichen Plakate sichtbar sein. Die Freifläche ist eines der wichtigsten Elemente: sie schafft Platz für Ergänzungen und regt zum Weiterdenken und Beteiligen an.

Neben der Selbstbeschränkung sind noch die Lesegewohnheiten zu beachten: man liest von links nach rechts, dann von oben nach unten:

Entspricht der Gewohnheit	Kann ergänzt werden

Schließlich wird eine Darstellung noch nach ihrer inneren Ordnung strukturiert: Überschriften oder Oberbegriffe werden durch Farbe, Form und/oder Schriftgröße betont.

Kompositionsregeln

Die Visualisate werden unter Beachtung von acht Kompositionsregeln gestaltet, die je nach Bedarf angewendet werden (nach Schnelle-Cölln 1988, S.24ff.).

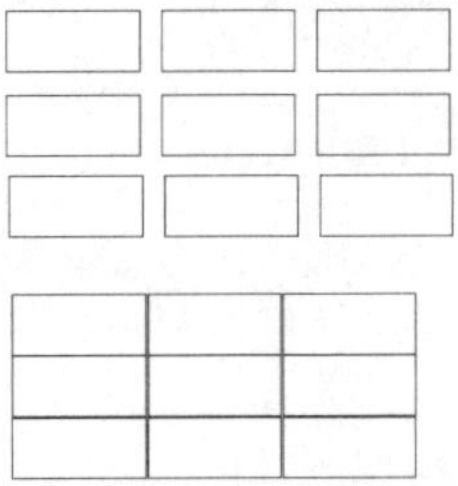

1. Figur und Grund
In unserer Wahrnehmung hebt sich die Figur (=Kärtchen) vom Grund (=Packpapier) ab. Für die Gestaltung von Plakaten bedeutet das, daß zwischen den Kärtchen etwas Platz gelassen werden muß, damit sie klar und mühelos als einzelne Elemente wahrgenommen werden können.

2. Vollkommene Gleichmäßigkeit
Die vollkommen gleichmäßige Gestaltung einer Tafel hebt nichts hervor und bietet keine Gliederung. Sie ist Ausgangspunkt für die Weiterbearbeitung, z.B. durch Gliederung, Herausarbeiten des Wichtigen und Darstellung in einem aussagekräftigen Bild, das Zusammenhänge aufzeigt.

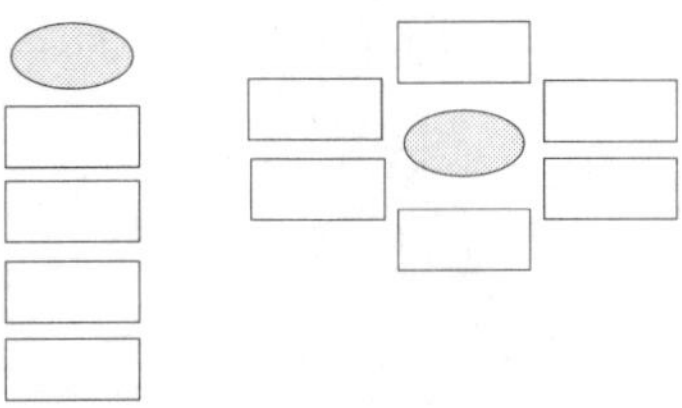

3. Reihung
Sie ist u.a. die logische Fortsetzung der gleichmäßigen Anordnung. Die Themenstruktur wird sichtbar und kann weiterbearbeitet werden.
Ihre Bedeutung wird durch die Form bestimmt. Die Figur links könnte z.B. darstellen, was unter dem hervorgehobenen Oberpunkt eingeordnet werden kann, rechts könnten sechs Aspekte eines Themas gezeigt sein.
Eine Reihung sollte nicht zu viele Elemente enthalten, um nicht unübersichtlich zu wirken.

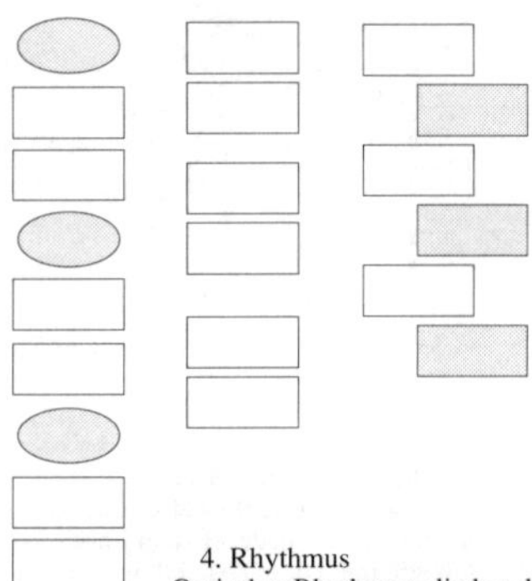

4. Rhythmus
Optischer Rhythmus gliedert die Darstellung. Er ermöglicht einen schnellen Überblick und erleichtert das Erfassen von Zusammenhängen.

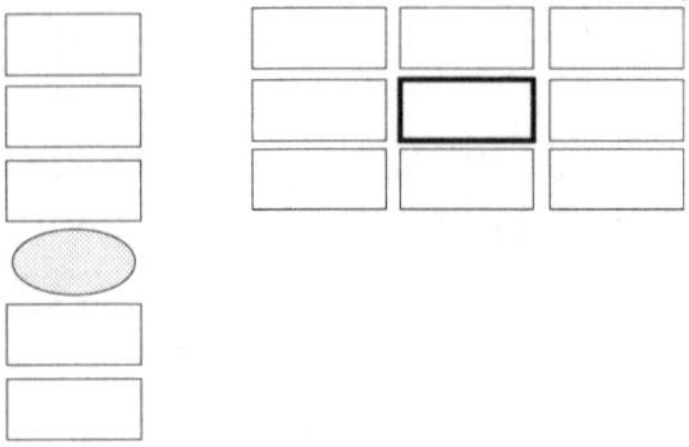

5. Betonung
Durch Farbe, Form, Größe oder Umrandung wird ein Element hervorgehoben. Der Blick wird auf wichtige Aussagen gezogen.
Auch hier gilt, daß die Kunst im Weglassen liegt: Betonung lebt von Seltenheit.

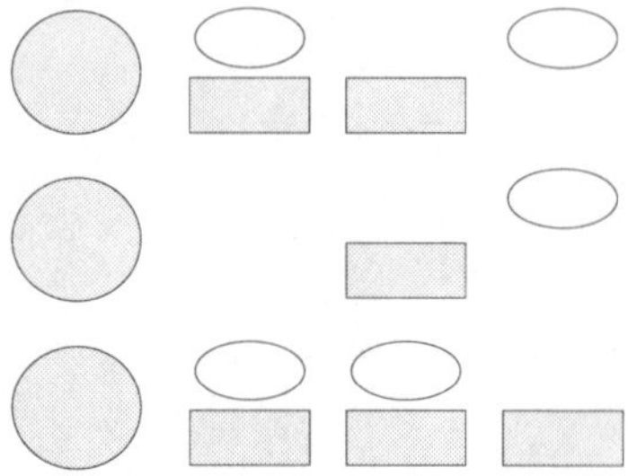

6. Ballung und Streuung
Ballung bzw. Streuung zeigen, wo Arbeitsschwerpunkte liegen und woran evtl. noch weitergearbeitet werden muß.

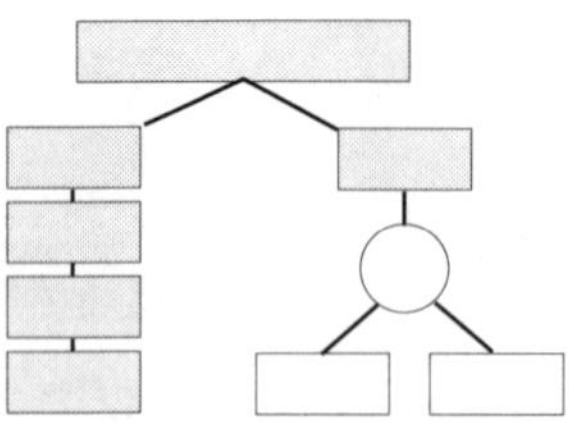

7. Symmetrie und Asymmetrie
Symmetrie bzw. Asymmetrie weisen auf Ähnlichkeiten und Unterschiede, etwa in Entwicklungsverläufen, hin. Diese Darstellungsart ist also z.B. für Vergleiche gut geeignet.

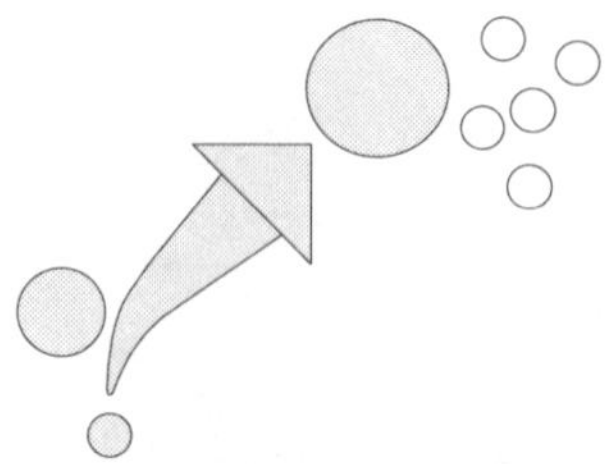

8. Dynamik
Dynamik beinhaltet alle vorherigen Regeln. Eine dynamische Darstellung besitzt eine offene Struktur, die zum Weiterarbeiten auffordert, Sie wird oft in der Moderation improvisiert, um Zusammenhänge und Entwicklungen zu verdeutlichen.

3.4 Instrumente

Den Abschluß des Abschnitts über Visualisierung bilden einige wichtige Darstellungsarten (»Instrumente«), die wegen ihrer Einfachheit und Übersichtlichkeit häufig benutzt werden. Sie können z.B. verwendet werden, wenn Aspekte eines Themas in Kleingruppen weiterbearbeitet und anschließend im Plenum zur Diskussion gestellt werden sollen.

Die vier wichtigsten Instrumente sind m.E. die Liste, die Vier-Felder-Tafel, das Netz und die Tabelle. Sie werden auf den nächsten Seiten in Verbindung mit einer schon geordneten Stichpunktsammlung zum Thema »Was gehört zur Visualisierung?« vorgestellt.

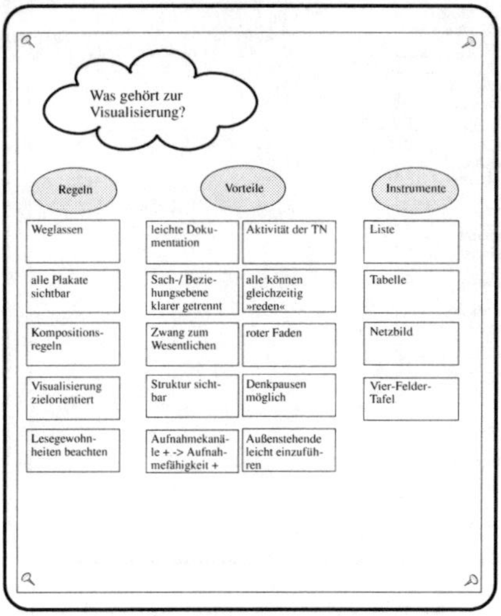

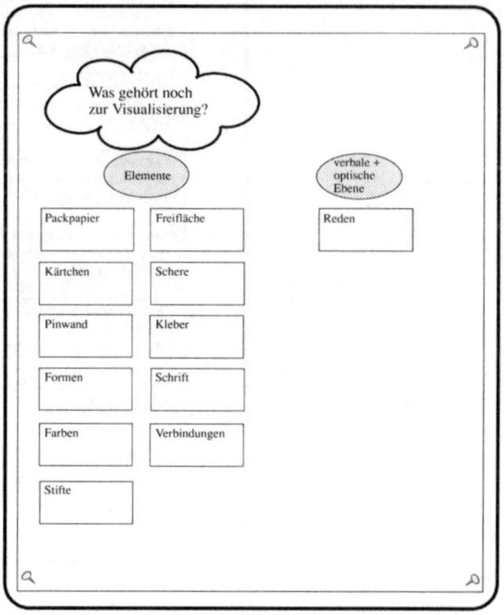

3.4.1 Liste

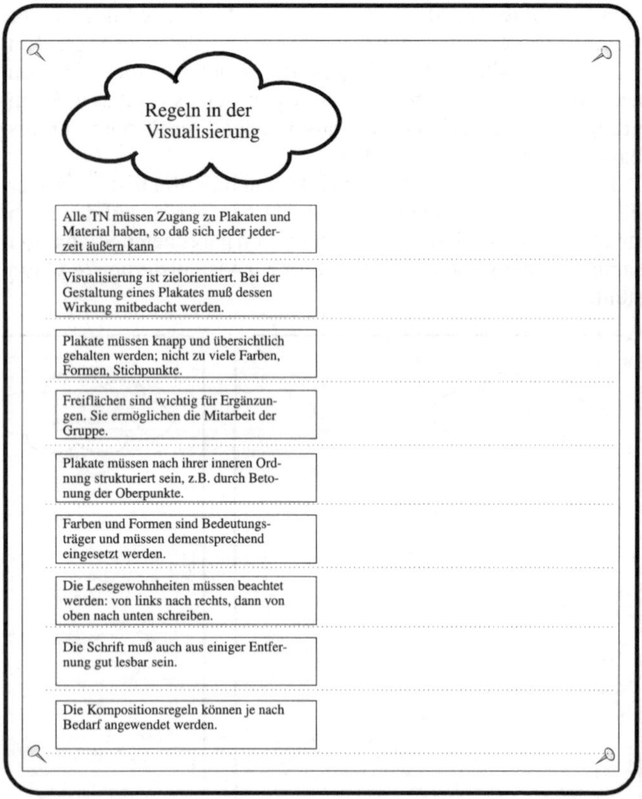

Zugriff auf Informationen

Wenn eine Liste, wie hier, zur Weiterbearbeitung von vorher gesammelten Stichpunkten verwendet wird, können darin ausformulierte Aussagen oder weiterführende Fragen aufgereiht werden. Sie erleichtert dann den Zugriff auf die Informationen, stellt diese ausführlicher dar und gibt einen Überblick über den Gesamtumfang.

Platz lassen!

Die hier dargestellte Liste ist für eine Moderation nicht optimal gestaltet. Zwar ist in den einzelnen Zeilen Platz für Ergänzungen zu den jeweiligen Aussagen reserviert, neue Regeln können aber nicht mehr hinzugefügt werden. Je nach Situation wäre daher zu überlegen, ob noch ein Leerplakat dazugestellt werden sollte.

3.4.2 Vier-Felder-Tafel

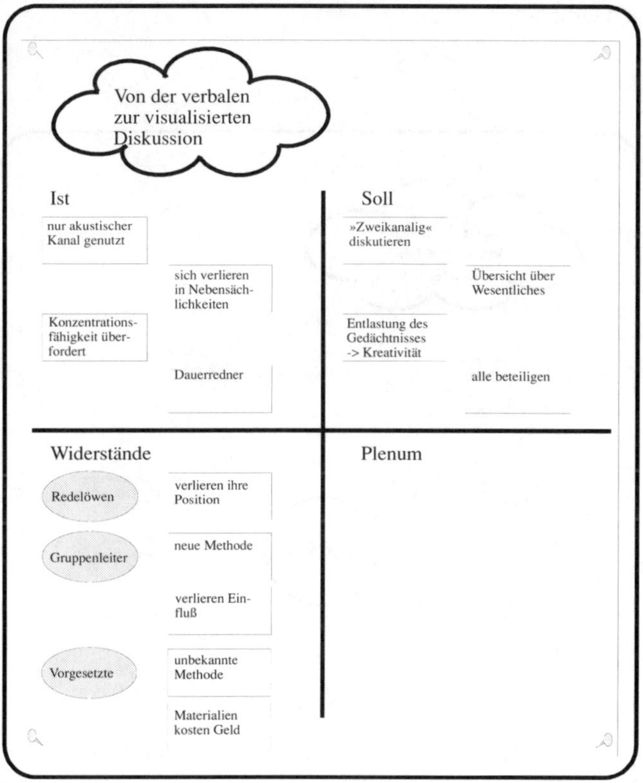

Klare Struktur für Diskussion

Die Vier-Felder-Tafel gibt, besonders auch in der Kleingruppenarbeit, der Diskussion eine klare Struktur, schränkt sie allerdings auch auf die angeführten drei (evtl. vier, wenn das Feld für Ergänzungen durch das Plenum weggelassen wird) Aspekte ein. Die Überschriften für die einzelnen Felder sind themenneutral formuliert, so daß die Freiheit der Bearbeiter nicht noch mehr beschnitten wird.

Verschiedene Aspekte eines Themas

Die Vier-Felder-Tafel eignet sich besonders, um verschiedene Aspekte eines Themas zu beleuchten, Konflikte und evtl. Lösungsmöglichkeiten aufzuzeigen (das Feld »Plenum« wird oft durch »Lösungsmöglichkeiten« ersetzt).

Im Beispiel werden im Ist- und Soll-Feld die Möglichkeiten des »Rhythmus« (s.S. 19) genutzt, um die zusammengehörigen

Kärtchen einander zuzuordnen. Würden sie direkt untereinander gehängt, wären Übersicht und Lesbarkeit eingeschränkt (»Figur und Grund«).

3.4.3 Netz

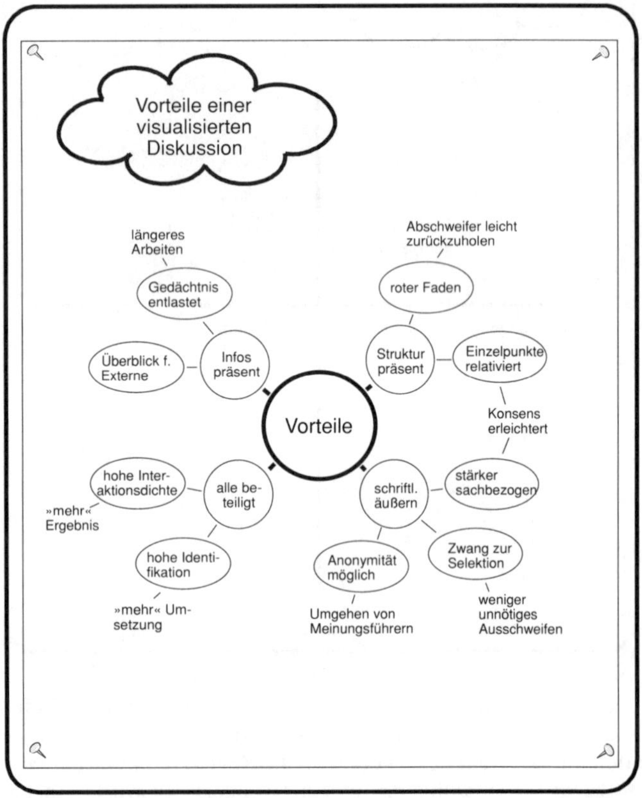

Aspekte übersichtlich darstellen

Ein Netz stellt eine gegliederte Gesamtübersicht her. Es ist übersichtlich, erleichtert Kategorisierungen und das Herstellen von Beziehungen zwischen Unterpunkten. Die verschiedenen Aspekte eines Themas, auch widersprüchliche, werden deutlich.

Gelesen wird es von innen nach außen. Das Thema steht in der Mitte, daneben die Unterthemen, dann wieder die Unterpunkte usw. Im Beispiel wäre es über die Fragen »Welche Vorteile bietet die Visualisierung von Diskussionen?«, »Was bewirkt die optische Präsenz von Informationen?« usw. entstanden.

»Weglassen« ist eine der wichtigsten Regeln beim Erstellen eines Netzes. Wenn das Plakat zu sehr ausgefüllt wird, wird es unübersichtlich, wie hier schon ansatzweise zu erkennen ist. Unterschiedliche Farben für die verschiedenen Äste können die Gliederung verbessern.

Weglassen!

Sollen statt Aspekten eines Sachverhaltes Hierarchien dargestellt werden, so kann das Thema oben angepinnt werden, die Unterpunkte darunter usw. (auch die Anordnung von links nach rechts ist möglich). Auf diese Weise entsteht ein Baum, mit dem z.B. Organisationsstrukturen übersichtlicher aufgezeigt werden können als mit einem Netz.

Baum

3.4.4 Tabelle

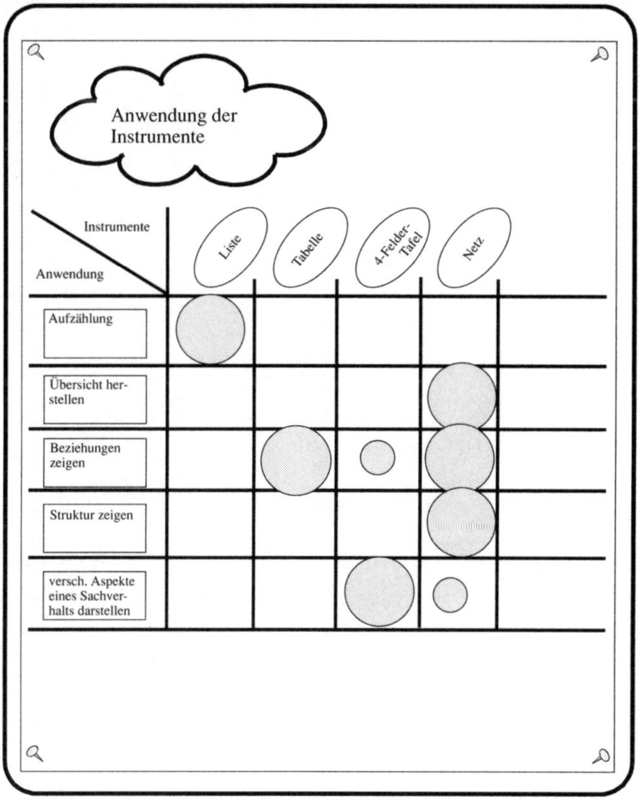

Überblick über Beziehungen

Die Tabelle ist oft das beste Instrument, um einen schnellen Überblick über Beziehungen zwischen Elementen aus zwei verschiedenen Kategorien (Instrumente/Anwendungsmöglichkeiten) zu geben. Dabei sollten nur die wichtigen Schnittfelder gekennzeichnet werden (Übersichtlichkeit), in diesen kann mit Betonungen gearbeitet werden. Im Beispiel sind die Anwendungsmöglichkeiten, für die die Instrumente ausgezeichnet geeignet sind, mit einem großen Kuller markiert, der kleine Kuller symbolisiert »gut geeignet«.

Nicht zu umfangreich

Eine Tabelle sollte max. sechs Zeilen und fünf Spalten besitzen. So bleibt sie leicht zu erfassen und bietet noch Freiraum für Ergänzungen.

4. Der Moderator

Die Grundhaltung des Moderators, seine Aufgaben und einige Faustregeln für sein Verhalten sind Thema dieses Abschnitts.

Zu zweit moderieren

Wenn die Rede von »dem Moderator« ist, so heißt das nicht, daß moderieren die Aufgabe eines einzelnen sein muß. Im Gegenteil: wenn möglich sollte zu zweit moderiert werden. Das bietet wesentliche Vorteile:

❒ Die Arbeit kann beschleunigt werden, indem die Aufgaben in der Moderation verteilt werden. So kann sich z.B. einer darauf konzentrieren, die Kommunikation in der Gruppe zu unterstützen, während der andere für die technische Seite der Visualisierung, also evtl. Mitschreiben und Anpinnen, zuständig ist.

❒ Die Gruppe erhält zwei Kommunikationsmodelle statt nur einem. Ihr wird ein breiteres Spektrum an Verhaltensmöglichkeiten vorgeführt. Ist einem Teilnehmer ein Moderator unsympathisch, so kann er sich immer noch am anderen orientieren.

❒ Hat sich ein Moderator festgefahren, so können die Rollen getauscht werden. Die Gruppe erhält so einen neuen Ansprechpartner, mit dem sie vielleicht im Moment besser arbeiten kann.

❒ Moderation erfordert häufig Improvisation und schnelles Einstellen auf neue Gegebenheiten. Zwei Moderatoren können sich gegenseitig beim Entwickeln der jeweils angemessenen Strategie unterstützen.

Im allgemeinen sollten eine Frau und ein Mann zusammen moderieren. So kann einer Überbetonung geschlechtsspezifischer Verhaltens- und Kommunikationsweisen entgegengewirkt werden.

4.1 Grundhaltung des Moderators

Hebammenfunktion

Die Rolle des Moderators wird oft mit der einer Hebamme verglichen: er bringt das Kind nicht zur Welt, er unterstützt nur die Geburt. Seine Hilfestellung bezieht sich auf das organisatorische Umfeld und den Kommunikationsprozeß, d.h. auf die Meinungsbildung und die Dynamik der Gruppe. Im Gegensatz zum Fernseh-Moderator, dessen Engagement davon abhängt, ob er sich genügend in den Vordergrund spielt, ist Unauffälligkeit für den Moderationsmethoden-Moderator das oberste Gebot (was oft in Konflikt damit kommt, daß er auf Aufträge angewiesen ist). Die Gruppe soll nicht seine Show bewundern, sondern zu ihrem Ergebnis kommen.

Gruppe fachkompetent

Der Moderator sieht die Mitglieder der Gruppe als fachkompetent an. Er arbeitet nicht als Dozent, der der Gruppe Wissen vermittelt, sondern hält sich aus der inhaltlichen Diskussion heraus. Das bedeutet auch, daß vor allem die Gruppe für das Ergebnis zuständig ist. Es ist nicht Aufgabe des Moderators, die Gruppe mit seinen eigenen (inhaltsbezogenen) Erkenntnissen zu »bereichern«.

Die Fachkompetenz der Gruppe schließt allerdings die Möglichkeit nicht aus, externe Experten zu befragen.

Menschen selbständig

Die Grundidee der Moderationsmethode, nämlich die Eigenaktivität der Gruppenmitglieder, beinhaltet, daß die Teilnehmer als selbständige Menschen angesehen werden. Das bedeutet für den Moderator einerseits, daß er nicht leitet, sondern unterstützt, andererseits, daß er Probleme von der Gruppe selbst lösen läßt. Damit sind nicht nur themenbezogene, sondern auch gruppendynamische Schwierigkeiten gemeint. Der Moderator gibt etwa in Konfliktsituationen Hilfestellung, indem er sie transparent macht und evtl. Wege vorschlägt, nach Lösungsmöglichkeiten zu suchen. Er bietet keine vorgefertigten Lösungen.

»Ganzheitliches« Menschenbild

Die Mitglieder der Gruppe werden »ganzheitlich« gesehen, d.h. der Moderator betrachtet sie nicht nur als Wissensträger, sondern als Menschen mit eigenen Gefühlen und Bedürfnissen, die in der Lernsituation zum Ausdruck kommen und beachtet werden müssen. Das Menschenbild in der Moderationsmethode deckt sich mit dem in der Themenzentrierten Interaktion (TZI), daher finden sich auch viele TZI-Regeln in den Regeln zur Gruppenarbeit der Moderationsmethode wieder.

Konsens-orientierung

Wenn die Gruppenmitglieder in diesem Sinne ganzheitlich gesehen werden, schließt das ein demokratisches (im gebräuchlichen Sinne) Verständnis von Gruppenarbeit aus. Demokratie, wie sie bei uns üblich ist, beinhaltet Abstimmungen, bei denen die Mehrheit gewinnt. Den Gewinnern stehen dann die (enttäuschten, wütenden, resignierten, ...) Verlierer gegenüber.

In der Moderationsmethode, die auf der Aktivität und Einbeziehung *aller* Teilnehmer beruht, ist normalerweise eine konsensorientierte Haltung gefordert. Um eine Entscheidung zu treffen, muß sich die Gruppe einig sein. Ist das in Ausnahmefällen nicht möglich, so wird nach Wegen gesucht, die Minderheitenmeinung zu berücksichtigen. Teilweise läßt sich das mit einfachen Techniken bewerkstelligen (wenn z.B. beim Sortieren von Stichpunkten eine bestimmte Karte nicht eindeutig zuzuordnen ist, kann sie kopiert und mehrfach verwendet werden, s.S. 39), teilweise ist dazu die Kreativität der Gruppe und der Moderatoren gefordert.

Abstimmungen dürfen in einer Moderation nur in Ausnahmefällen und im Bewußtsein der Auswirkungen eingesetzt werden!

Selbstreflexivität

Schließlich ist ein Moderator selbstreflexiv. Sein Verhalten wirkt wesentlich auf die Gruppe ein, es bestimmt den Erfolg oder Mißerfolg zu einem großen Teil mit. Nur ein Moderator, der seine Stärken und Schwächen kennt, kann flexibel auf die Bedürfnisse der Gruppe in der jeweiligen Situation eingehen. Beispielsweise wird ein eher konfliktscheuer Moderator dazu neigen, Konflikte zu übersehen, zu überspielen oder zu unterdrüken. Weiß er das jedoch, so kann er Problemsituationen erkennen und bewußt gegen seine Abwehr vorgehen, oder er kann mit einem Co-Moderator arbeiten, der Konflikte leichter zulassen kann.

Haltung als Grundlage befriedigender Zusammenarbeit

Die Haltung des Moderators ist ein zentrales Element jeder Moderation. Nimmt er die Teilnehmer nicht ernst, behandelt er sie lehrer- oder gönnerhaft, stellt er sich über die Gruppe, gefährdet er die Zusammenarbeit. Menschen sind, gerade in Moderationen, äußerst sensibel für Erwartungen, die ihnen entgegengebracht werden. Abwertungen können leicht zu selbsterfüllenden Prophezeiungen führen: Die Teilnehmer fühlen sich nicht akzeptiert, ziehen sich zurück oder werden aggressiv, und der Moderator hat einen weiteren Grund, ihr Verhalten als unmündig zu bewerten.

Wahrscheinlich ist ein technisch perfekter Moderator mit einer ungeeigneten Grundeinstellung weniger in der Lage, mit einer Gruppe befriedigend zusammenzuarbeiten, als ein Moderator, der methodisch Schwächen zeigt, aber die Teilnehmer respektiert, an ihre Fähigkeiten glaubt und ihnen Vertrauen entgegenbringt. Im allgemeinen macht es kaum Schwierigkeiten, kleinere Moderationsfehler auszubügeln, wenn die Atmosphäre in der Gruppe gut ist. Das soll allerdings keine Entschuldigung für mangelndes Bemühen und nachlässige Vorbereitung des Moderators sein: auch darin äußert sich eine Mißachtung der Bedürfnisse der Teilnehmer.

4.2 Aufgaben des Moderators

Vorbereitung

Zunächst ist es Aufgabe des Moderators, die Moderation vorzubereiten. Dazu gehört die Beschaffung und Ausgestaltung eines oder mehrerer geeigneter Räume sowie des nötigen Materials.

Mit den Beteiligten werden, soweit dies möglich ist, Vorgespräche geführt, um Informationen zu erhalten, die für den Ablauf der Veranstaltung wichtig sind. Dazu gehört z.B. Wissen über hierarchische Strukturen in der Teilnehmergruppe, über widerstreitende Interessen und Konfliktpotentiale, über zu erreichende Ziele und einschränkende Bedingungen. Mit diesen Kenntnissen können dann die Ablaufplanung und erste Fragestellungen für die Moderation erarbeitet werden. Die Planung kann teilweise detailliert ausgeführt werden (z.B. Anfangssituation), teilweise ist sie vorläufig und muß unter Umständen auch völlig fallen gelassen werden, wenn es die Situation in der Moderation erfordert.

Methodenspezialist

Der Moderator ist der Methodenspezialist. Er ist dafür zuständig, der Gruppe den Weg zum Ziel zu weisen, indem er zur Bearbeitung des jeweiligen Themas geeignete Techniken und Methoden zur Verfügung stellt. Diese »Wegweiserfunktion« wird je nach Situation konsensorientiert oder direktiv gehandhabt.

Die konsensorientierte Handhabung ist aus den oben genannten Gründen das Selbstverständliche. Eher zu erläutern ist das direktive Verhalten.

Zunächst gibt der Moderator vor, daß die Moderationsmethode verwendet wird. Dies ist eine Prämisse, über die – während der Moderation – nicht diskutiert wird. In den Pausen kann er sich natürlich mit den Teilnehmern darüber unterhalten.

Mit Einschränkungen gilt das gleiche für die in der Moderation angewendeten Methoden. Sie werden im allgemeinen vom Moderator vorgegeben. Die Möglichkeit, Methoden mit der Gruppe zu besprechen, muß jedoch differenziert gesehen werden. Einerseits können gerade Teilnehmer mit Moderationserfahrung sinnvolle Vorschläge zum Vorgehen machen; auch der qualifizierteste Moderator ist nicht unfehlbar. Andererseits können sich hinter methodischen Einwänden und Diskussionsversuchen auch Widerstände gegen die eigentliche Problembearbeitung oder die Person des Moderators verbergen. In diesem Falle geht es darum, herauszuarbeiten, was der Beschäftigung mit dem Thema im Wege steht, um die Weiterarbeit zu ermöglichen.

Ein Moderator vergibt sich nichts, wenn er einen guten Vorschlag aus der Gruppe aufgreift. Allerdings muß er zugleich die nötige Sicherheit und Autorität besitzen, um Diskussionen darüber unterbinden zu können, so daß nicht von der inhaltlichen Arbeit abgelenkt wird.

Methodenlehrer

Der Moderator ist nicht nur Methodenspezialist, sondern auch -lehrer. Im Laufe der Moderation bringt er unauffällig den Teilnehmern Grundtechniken bei. Dadurch wird die Selbständigkeit der Gruppe erhöht und der Ablauf der Moderation beschleunigt: der Moderator muß sich nicht mehr um alles selbst kümmern.

Kommunikation fördern

Eine Hauptaufgabe des Moderators ist, die Kommunikation der Gruppenmitglieder zu ermöglichen und zu fördern.

– Transparenz schaffen

Dazu schafft er Transparenz, sowohl auf Sach- und Beziehungs-, als auch auf methodischer Ebene.

Die Transparenz auf der Sachebene entsteht durch die Anwendung der Visualisierung schon fast von selbst. Der Moderator paßt auf, daß alle genannten Punkte erfaßt werden, so daß nichts unter den Tisch fällt. Das bezieht sich auch auf Randthemen, da von diesen wichtige Impulse ausgehen oder sie sich später als zentral herausstellen können. Daneben ist er dafür zuständig, daß eine klare Struktur sichtbar ist, so daß sich alle jederzeit über Vergangenes informieren können.

Positive Beziehungen der Teilnehmer untereinander und zum Moderator sind wichtig für die Erreichung des Gruppenzieles. Aus diesem Grund versucht der Moderator, Stimmungen und Gefühle in der Gruppe sichtbar zu machen. Unzufriedenheit und Konflikten wird einerseits vorgebeugt, andererseits werden sie nicht übergangen, sondern bearbeitet. Gerade aus Unzufriedenheit können neue Lösungsansätze entstehen.

Nicht zu vernachlässigen ist schließlich die methodische Transparenz. Den Teilnehmern muß immer klar sein, warum sie etwas tun; ist es das nicht, so werden sie zumindest teilweise entmündigt. Daher erklärt der Moderator bei jedem Moderationsschritt kurz, welche Funktion dieser hat.

– Kommunikationsmodell

Der Moderator dient ferner als Kommunikationsmodell. Sein Verhalten wird von den Gruppenmitgliedern genau registriert und hat für sie Vorbildfunktion. Insbesondere in Gruppen, die sonst nicht oder nur wenig zusammenarbeiten und daher keinen entwickelten Umgangsstil besitzen, übt das Verhalten des Moderators einen sehr starken Einfluß auf das der Teilnehmer aus. Daher sind für ihn zwei Verhaltensweisen äußerst wichtig, die man auch zu seinen Grundhaltungen zählen könnte: Echtheit und Akzeptanz des Gegenübers. Nimmt er die Teilnehmer nicht so an, wie sie sind, und gibt er sich ihnen gegenüber nicht so, wie er ist, so kann er auch nicht erwarten, daß sich diese Voraussetzungen für eine sinnvolle Kommunikation in der Gruppe entwickeln.

Neben seinem Modelldasein steuert er die Kommunikation allerdings auch handelnd, indem er z.B. versucht, zurückhaltende Teilnehmer stärker einzubeziehen, Vielredner zu bremsen usw. Dazu führt er evtl. situationsbedingt nach und nach »Spielregeln« in die Arbeit der Gruppe ein (s.S. 78).

Zielorientierung

Schließlich ist der Moderator noch dafür zuständig, daß die Gruppe zielorientiert arbeitet. Dazu führt er die Gruppe »an der langen Leine«. Das heißt, daß im Normalfall durchaus die Gruppe bestimmt, was besprochen werden muß (unter Beachtung evtl. situativer Vorgaben), daß sich diese aber, ebenso wie in einer mündlichen Diskussion, verlaufen kann und dann darauf hingewiesen werden muß. Der Kurs wird dann, mit Zustimmung der Gruppe, wieder auf das Gruppenziel zurückgeführt.

Idealbild

Im Sinne eines Idealbildes läßt sich das Verhalten eines Moderators als werturteilsfrei, offen, respektvoll, selbstkritisch und konsequent in der Methode und seinem Handeln beschreiben.

4.3 Verhaltensregeln für den Moderator

Aus der Grundhaltung des Moderators und seinen Aufgaben lassen sich Verhaltensregeln für ihn formulieren. Einige davon werden in diesem Abschnitt dargestellt.

Verhaltensanweisungen decken lediglich einige Situationen ab. Ein Moderator kann sich nicht nur an Regeln orientieren, er muß die richtige Grundeinstellung haben. Daraus ergibt sich dann das angemessene Handeln auch ohne das Bewußtmachen von Regeln.

4.3.1 Keine inhaltliche Einmischung

Doppelrollen trennen

Diese Regel wurde schon mehrmals angesprochen. Sie ist jedoch nicht immer ohne weiteres einzuhalten. Würde sie vollständig befolgt, so könnten z.B. Leiter in Erwachsenenbildungsveranstaltungen, die auch der klassischen Wissensvermittlung dienen, keine Moderationselemente verwenden. Der Dozent, der Informationen weitergibt, und der Moderator, der sich aus der inhaltlichen Diskussion heraushält, wären ja in einer Person vereint.

In diesem Fall muß der Leiter/Moderator seine zwei Rollen klar und für die Gruppe sichtbar trennen. Dies kann er einerseits mit verbalen Mitteln versuchen, indem er ausdrücklich sagt, daß er jetzt von der Moderatoren- in die Dozentenrolle wechselt. Andererseits kann er auch nonverbale Mittel benutzen (oder beides), indem er z.B. jedesmal, wenn er seine Rolle wechselt, auch den Platz im Raum wechseln: als Moderator steht er neben den Pinwänden, wird er zum Dozenten, so geht er auf die Gruppe zu und nimmt einen neuen, deutlich anderen Standort ein.

4.3.2 Fragen statt Sagen

Da der Moderator Helfer und nicht Dozent ist, ist seine Grundhaltung fragend. Er möchte den Austauschprozeß der Gruppe fördern, Meinungen sichtbar und besprechbar machen. Die nötigen Informationen dazu kann er nicht selbst geben, sondern muß sie von den Gruppenmitgliedern erfragen.

Informationen müssen erfragt werden

Diese Regel darf, wie alle anderen auch, nicht überzogen werden. Der Moderator sagt durchaus auch häufig etwas aus, nur nicht auf das Thema bezogene eigene Meinungen. Beispielsweise spricht er Störungen an, erklärt die Methodik des Vorgehens usw. Auch spiegelt er zur weiteren Klärung, sowohl auf der sachlichen als auch auf der emotionalen Ebene, Beiträge von Teilnehmern oder formuliert aggressive, angreifende Äußerungen um, um deren Sachaspekt in den Vordergrund zu stellen.

Da die Frageart und -formulierung in der Moderationsmethode eine wesentliche Rolle spielt, wird ihr später ein eigener Abschnitt gewidmet.

4.3.3 Keine Wertungen

Während der Moderation stellt der Moderator seine eigenen Meinungen und Werturteile zurück. Nur so kann die Gruppe Vertrauen in seine Neutralität bekommen.

Neutralität

Diese Wertfreiheit bezieht sich nicht nur auf thematische Äusserungen, sondern auch auf Stimmungen und Verhaltensweisen der Teilnehmer. Wenn beispielsweise ein Teilnehmer die Gruppe immer wieder stört, so muß der Moderator dafür sorgen, daß diese Störung bearbeitet wird. Sinnlos bzw. schädlich ist hier aber eine moralisierende Stellungnahme des Moderators.

Der Moderator sollte auch mit dem Loben von Teilnehmerbeiträgen vorsichtig umgehen. »Das ist ein wichtiger Beitrag« setzt diejenigen zurück, die nicht auf diese Weise gelobt werden. Ähnlich kann zustimmendes Brummen usw. wirken.

– Vorsicht beim Loben

4.3.4 Mit der Gruppe gehen

Der Moderator läßt sich den Kurs von der Gruppe vorgeben. Er zieht sie nicht in irgendeine Richtung, die er inhaltlich für richtig hält, wenn er auch durchaus methodisch die Mittel angibt – Moderation birgt, ebenso wie jede andere Methode, mit Menschen zu arbeiten, die Gefahr, manipulativ angewendet zu werden.

Moderator Steuermann – Gruppe Kapitän

Keine Rechtfertigung

Mit der Gruppe gehen sollte der Moderator auch, wenn er angegriffen wird. Er rechtfertigt oder entschuldigt sein Handeln nicht; damit würde er nur Machtkämpfe zwischen sich und den Gruppenmitgliedern herausfordern. Er greift Kritik konstruktiv auf und klärt sie zusammen mit der Gruppe – gegen sie erreicht er ohnehin nichts. Voraussetzung für diesen offenen Umgang mit Kritik ist allerdings ein klares Bewußtsein über die eigene Rolle (s.u., »Klares Selbstbild«).

4.3.5 »Ich« statt »man«

Diese Regel, die aus der Themenzentrierten Interaktion übernommen wurde, ist für den Moderator aus zwei Gründen wichtig.

Kommunikationsmodell

Zum ersten dient der Moderator der Gruppe als Vorbild für die eigenen Verhaltensweisen. Wenn also schon er selbst seine Aussagen hinter der schützenden Allgemeinheit (»man« heißt soviel wie »alle«) versteckt, so kann er von den Teilnehmern nicht erwarten, daß sie ihre Aussagen ich-bezogen und damit angreifbar formulieren.

Klares Selbstbild

Zweitens wird der Moderator laufend mit Erwartungen und Wünschen der Teilnehmer konfrontiert, Ansprüchen, denen er nicht gerecht werden kann und will: Mal soll er für Disziplin sorgen, mal nicht so strikt führen; mal soll er Ergebnisse produzieren, mal Konflikte lösen. Wenn er sich in dieser Situation über seine eigenen (ich!) Ansprüche, Ziele und Aufgaben nicht im klaren ist, wird er schnell zum Spielball der Vorstellungen der Teilnehmer.

4.3.6 Störungen haben Vorrang

Störungen bearbeiten

Auch dieses Prinzip stammt aus der Themenzentrierten Interaktion. Wesentliche Störungen, wie etwa ständige Nebengespräche, Unruhe, Aggressivität oder Unkonzentriertheit verhindern oder beeinträchtigen die Arbeit am eigentlichen Thema. Werden sie übergangen oder unterdrückt, so eröffnen sich meistens weitere Störungsquellen. Außerdem haben sie oft einen Grund, der bedeutsam für die weitere Zusammenarbeit ist. Daher müssen sie bearbeitet werden, bevor mit dem Hauptthema fortgefahren werden kann. Als Mittel kann der Moderator z.B. ein Blitzlicht (s.S. 71) oder die Einpunktfrage (s.S. 51) einsetzen, um Stimmungen oder Konflikte transparent, besprechbar und damit veränderbar zu machen. Wenn es sich um einzelne Störer handelt, kann er diese auch direkt darauf ansprechen: »Ich merke, daß Sie sich immer wieder unterhalten. Ich weiß jetzt nicht: ist es etwas, was für alle bedeutsam sein könnte?«

Ein Problem bei dieser Regel besteht darin, zu bestimmen, was eine Störung ist und wann der Moderator eingreifen muß. Konflikte zwischen Teilnehmern in frühen Phasen längerer Moderationen können z.B. notwendig sein, damit sie ihre Position in der Gruppe finden können. Interventionen sind dann nicht unbedingt sinnvoll: die Gruppe muß sich eben zusammenraufen. Andererseits können dabei natürlich Schwellen überschritten werden, etwa wenn ein Teilnehmer eindeutig »untergebuttert« wird oder Positionskämpfe über verbale Tiefschläge ausgetragen werden.

4.3.7 Flexibel sein

Situativ handeln

Die mechanische Anwendung der aufgeführten (und anderer) Verhaltensregeln für den Moderator führt wahrscheinlich bestenfalls zu einer mittelmäßigen Moderation. Flexibilität beinhaltet die Beherrschung und vor allem das Verstehen der »Technik«, auf deren Basis dann die »Kür« aufgebaut werden kann. Man muß, je nach Situation, auch einmal alle Regeln über Bord werfen können, vielleicht auch eine Zeitlang die Moderation aufgeben, um z.B. Streitgespräche führen zu lassen.

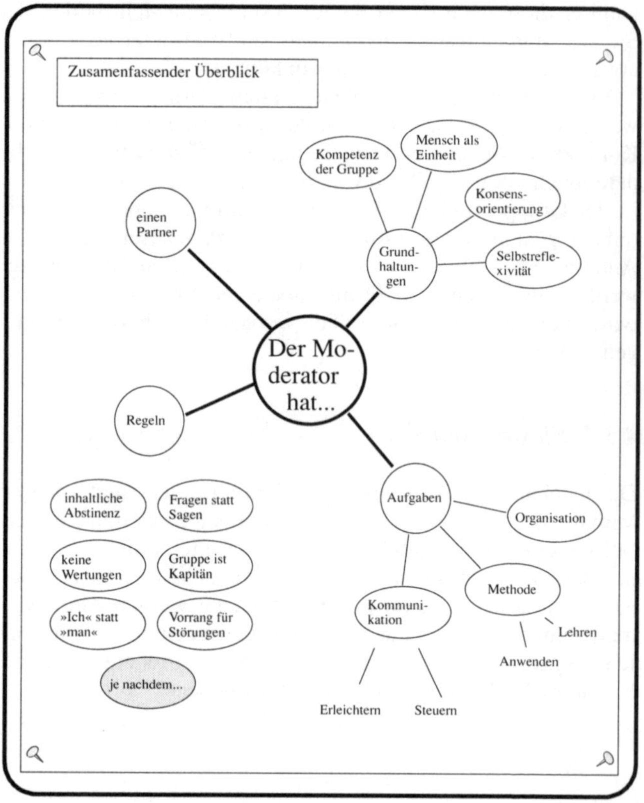
Zusamenfassender Überblick
Der Moderator hat...
einen Partner
Grundhaltungen
Kompetenz der Gruppe
Mensch als Einheit
Konsensorientierung
Selbstreflexivität
Regeln
Aufgaben
Organisation
Methode
Lehren
Anwenden
Kommunikation
Erleichtern
Steuern
inhaltliche Abstinenz
Fragen statt Sagen
keine Wertungen
Gruppe ist Kapitän
»Ich« statt »man«
Vorrang für Störungen
je nachdem...

5. Frage- und Antworttechniken

Die Frage-/Antworttechniken sind gewissermaßen standardisierte Verfahren, den Austausch der Gruppe mit Hilfe der Visualisierung zu ermöglichen. Vorgestellt werden Karten- und Zuruffragen, das Mind-Map, Punktabfragen sowie Möglichkeiten der Kleingruppenarbeit.

5.1 Kartenabfragen

Kurzbeschreibung

Bei einer Kartenabfrage wird an einer Pinwand eine visualisierte Frage gestellt. Die Teilnehmer erhalten oder holen sich Kärtchen (Rechtecke) und schreiben ihre Antworten darauf. Diese werden eingesammelt, sortiert und mit Oberbegriffen versehen, die den Inhalt der entstandenen Rubriken grob kennzeichnen.

Ziele

Diese Form der Abfrage hat auf der Sachebene zum Ziel, Informationen (Probleme, Erwartungen, Ideen, ...) zu erfragen und zu ordnen. Gruppendynamisch gesehen aktiviert sie die Teilnehmer und stellt Transparenz her. Die Gruppenmitglieder sehen, was andere denken und erfahren möglicherweise, daß es diesen genauso geht, wie ihnen selbst. Dadurch kann Vertrauen und gutes Klima für die Zusammenarbeit entstehen.

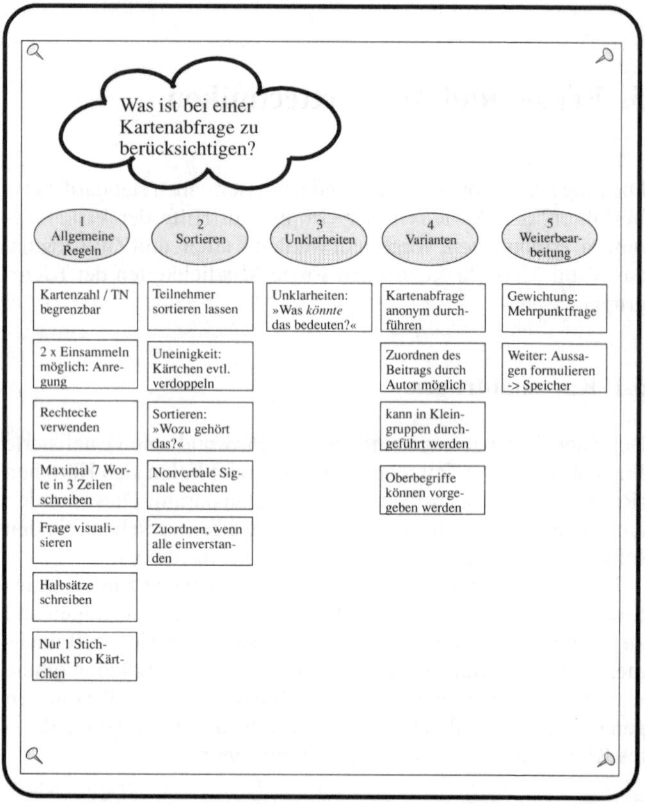

Anonyme Kartenabfrage

Die Kartenabfrage gibt es in mehreren Varianten. Die vielleicht typischste und am weitesten verbreitete Form ist die anonyme Kartenabfrage. Bei ihrer Durchführung wird darauf geachtet, daß die Schreiber der Kärtchen anonym bleiben. Dies ermöglicht einerseits der Gruppe, Hierarchien zu umgehen, andererseits dem einzelnen, auch einmal einen Versuchsballon zu starten, ohne Gefahr zu laufen, sich zu blamieren.

1. Ziel klären

Als erstes erklären die Moderatoren das konkrete Ziel des Moderationsschrittes. Normalerweise wird eine Kartenabfrage durchgeführt, um eine große Menge von Informationen zusammenzutragen, sie zu strukturieren und so eine Grundlage für die weitere Arbeit zu erhalten. Den Teilnehmern muß dieses Ziel bekannt sein, und sie müssen ungefähr wissen, wie danach weitergearbeitet wird. Unklarheiten können im späteren Sortieren zu Zeitverlusten führen (s.u.).

Als zweites wird auf einer Pinwand eine visualisierte Frage gestellt und erläutert. Die Teilnehmer sollen sie auf Kärtchen beantworten. Falls sie mit der Vorgehensweise noch nicht vertraut sind, geben die Moderatoren drei Regeln vor: *2. Frage stellen*

Maximal 7 Worte in 3 Zeilen schreiben	Nur ein Stichpunkt pro Kärtchen	Halbsätze bilden

Drei Zeilen passen gerade auf ein Kärtchen (s.S. 17), sieben Worte sind erfahrungsgemäß noch gut lesbar. Pro Kärtchen darf nur ein Gedanke aufgeschrieben werden, da das Sortieren sonst nicht möglich ist. Halbsätze werden verwendet, da sie im Vergleich zu bloßen Stichworten das Verständnis erleichtern; wenn nur »Halbsätze« auf dem Kärtchen stünde, wäre nicht klar, was damit gemeint ist.

Die Teilnehmer schreiben, jeder für sich, ihre Antworten auf. Dazu benötigen sie ca. zehn bis fünfzehn Minuten. Inzwischen stellen die Moderatoren eine weitere Pinwand auf und hängen auf beide Tafeln durchnumerierte Ovale, unter die später die Antworten gepinnt werden. *3. Fragen beantworten*

Wenn die Teilnehmer fertig sind, sammeln die Moderatoren die Karten ein und mischen sie, so daß nicht mehr festzustellen ist, wer welche Stichpunkte geschrieben hat. Die erste Karte wird gezeigt, vorgelesen und unter das erste Oval geheftet. Bei der zweiten wird gefragt, ob sie inhaltlich zur ersten gehöre, bei den folgenden rufen die Teilnehmer den Moderatoren jeweils die Nummer der Kategorie zu, der der Stichpunkt zugeordnet werden soll. Während des Sortierens lernen die Teilnehmer so die Beiträge der anderen kennen. *4. Sortieren*

Die Moderatoren mischen sich nicht in das Strukturieren ein, sondern überlassen es völlig der Gruppe. Sie ordnen nicht unbedingt auf den schnellsten Zuruf zu, sondern lassen den Teilnehmern Zeit, achten auf andere Ansichten und nonverbale Unmutsäußerungen. Zugleich versuchen sie aber, das Sortieren so flüssig wie möglich zu halten. Kann sich die Gruppe nicht auf eine klare Zuordnung einigen, so wird darüber nicht diskutiert. Der Beitrag wird einfach verdoppelt, also nochmals geschrieben und in zwei Clustern aufgehängt.

Ist der Inhalt eines Kärtchens unklar, wird die Frage »Was könnte das bedeuten?« an alle gestellt. Der Autor muß anonym bleiben können.

Das Kriterium, nach dem sortiert wird, kann je nach Bedarf unterschiedlich gewählt werden. »Inhaltliche Zusammengehörigkeit« ist unspezifisch. Genauer wäre etwa, welche Punkte gemeinsam behandelt werden könnten, den gleichen Problemhintergrund hätten o.ä.

5. Oberbegriffe bilden

Schließlich werden Oberbegriffe für die entstandenen Cluster gesucht. Sie werden in Zweiergruppen (Sitznachbarn) formuliert und vom Plenum kurz überprüft. Dafür müssen, je nach der Menge der Kategorien, etwa zehn bis zwanzig Minuten eingerechnet werden. Plenumsarbeit wäre zur Begriffsbildung wesentlich langsamer: die Bezeichnungen müßten nacheinander statt parallel erarbeitet werden, und die Großgruppe neigt viel zu sehr zu unnötigen Diskussionen um exakte Formulierungen.

Das Benennen von Oberbegriffen ist meistens unverzichtbar. Da im Sortieren ausgehend von Einzelaspekten (Kärtchen) etwas Übergreifendes (Cluster) entsteht, sind die Kategorien selten vollständig, d.h. sie enthalten wahrscheinlich nicht alle wesentlichen Einzelaspekte. Um die Ergebnisse zu vervollständigen, müßte der Vorgang umgekehrt werden: nachdem im ersten Schritt aus Einzelheiten ein Ganzes entwickelt wird (induktives Vorgehen), müßten im zweiten Schritt vom Ganzen ausgehend die Einzelheiten ergänzt werden (deduktives Vorgehen). Das muß nicht unbedingt methodisch vollzogen werden, also etwa mit einer zweiten Kartenabfrage zur Ergänzung der Cluster. Die Kategorienbezeichnung muß aber klar sein, so daß die Basis der Weiterarbeit nicht nur aus irgendwie zusammengefügten Stichpunkten besteht. Wenn die Oberbegriffe präsent sind, können die Teilnehmer bei Bedarf jederzeit Ergänzungen vornehmen.

– Schwierigkeiten beim Sortieren

Das Sortieren der Beiträge kann bei dieser Form der Kartenabfrage sehr zeitraubend sein.

In geübten Gruppen ist es meist problemlos. Man kann pro Kärtchen etwa 20 bis 30 Sekunden für das Ordnen kalkulieren. Nachdem diese Zeit ja nicht nur für das Rubrizieren »verlorengeht«, sondern die Teilnehmer zugleich die Beiträge der anderen kennenlernen, ist der Aufwand durchaus akzeptabel. Allerdings steigt der Zeitbedarf an, wenn Spannungen in der Gruppe bestehen, einzelne Teilnehmer sich profilieren wollen oder das Thema relativ abstrakt ist.

Anders verhält es sich bei Teilnehmern, die diese Methode das erste Mal erleben. Hier können Durchschnittszeiten von 50 Sekunden pro Kärtchen auftreten, und das Verfahren wird leicht als ineffizient erlebt. Dafür gibt es mindestens drei Ursachen.

Erstens können sich die Teilnehmer wahrscheinlich nicht genau vorstellen, wie das Verfahren funktioniert und was genau dabei herauskommen soll. Daher versuchen sie, die Beiträge möglichst exakt zu ordnen, um keine Fehler zu machen. Da aber viele sinnvolle Zusammenstellungen möglich sind, da es keine einzige Wahrheit gibt, führt dieser Perfektionismus zu nichts.

Zweitens sind viele Menschen eher an ein ableitendes, analytisches Denken gewohnt, an ein Zerlegen von Themen. Hier aber wird induktiv vorgegangen: Kategorien werden nach und nach zusammengesetzt. Es gibt keinen logisch richtigen Weg (s.o.); man muß nach dem Motto »Mal sehen, was herauskommt« verfahren.

Drittens kann das Sortieren als eine Art Ventil für vorher auferlegte Zurückhaltung dienen. Wenn man normalerweise diskutiert, seine Meinung offensiv vertritt, dann ist das mosaikartige Zusammentragen von Informationen in der Kartenabfrage ungewohnt. Zumindest im Strukturieren kann man sich dann einbringen, kann versuchen, über Zuordnungen zu diskutieren. Das darf keineswegs als Profilierungsbedürfnis abgewertet werden; es ist eine gewohnte Verhaltensweise.

– Beschleunigungsmöglichkeiten

Die Moderatoren können einigen Schwierigkeiten vorbeugen, indem sie darauf achten, daß sie die Ziele der Methode in der konkreten Situation möglichst genau erklären. Außerdem können sie vorgeben, daß zunächst nur möglichst schnell eine grobe Ordnung entstehen soll und in einem zweiten Durchgang wichtige Korrekturen vorgenommen werden können. Schließlich können sie die Anzahl der Karten, die jeder Teilnehmer abgibt, je nach Gruppengröße auf zwei bis vier begrenzen. Wichtige Beiträge können später noch nachgereicht werden.

Verzögerungen beim Sortieren können allerdings von geübten Moderatoren auch bewußt zugelassen werden. Wenn sie sich klar davon distanzieren, die Verantwortung für ein straffes Vorgehen zu übernehmen, erleben sich die Teilnehmer als selbst für ihre Arbeit und ihren Umgang miteinander verantwortlich. Über die Schwierigkeiten beim langsamen Sortieren kann eine bessere Zusammenarbeit gelernt werden, die die weitere Moderation umso effizienter werden läßt.

Variationen
– Zwei Teilfragen

Die »Grundform« der anonymen Kartenabfrage kann auf verschiedene Arten variiert werden. Beispielsweise können zwei Teilfragen auf einmal gestellt und mit verschiedenen Farben beantwortet werden:

Frage

Pro

Contra

– Zwei Durchgänge

Eine weitere Möglichkeit ist, nach dem Sortieren einen zweiten Schreib- und Sammelvorgang durchzuführen. Das erste Ergebnis dient als Anregung für neue Ideen.

– Sortieren von der Pinwand

Zum Strukturieren der Karten können die Moderatoren auch erst einmal alle Antworten durcheinander auf eine leere Pinwand steken. So können sich die Teilnehmer die Beiträge in Ruhe ansehen und erst dann, wenn sie sich einen Überblick verschafft haben, mit dem Sortieren beginnen.

– Vorgegebene Oberbegriffe

Schließlich können manchmal Oberbegriffe vor Beginn der Abfrage vorgegeben werden. Damit wird das Strukturieren beschleunigt. Dennoch ist diese Variante nur selten zu empfehlen. Vorgegebene Kategorien wirken einengend und beeinflussen die Antworten ziemlich stark. Die entstandenen Gruppierungen können außerdem für die Weiterarbeit unhandlich sein, da zuviel in eine – vorgegebene – Rubrik gepreßt wird. Auf jeden Fall müßte hier eine Kategorie »Sonstiges« aufgeführt sein, um Antworten aufnehmen zu können, die nicht in das Raster passen.

Kartenabfrage ohne Anonymität
– Einzelarbeit

Kartenabfragen müssen nicht unbedingt anonym durchgeführt werden. Wenn auf die Anonymität verzichtet wird, können die Autoren selbst den Moderatoren zurufen, welchem Cluster ihre Karte zugeordnet werden soll. Die Gruppe unterstützt sie dabei. Dadurch wird beim Zuordnen Zeit gespart, allerdings müssen sich die Moderatoren genau überlegen, ob durch den Verzicht auf Anonymität nicht Beiträge verlorengehen. Etwas ungewöhnliche Antworten kommen eher vor, wenn sich die Verfasser bedeckt halten können. Nicht selten unterdrückt die Angst vor Blamage gute Ansätze.

– Kleingruppenarbeit

Eine zweite Möglichkeit besteht darin, die Karten in Zweier- oder Dreiergruppen schreiben zu lassen (ca. zehn bis fünfzehn Minuten). Die Mitglieder der Kleingruppen können anschließend ihre Beiträge selbst vorstellen und zuordnen. Auf diese Art wird eine Teilanonymität gewahrt, die manchmal ausreichend ist. Man muß nicht als einzelner zu den Antworten stehen, sondern sie sind in einer Gruppe formuliert worden.

Ein Vorteil dieser Variante ist, daß die Mitglieder der Kleingruppe über ihre Beiträge diskutieren. Dadurch wird einerseits die Kommunikation unter den Teilnehmern gefördert, andererseits können auf diese Art auch schwierigere Fragen beantwortet werden, die einen einzelnen vielleicht überfordern würden. Diese Diskussionen haben aber auch einen Nachteil: die Antworten sind evtl. nicht so breit gestreut wie in der Einzelarbeit. In der Auseinandersetzung mit anderen wird eine Vorauslese getroffen. Ungewöhnliche Ideen, die vielleicht sehr interessant wären, können dadurch unterdrückt werden.

Weiterbearbeitung

Die Kartenabfrage wird meistens weiterbearbeitet. Dazu werden normalerweise zunächst Schwerpunkte gebildet, indem die Cluster gewichtet werden (s.S. 55). Ein anderer vertiefender Zwischenschritt besteht darin, Aussage- oder Fragesätze zu formulieren und diese in eine Liste zu übertragen (Bild S. 55). Der Sinn dieser Umformulierung liegt darin, daß eine präzise Aussage bzw. Frage für größere Klarheit im Denken sorgt und jederzeit einen schnellen Überblick ermöglicht. Die Bandbreite der vorherigen Sammlung wird dabei nicht übermäßig eingeschränkt, da die Kärtchen ja erhalten bleiben, nur räumlich von der zusammenfassenden Liste getrennt sind.

5.2 Zuruffragen

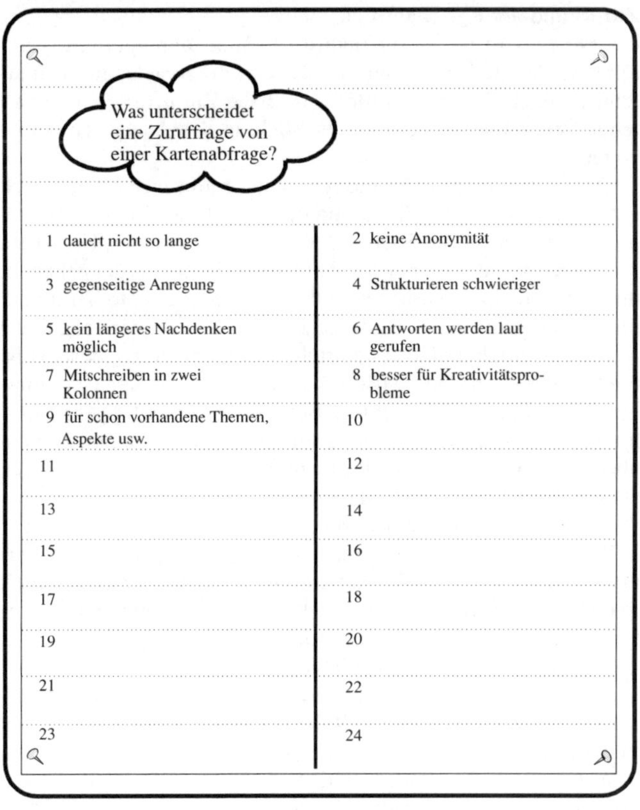

Kurzbeschreibung

Die Zuruffrage ähnelt der Kartenabfrage. Im Unterschied zu dieser werden jedoch die Antworten auf die visualisierte Frage nicht auf Kärtchen notiert, sondern laut den Moderatoren zugerufen, die sie mitschreiben. Dieses Verfahren dauert etwa zehn bis zwanzig Minuten.

Ziele

Das Ziel der Zuruffrage deckt sich weitgehend, jedoch nicht ganz mit dem der Kartenabfrage. Sie dient ebenfalls auf der Inhaltsebene dazu, Informationen zu erfassen, insbesondere Themen und Ideen. Gruppendynamisch gesehen werden die Teilnehmer aktiviert, jedoch evtl. nicht so umfassend wie bei der Kartenabfrage, bei der *jeder* etwas schreibt. Durch die fehlende Anonymität kann die Zuruffrage nicht immer dafür verwendet werden, Transparenz herzustellen.

Zuruf- und Kartenabfrage

Es gibt, abgesehen vom Zeitverbrauch und den Strukturierungsmöglichkeiten, zwei grundlegende Unterschiede zwischen der Zuruf- und der Kartenabfrage.

– Offene Plenums- statt anonymer Einzelarbeit

Erstens wird die Zuruffrage im Plenum durchgeführt, während bei der Beantwortung der Kartenabfrage jeder für sich alleine arbeitet. Dadurch werden u.U. in der Zuruffrage zurückhaltende Teilnehmer in geringerem Maße in den Austausch einbezogen.

Da die Beiträge nicht anonym sind, ergibt sich daraus auch eine thematische Einschränkung der Zuruffrage. Sie ist z.B. weniger geeignet für die Suche nach Fehlern oder deren Ursachen. Möglicherweise wird bei der Zuruffrage Kritik zurückgehalten, um andere nicht zu verletzen und sich selbst nicht bloßzustellen; umgekehrt kann laut geäußerte Kritik verletzender formuliert werden als Stichpunkte auf Kärtchen. Allgemein ausgedrückt ist die Zuruffrage problematisch, wenn die Teilnehmer Hemmungen haben könnten, bestimmte Beiträge zu äußern. Diese Hemmungen können in Verbindung mit dem Thema stehen, können aber auch in der Zusammensetzung der Gruppe begründet sein, etwa wenn Hierarchien bestehen.

Das laute Äußern der Beiträge führt ferner dazu, daß sich die Teilnehmer gegenseitig beeinflussen bzw. anregen. So wird einerseits die Bandbreite der Antworten gegenüber der Einzelarbeit in der Kartenabfrage eingeschränkt, andererseits können Gedanken anderer aufgegriffen und weiterentwickelt werden.

– Wenig Zeit zum Nachdenken

Der zweite wichtige Unterschied besteht darin, daß die Zuruffrage dem einzelnen kaum Zeit zum Nachdenken gewährt. Während in der Kartenabfrage in Ruhe überlegt werden kann, stören in der Zuruffrage die Beiträge der anderen Teilnehmer. Sie kann also vor allem dann eingesetzt werden, wenn das Nachdenken unnötig oder auch unerwünscht ist.

Anwendung

Aus diesen Unterschieden können zwei Anwendungsschwerpunkte für die Zuruffrage abgeleitet werden.

– Bekanntes

Sie kann einerseits verwendet werden zum schnellen Zusammentragen von Aspekten, die für die Teilnehmer schon weitgehend klar sind. Vor allem wenn die Gruppe auch außerhalb der Moderation zusammenarbeitet, können auf diese Weise Themen für die Veranstaltung (»Was sollte heute besprochen werden?«) oder schon ausdiskutierte Gesichtspunkte zusammengetragen werden. Die geringe Zeit zum Nachdenken fällt dann nicht ins Gewicht, Mehrfachnennungen werden vermieden, insgesamt wird gegenüber der Kartenabfrage Zeit gespart.

In diesem Einsatzbereich wird die Zuruffrage meist mit einem vorbereiteten Plakat durchgeführt (s. Bild). Die durchnumerierten Felder schaffen ein wenig Ordnung und ermöglichen so einen besseren Überblick als beim Mitschreiben auf einem ungegliederten Plakat. Sie erleichtern außerdem ein späteres Sortieren der Antworten: die Teilnehmer können den Moderatoren die Nummern der zusammengehörenden Punkte zurufen.

Die Felder lassen sich sehr schnell erstellen, indem man ein leeres Plakat viermal hintereinander in der Mitte faltet. So entstehen sechzehn Zeilen, die bei Bedarf durch einen Strich geteilt werden können.

Sollen Themen gesammelt werden, können sie direkt in einen Themenspeicher (Bilder S. 55, 83) geschrieben werden.

– Neues

Der andere Anwendungsschwerpunkt ist merkwürdigerweise dem Zusammentragen von Bekanntem genau entgegengesetzt: das kreative Entwickeln von Ideen. Wird die Zuruffrage in der Art eines Brainstormings (s.S. 74) durchgeführt, so ist die Anregung der Teilnehmer durch die Beiträge der anderen und die geringe Zeit zum Nachdenken erwünscht. Im ersten Einsatzbereich ist es nicht nötig, die eigenen Antworten zu überdenken, im Brainstorming soll die »Schere im Kopf« ausgeschaltet werden, die originelle Gedanken möglicherweise zensiert.

Zu einem Brainstorming sollte das Plakat nicht vorstrukturiert werden. Durch die Einteilung in Felder haben die Teilnehmer ständig eine Ordnung vor Augen, also etwas, das sie in ihrem Denken gerade vermeiden sollen.

Die Zuruffrage kann natürlich nicht nur in diesen beiden Bereichen eingesetzt werden. Sie stellen nur besondere Schwerpunkte dar. Weitere Anwendungsmöglichkeiten können je nach Situation anhand der herausgearbeiteten Charakteristika überprüft werden.

5.3 Mind-Maps

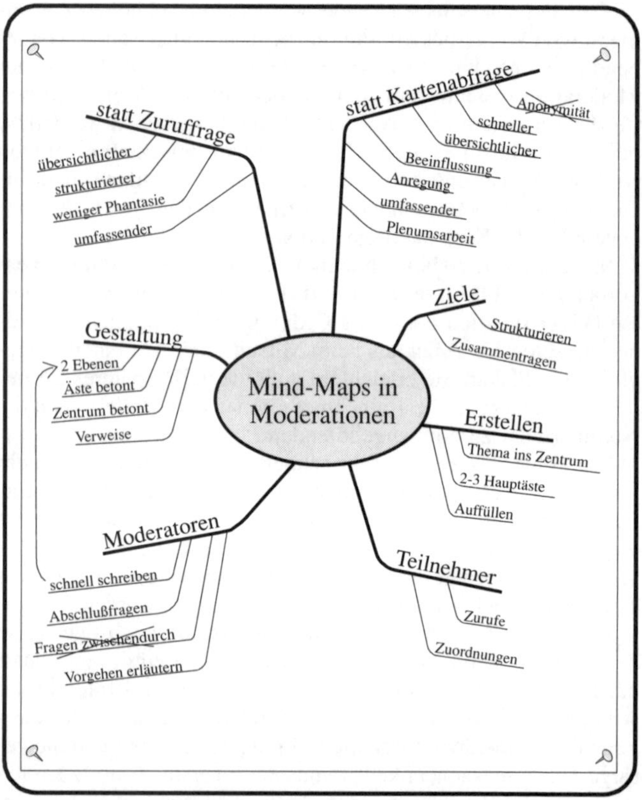

Kurzbeschreibung Das Mind-Map ist keine typische Methode der Moderation. Es wurde ursprünglich von Tony Buzan entwickelt, um Gedanken aufschreiben zu können, ohne sich dabei an eine bestimmte Reihenfolge halten zu müssen. In der Gestaltung ähnelt es sehr stark dem Netz (S. 24). Durchgeführt wird es als eine Art Zuruffrage. Die Teilnehmer rufen den Moderatoren Stichpunkte zu, die diese in bereits klar gegliederter Darstellung aufschreiben.

Ziele Die Ziele des Mind-Maps ähneln denen der Karten- und Zuruffrage. Inhaltlich dient es zum schnellen und strukturierten Zusammentragen von Informationen, gruppendynamisch gesehen werden die Teilnehmer aktiviert. In den Anwendungsmöglichkeiten und Wirkungen steht es zwischen Karten- und Zuruffrage. Darüber hinaus kann es aber auch zum Mitskizzieren mündlicher Diskussionen verwendet werden.

Mind-Map auf Zuruf

Das Mind-Map beginnt in der Mitte des Plakates. Die Frage oder das Thema wird groß ins Zentrum geschrieben und eingerahmt. Die Moderatoren erklären das Vorgehen und lassen sich zunächst zwei oder drei Hauptaspekte zurufen, die sie auf dicke Äste schreiben, die von der Mitte ausgehen. Anschließend nennen die Teilnehmer in beliebiger Reihenfolge weitere Hauptaspekte und Einzelpunkte; bei den Einzelpunkten sagen sie jeweils dazu, welchem Ast (Hauptaspekt) der Zweig hinzugefügt werden soll. Bei ihren Antworten verwenden sie Stichworte; im Gegensatz zur Kartenabfrage sind diese hier gut interpretierbar, da sie in ihren Zusammenhängen sichtbar werden.

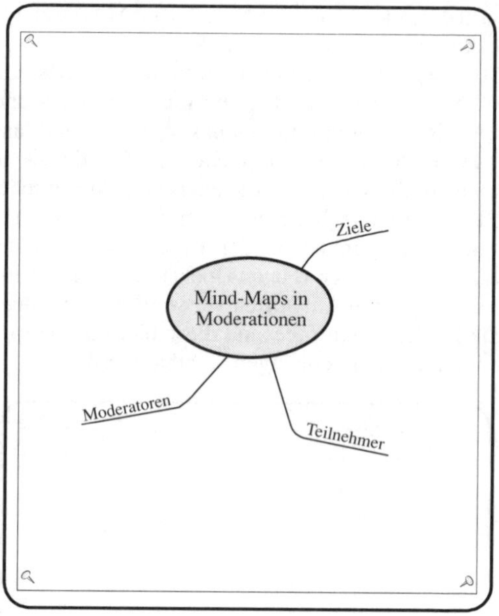
Mind-Maps in Moderationen
Ziele
Moderatoren
Teilnehmer

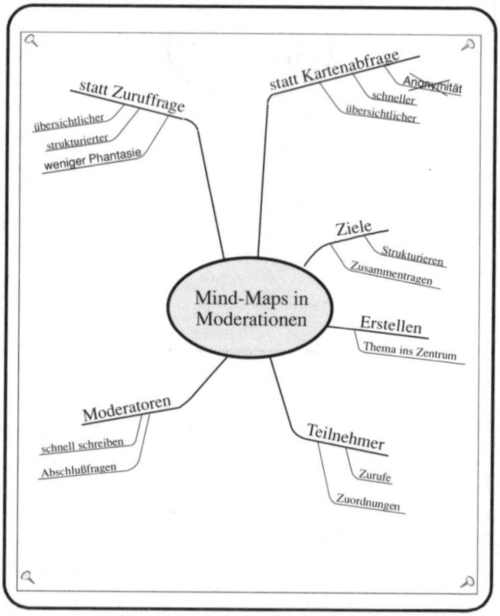
Mind-Maps in Moderationen
statt Zuruffrage
übersichtlicher
strukturierter
weniger Phantasie
statt Kartenabfrage
Anonymität
schneller
übersichtlicher
Ziele
Strukturieren
Zusammentragen
Erstellen
Thema ins Zentrum
Moderatoren
schnell schreiben
Abschlußfragen
Teilnehmer
Zurufe
Zuordnungen

Während des Sammelns sorgen die Moderatoren dafür, daß die Gedanken möglichst ungehindert und schnell fließen können. Sie achten weder auf Klarheit der zugerufenen Begriffe, noch auf Konsens bei der Zuordnung von Gedanken, sondern sie schreiben sofort mit. Dabei lassen sie nur zwei Zuordnungsebenen zu, Äste und Zweige. Weitere Verzweigungen sind bei dieser Form des Mind-Maps problematisch, da dadurch zuviel Aufmerksamkeit auf die Struktur gelenkt würde. Verästelungen führen hier entweder zu Unübersichtlichkeit und Durcheinander, oder sie drosseln das Tempo, da immer wieder darauf geachtet werden müßte, wo Beiträge genau zugeordnet werden müßten.

Sind an einem Ast keine Zweige mehr unterzubringen, wird ein zweiter mit der gleichen Bezeichnung an einer anderen Stelle des Plakates eingefügt.

Wenn die Zurufe der Teilnehmer nachlassen, fragen die Moderatoren nach, ob weitere Hauptaspekte übersehen wurden, was durch die gegenseitige Beeinflussung der Teilnehmer leicht passieren kann. Auch die aufgeschriebenen Begriffe werden überprüft: sind sie auch nach einigen Tagen noch klar und eindeutig verständlich? Anschließend können Zusammenhänge zwischen einzelnen Punkten durch Pfeile oder Linien verdeutlicht werden. Die Weiterbearbeitung kann, wie in der Kartenabfrage, über Bewertungen oder Ausformulierungen eingeleitet werden.

Mind-Map und Zuruffrage

Das Mind-Map nutzt die gegenseitige Anregung der Teilnehmer aus, ist aber zugleich übersichtlicher und klarer strukturiert als eine Zuruffrage. Diese Übersichtlichkeit ermöglicht eine gewisse Distanzierung vom Vorhandenen: es beeinflußt zwar die eigenen Gedanken, man kann aber auch gezielt nach fehlenden Beiträgen suchen. Insofern kann mit einem Mind-Map ein Thema bei weitem umfassender abgedeckt werden als mit einer Zuruffrage. Zugleich sind aber ungewöhnliche, aus dem Rahmen fallende Ideen unwahrscheinlicher. Die klare Gliederung unterstützt logisches Denken und gibt durchaus auch Anhaltspunkte für das Entwickeln neuer Ideen, strukturiert aber die Gedankengänge zu stark, um »verrückte« Einfälle zu fördern.

Mind-Map und Kartenabfrage

Im Vergleich zur Kartenabfrage ist ein Mind-Map mit einem Zeitbedarf von ca. 15 bis 25 Minuten wesentlich schneller. Da die Beiträge sofort sichtbar und zugleich klar strukturiert sind, kann das Thema gründlicher bearbeitet werden; die Vollständigkeit eines Mind-Maps erreicht eine Kartenabfrage auch mit zwei Schreib- und Ordnungsphasen wahrscheinlich nicht. Andererseits fehlt dem Mind-Map die Möglichkeit der Anonymität, so daß die gleichen Einschränkungen wie bei der Zuruffrage gelten (s. S. 44).

Ein weiterer Unterschied kann je nach der konkreten Situation Bedeutung erhalten. Die Kartenabfrage bietet beim Aufschreiben der Antworten eine gewisse Ruhephase; man hat Zeit, sich in die Frage einzudenken und setzt sich intensiv damit auseinander, noch bevor man sich mit anderen darüber verständigt. Daraus entsteht für die Teilnehmer ein anderes Erlebnis als beim gemeinsamen Erarbeiten eines Themas. Auch wird jeder einzelne aktiviert, während sich bei einem Mind-Map die Teilnehmer in unterschiedlichem Ausmaß beteiligen.

Anwendungsbeispiele

Die Anwendungsbereiche der drei Methoden sollen an einem Beispiel erläutert werden. Wenn Dozenten einer Hochschule Probleme im Verhältnis zu den Studenten zusammentragen wollen, dann bietet sich dafür die anonyme Kartenabfrage an. Selbstkritik wird möglich: ohne sich vor den anderen bloßzustellen, können Schwierigkeiten angesprochen werden. Geht es dagegen um die Suche nach neuen Wegen im Umgang miteinander, empfiehlt sich eine Zuruffrage als Brainstorming, um ausgetretene Pfade zu verlassen und originelle Möglichkeiten zu finden. Wird dabei u.a. gefordert, daß die Studenten ihre Ressourcen stärker einbringen können sollten, so kann über ein Mind-Map nach Einsatzmöglichkeiten der Moderationsmethode im Hochschulalltag gesucht werden. Die Dozenten wären mit dieser Frage als einzelne Teilnehmer möglicherweise überfordert, im Plenum können sie aber gegenseitig ihre Vorschläge aufgreifen, weiterentwickeln und ergänzen. Durch die übersichtliche Gestaltung des Mind-Maps wird wahrscheinlich eine sehr umfassende und zugleich detaillierte Aufstellung entwickelt.

Mind-Map in Diskussionen

Im Rahmen der Moderationsmethode kann das Mind-Map auch dazu benutzt werden, mündliche Diskussionsabschnitte vorzustrukturieren und mitzuschreiben. Dazu werden zunächst die Themenbereiche, die besprochen werden sollen, als Hauptäste aufgezeichnet, evtl. ergänzt durch einen »Ergebnis«-Ast. Sie können mit Zeitvorgaben versehen und in ihrer Reihenfolge numeriert werden. In der folgenden Diskussion ist allein durch diese optische Vorgabe schon ein roter Faden sichtbar, der eine strukturierte Auseinandersetzung fördert.

Jeweils nachdem ein Aspekt diskutiert wurde, lassen die Moderatoren die Teilnehmer die Inhalte für das Mind-Map zusammenfassen und schreiben sie mit. Im Unterschied zur vorher beschriebenen Variante sind hier mehrere Gliederungsebenen möglich, da konzentriert ein bestimmter Aspekt bearbeitet wird. Ausserdem können durch einfache Zeichnungen oder farbiges Unterlegen wichtige Punkte oder Schlüsselstellen hervorgehoben werden, um die Übersichtlichkeit weiter zu steigern.

Das Mind-Map ist eine sehr vielseitige Methode, die auch außerhalb der Moderation eingesetzt werden kann, etwa für Präsentationen oder um eigene Gedanken schnell und strukturiert zusammenzutragen.

5.4 Einpunktfragen

Ziele

Mit dieser Frageform können bei geringem Zeitaufwand – fünf bis fünfzehn Minuten – Meinungen, Stimmungen oder Erwartungen sichtbar gemacht werden. Die Vielfalt der Gruppenmeinung wird transparent, während bei mündlichen Nachfragen oft die Meinungsführer dominieren. So kann eine Bestandsaufnahme des gegenwärtigen Zustands erreicht und Orientierung für das weitere Vorgehen gewonnen werden.

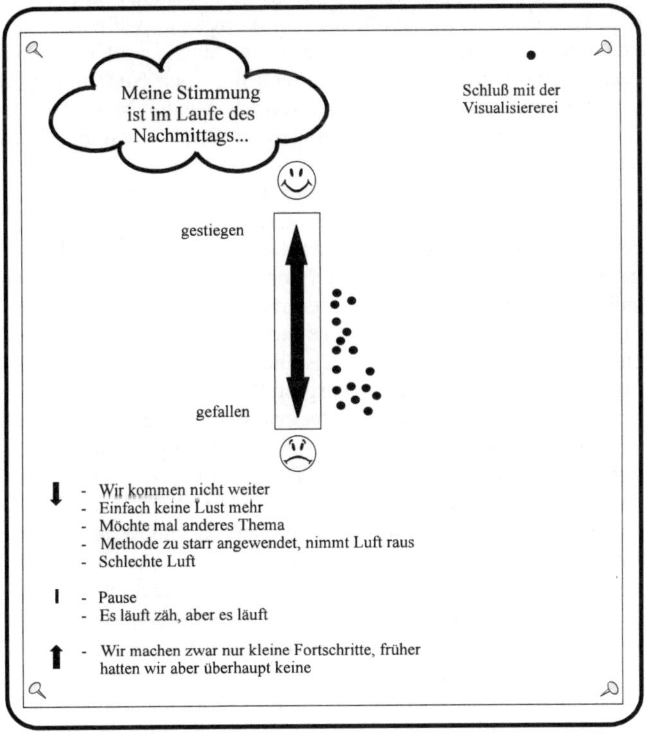

Durchführung

Die Moderatoren stellen auf einem Plakat eine klar formulierte Frage und erklären die Absicht, die sie mit diesem Moderationsschritt verfolgen. Jeder Teilnehmer bekommt einen Klebepunkt, mit dem er seine Antwort geben kann. Die Moderatoren erläutern das Vorgehen und lassen die Gruppenmitglieder ihre Punkte plazieren.

Interpretation

Die Deutung des enstehenden Bildes ist der entscheidende Schritt dieser Methode. Ohne die Interpretation besitzt die Punktverteilung keine besondere Aussagekraft; es bleibt verborgen, aus welchen Gründen die Antworten gegeben wurden. Andererseits bietet die Punktverteilung die Vorbedingung für Offenheit. So können etwa Gründe für Unzufriedenheit leichter ausgesprochen werden, wenn man vorher sieht, daß andere ähnlich empfinden.

Vor allem für ungeübte Teilnehmer erscheint die Punktverteilung oft entweder als offensichtlich oder als nichtssagend. Die Moderatoren müssen daher schon bevor sie die Frage stellen deutlich erklären, was genau sie damit erreichen wollen, so daß eine klare Orientierung für die Gruppe gegeben ist: »Uns geht es darum, eine Rückmeldung von Ihnen über den Nachmittag zu erhalten. Für uns ist wichtig zu erfahren, was gut bzw. schlecht lief, damit wir uns im weiteren Verlauf darauf einstellen können.«

Für die Interpretation selbst wird das Bild meistens in Bereiche zerlegt. Hier könnte also z.B. gefragt werden, welche Ursachen es dafür geben könnte, wenn die Stimmung deutlich gefallen ist, welche Meinungen hinter den Punkten im Mittelbereich stehen könnten und was der Hintergrund für die gestiegene Stimmung sein könnte. Dabei geht es nicht darum, Meinungen auszudiskutieren oder auch nur vollständig zu sammeln; es soll lediglich ein grober Überblick hergestellt werden.

Im allgemeinen fangen die Moderatoren mit dem Nachfragen bei »Ausreißerpunkten« an, also bei Markierungen, die deutlich vom Gros der Gruppe abweichen. Damit soll vermieden werden, daß unter Gruppendruck abweichende Meinungen zurückgehalten werden. Im Beispielplakat beginnen sie allerdings bei der stärksten Kritik, die hier auch den Schwerpunkt bildet. Hier scheint ein massiver »Leidensdruck« der Teilnehmer zu bestehen; angesichts des Ergebnisses würde es wohl befremdlich wirken, wenn mit eher positiven Aspekten angefangen würde.

Besonders zu berücksichtigen sind »unsinnig« plazierte Punkte, also diejenigen, die nicht in das vorgegebene Schema zu passen scheinen. Sie dürfen nicht einfach vernachlässigt werden, sondern werden, wie alle anderen Äußerungen auch, von der Gruppe interpretiert (im Beispielplakat rechts oben).

Auch bei der Einpunktfrage wird darauf geachtet, daß Anonymität weitgehend gewahrt wird. Fragen der Moderatoren lauten also z.B. »Wie könnte man das interpretieren?« und nicht »Wer hat denn diesen Punkt geklebt? Was bedeutet er?«.

Varianten

Einpunktfragen gibt es in verschiedenen Formen. Am häufigsten werden Skalen und Koordinatenfelder verwendet. Oft werden Skalen auch gerastert, also nicht stufenlos, sondern z.B. in den Kategorien »sehr groß«, »groß«, »mittel«, »klein«, »sehr klein« angeboten. Das kann vor allem dann sinnvoll sein, wenn das Punkten anonym geschehen soll (z.B. bei der Frage »Wie offen können wir hier miteinander reden?«). Jedes Gruppenmitglied kann so auf ein Kärtchen schreiben, in welchem Feld es seinen Punkt haben möchte; die Moderatoren sammeln diese Angaben ein und kleben dann stellvertretend für die Teilnehmer.

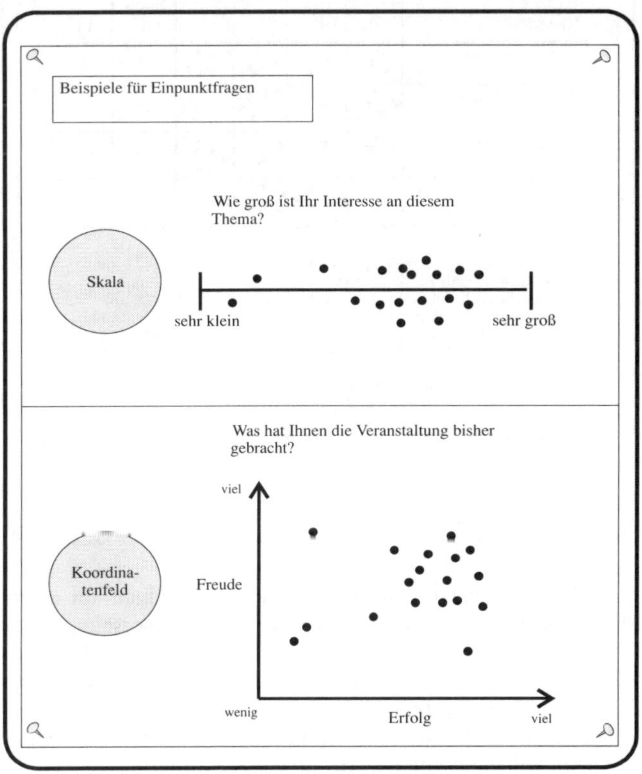

5.5 Mehrpunktfragen

Die Mehrpunktfrage gibt es einerseits in Verbindung mit Polaritäten und Skalen, also gewissermaßen als vervielfachte Einpunktfrage, andererseits kann sie zur Festlegung von Prioritäten verwendet werden.

Mehrere Einpunktfragen

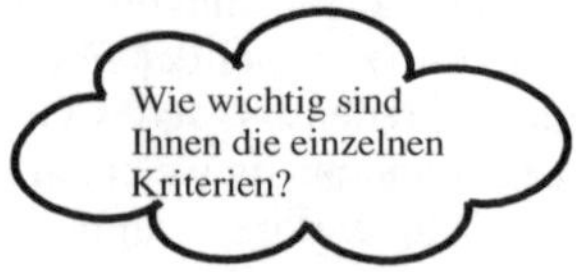

Kriterien	0	1	2	3	Summe	Rang
1 Viele Bäume	•••	••	••••••	•••••••	35	II
2 viele Parkplätze	•••••	•	•••••	•••••••	32	III
3 viele Spielmöglichkeiten	••••••	••	••	••••••••	30	IV
4 schönes Straßenbild		•••••	•••••••	••••••	37	I

- an allen Kriterien ziemlich hohes Interesse
- weitgehend einig bei Straßenbild
- gegensätzliche Interessen bei Spielmöglichkeiten und Parkplätzen, weniger ausgeprägt bei Bäumen
  - Parkplätze, Bäume und Spielmöglichkeiten brauchen Platz
  - Spielen auf der Straße gefährdet geparkte Autos, Autos gefährden spielende Kinder
  - Kinder dürfen nicht in Hinterhöfe, müssen raus
  - Keine freien Parkplätze in angrenzenden Straßen
- Konflikt Kinder contra Autos -> Weiterbearbeitung

Ziele

In diesem Beispiel sind mehrere Einpunktfragen auf einem Plakat zusammengefaßt. Dadurch ergibt sich einerseits, wie in der Einpunktfrage, ein Meinungsbild der Gruppe, andererseits auch schon eine Gegenüberstellung einzelner Interessen. Das Problemfeld der Gruppe wird transparent.

Durchführung

Für diese Art der Mehrpunktfrage sind etwa zehn bis zwanzig Minuten, abhängig von der Anzahl der Kriterien, zu rechnen. Es sollten nicht zu viele Zeilen verwendet werden, da sonst leicht der Überblick verloren geht.

Zu Seite 202

Die im Druck leider nicht in allen Verbindungslinien einwandfrei wiedergegebene Grafik wird durch diese Grafik ersetzt.

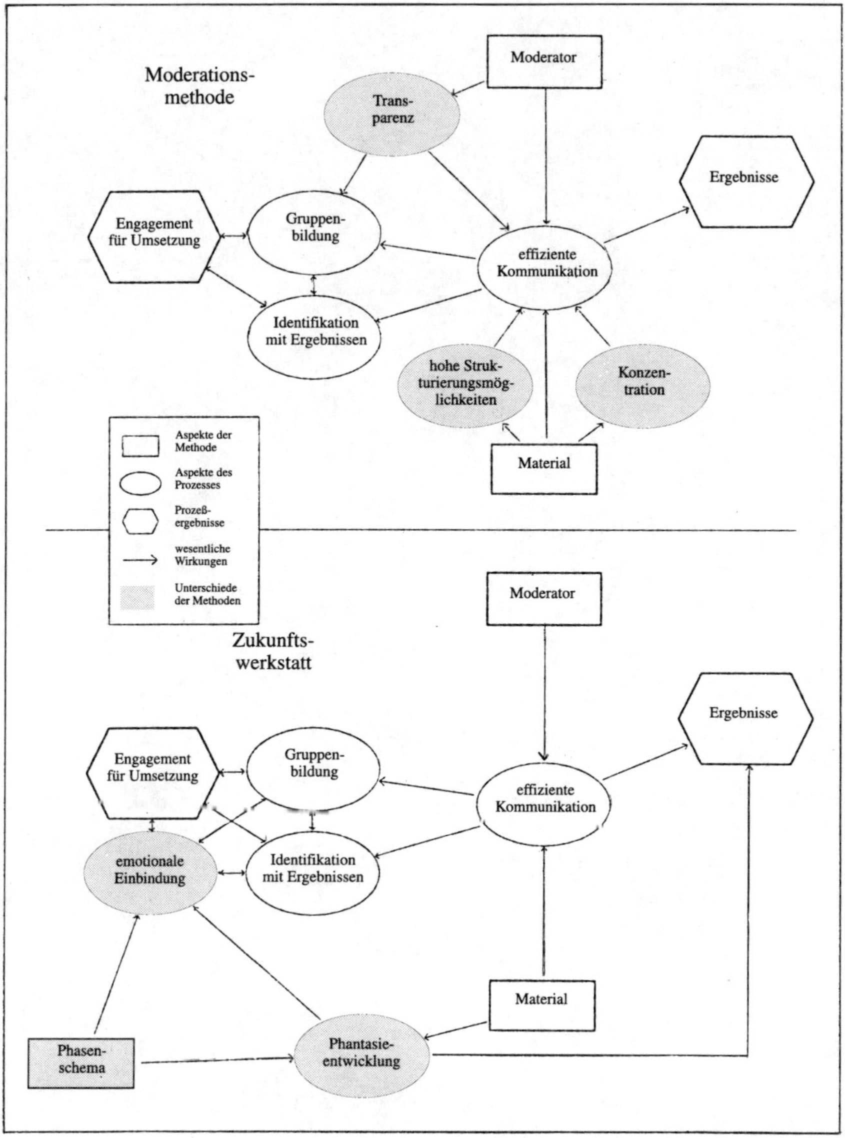

Zu Seite 202

Die im Druck leider nicht in allen Verfahrensschritten richtig wiedergegebene Grafik wird durch diese Grafik ersetzt.

Die Teilnehmer erhalten einen Punkt pro Zeile. Die Zeilensumme wird errechnet, indem die Spaltenziffern mit der Anzahl der geklebten Punkte multipliziert und die Produkte zusammengezählt werden. Damit die Ablehnung eines Kriteriums gezeigt werden kann, beginnt die Numerierung der Spalten mit Null.

»Eigentliche« Mehrpunktfrage
Ziel

Die andere Art der Mehrpunktfrage, die zur Festlegung von Prioritäten verwendet wird, hat mit der Einpunktfrage kaum mehr etwas zu tun. Sie dient meistens zur Schwerpunktbildung nach einer sortierten Kartenabfrage (s.S. 37) oder in einem »Speicher«, einem Plakat, in dem Themen, Fragen oder Ideen aufgelistet sind, die z.B. aus einer Kartenabfrage entstehen. Sie dauert ca. zehn Minuten.

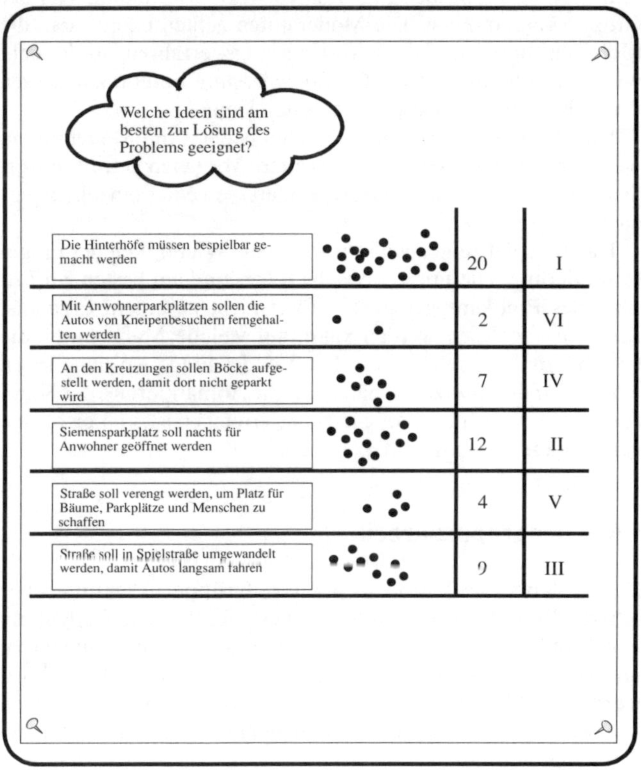

Durchführung

Der Ideenspeicher im Beispiel ist in vier Spalten aufgeteilt, so daß Felder für die Ideen, die Punkte, die Punktsumme und die Rangfolge vorhanden sind.

Jedes Gruppenmitglied erhält eine bestimmte Menge von Punkten, die es frei verteilen kann, d.h. daß auch alle Punkte hinter eine einzige Idee geklebt werden können. Die Anzahl der Punkte, die ein Teilnehmer erhält, richtet sich nach der Menge der zu gewichtenden Kriterien und nach der Gruppengröße. Als Faustregel kann benutzt werden:

Anzahl der Punkte ≤ Anzahl der Themen / 2,

d.h. daß im Beispiel bei sechs Ideen drei Punkte pro Teilnehmer ausgegeben werden. Dadurch soll eine annähernde Normalverteilung erhalten werden. Werden zu viele bzw. zu wenige Punkte ausgegeben, so kann das Ergebnis nichtssagend werden.

Die Menge kann bei vielen Themen und/oder vielen Teilnehmern reduziert werden.

Auswertung

Die Auswertung des Ergebnisses wird, wie immer, von der Gruppe übernommen. Die Moderatoren achten darauf, daß die Mehrpunktfrage nicht als Abstimmungsverfahren mißbraucht wird: sie soll ein *Bild der Gruppenmeinung* liefern, auf dessen Basis dann die Gruppe weiterarbeiten kann.

Um das Konsensprinzip zu achten, stellen die Moderatoren, wenn Entscheidungen über das weitere Vorgehen getroffen werden, die Frage, ob damit wichtige Interessen eines einzelnen vernachlässigt würden.

Frageformulierung beachten

Das Beispiel zeigt auch sehr schön die Wichtigkeit der Frageformulierung. Die Frage »Welche Ideen sind am besten zur Lösung des Problems geeignet?« führt nicht zu einem Ergebnis, aus dem abgelesen werden kann, auf welche Maßnahmen die Gruppe im Augenblick Wert legt. Bei der Frage »Welche Ideen wollen wir durchsetzen?« hätte z.B. die Abmarkierung der Kreuzungen, die verhältnismäßig leicht zu erreichen ist, vielleicht eine ganz andere Bewertung bekommen.

5.6 Kleingruppenarbeit

Ziele

Da die Kommunikation in der Großgruppe »Plenum« eher schwerfällig ist, ist es sinnvoll, die vertiefte Be- und Erarbeitung von Problemen, Ideen und Lösungsansätzen Kleingruppen zu überlassen. Dabei können unterschiedliche Bereiche vertieft werden, es können aber auch mehrere Kleingruppen am selben Thema arbeiten, so daß es unter unterschiedlichen Blickwinkeln betrachtet wird.

Aufteilung

Die Aufteilung findet oft nach der Sammlung und Bewertung von Stichpunkten im Plenum statt (z.B. nach einer Karten- und Mehrpunktfrage). Die Gesamtgruppe bildet mehrere Untergruppen zu drei bis fünf, in Ausnahmefällen bis zu neun, Personen, die nach Zufall, Themeninteresse, Sympathie oder den Funktionen der Teilnehmer zusammengesetzt sein können. Dabei sollte in einer längeren Moderation darauf geachtet werden, daß nicht immer die gleichen Menschen miteinander arbeiten, so daß neue Anregungen möglich werden.

Die optimale Gruppengröße richtet sich nach der Bereitschaft der Teilnehmer, dem Thema und dem Ziel, das mit der Kleingruppenarbeit erreicht werden soll. Einerseits ist in einer Gruppe umso mehr Kompetenz versammelt, je größer sie ist. Andererseits sinkt zugleich die Beteiligung der Mitglieder, und einzelne beginnen zu dominieren, so daß mehr Leute meist nicht mehr, sondern weniger Leistung bieten. Als Anhaltspunkt kann von einer Gruppengröße von vier bis fünf Teilnehmern ausgegangen werden. Bei Kreativitätsproblemen kann manchmal die Zahl erhöht, bei relativ klarer Sachlage, die vor allem der logischen Weiterentwicklung und Ausarbeitung bedarf, gesenkt werden (s. auch S. 74, 77).

Die Kleingruppen halten sich, soweit dies möglich ist, im gleichen Raum, nur durch die Stellwände abgegrenzt, auf. Dadurch ist einerseits die Möglichkeit gegeben, daß kurzfristig Kontakt mit anderen Gruppen aufgenommen werden kann, andererseits bildet sich auf diese Weise ein gemeinsames Arbeitstempo heraus. Die zur Verfügung stehende Zeit beträgt etwa 20 bis 60 Minuten, je nach Erfahrung der Teilnehmer und Problemstellung.

Die Kleingruppe stellt als Ergebnis ein Interaktionsszenario, eine Präsentation oder eine Mischung aus beiden her.

Interaktionsszenario

Ein Interaktionsszenario ist eine eigene kleine Moderation, die die Kleingruppe mit dem Ziel entwirft, das Plenum zu einer bestimmten Problemlösung zu befähigen. Es könnte etwa aus einer Einpunktfrage, einem Mind-Map mit nachfolgendem Gewichten und dem Erstellen eines Tätigkeitskataloges bestehen. Natürlich setzt ein Interaktionsszenario bei der Gruppe Fähigkeiten in der Moderation voraus.

Präsentation

Eine Präsentation stellt die Kleingruppenergebnisse für das Plenum dar. Das Ziel ist dabei nicht eine vollständige Abhandlung des Themas, sondern das Schaffen einer Grundlage, die vom Plenum weiterbearbeitet werden kann; evtl. diskutiert nach der Rücksprache mit dem Plenum die Kleingruppe noch weiter.

Die Erstellung einer Präsentation hat zwei Funktionen:

- Didaktisch gesehen wird ein Teilaspekt so aufbereitet, daß er der Gesamtgruppe unter einem bestimmten Gesichtspunkt vorgestellt werden kann. Es werden also z.B. Ursachen oder Folgen eines Problems im Zusammenhang gezeigt.

❐ Heuristisch gesehen ermöglicht der Versuch, etwas optisch darzustellen, den Ausbruch aus festgefahrenen Denkstrukturen und erschließt neue Erkenntnisse für die Mitglieder der Kleingruppe und dadurch auch für das Plenum.

Ergebnisvorstellung

Die Ergebnisse werden jeweils von zwei Mitgliedern der Gruppe vorgestellt. Diese können sich vor dem Plenum gegenseitig unterstützen; es entsteht nicht der Eindruck, die Präsentation stelle die Ansicht eines einzigen Gruppenmitglieds dar. Unterdessen können die Plenumsteilnehmer ihre Gedanken auf Kärtchen (Ovale) schreiben, die nach dem Vortrag auf die Freifläche gepinnt werden, so daß sich Kleingruppe und Plenum gegenseitig anregen.

Moderatoren

Während der Gruppenarbeit halten sich die Moderatoren so weit wie möglich heraus. Sie helfen lediglich methodisch, wenn eine Gruppe in eine Sackgasse gerät.

Ihre Rolle bei der Vorbereitung der Gruppenarbeit richtet sich nach der Erfahrung der Teilnehmer.

Bei ungeübten Teilnehmern, hierarchisch gegliederten oder relativ großen Gruppen geben sie präzise, visualisierte Arbeitsanweisungen. Diese beziehen sich auf die Art der Ergebnisse und auf die Vorgehensweise, selbstverständlich nicht auf den Inhalt. Vorgegeben werden können Spielregeln, die Form, in der die Gruppe dem Plenum ihre Arbeit vorstellt (z.B. Netz oder Vier-Felder-Tafel) oder die Perspektive, aus der sie das Problem betrachten soll, z.B. die »Kirchturmperspektive« (ein Gesamtüberblick), die »Wandererperspektive« (wichtige Gesichtspunkte im Zusammenhang) oder die »Lupenperspektive« (detaillierte Darstellung, Vorschläge nach Schnelle-Cölln 1983, S.55).

Die Vorgaben engen zwar die Gruppe ein, geben ihr aber in gewisser Weise erst die Möglichkeit, das Thema umfassend zu behandeln. Diese Paradoxie wird verständlich, wenn man berücksichtigt, daß die Gruppenteilnehmer ja normalerweise an ein Diskussionsschema gewöhnt sind, das es Vielrednern erlaubt, den Gesprächsgegenstand zu bestimmen. Durch die Vorgabe von Regeln wird verhindert, daß sich die Diskussion an einzelnen Punkten festfährt.

Je besser die Teilnehmer sich in der Moderationsmethode auskennen, desto weniger müssen die Moderatoren vorgeben. Vorschläge oder Anregungen können durchaus genügen.

5.7 Frageformulierung

Bedeutung

Fragen stellen ist eine der wesentlichen Tätigkeiten der Moderatoren. Visualisierte Fragen spiegeln den Weg der Meinungsbildung, die Struktur der Moderation wider, verbale sorgen für Ergänzungen, Präzisierungen usw.

Die Art der Fragestellung kann den Unterschied zwischen Manipulation und Hilfe zur Selbststeuerung für die Gruppe bedeuten. Fragen können die Problemlösung ermöglichen, sie können aber ebensogut (und viel leichter) dazu verwendet werden, Menschen in bestimmte Richtungen zu führen oder drängen, in die sie selbst nicht gehen möchten.

Genaue Zieldefinition

Bevor eine Frage gestellt wird, muß das Ziel, das mit dieser Frage erreicht werden soll, genau geklärt sein. Das betrifft den Zweck der Frage sowohl in diesem konkreten Moderationsschritt als auch in der gesamten Veranstaltung. Es können ebenso alle Punkte zu einem Thema gesammelt werden, wie ein Aspekt vertieft werden kann. Es kann darum gehen, Beziehungen zu klären, Interessenlagen, Bedürfnisse und Vorwissen transparent zu machen, Ziele gemeinsam zu definieren oder neue Ideen zu einer Problemlösung zu entwickeln.

Eine einmal visualisierte Frage kann kaum mehr mündlich berichtigt werden. Erklärungen werden leicht überhört oder vergessen, während die mißverständliche oder falsch gestellte Frage nach wie vor sichtbar ist.

Niemals Handlungsspielräume vortäuschen

Als weiterer Grundsatz für die Fragestellung gilt, daß niemals Handlungsspielräume oder Möglichkeiten vorgetäuscht werden dürfen, die nicht bestehen. Das ergibt sich einerseits aus dem Menschenbild des selbständigen, verantwortungsfähigen Menschen, dem offen gegenübergetreten werden kann und muß, andererseits daraus, daß die Moderationsmethode auf der Aktivität der Teilnehmer aufbaut, diese also nicht getäuscht und damit gelähmt werden dürfen (wenn sie es merken).

Als Beispiel. Wenn ein Seminarleiter mit einem weitgehend festgelegten Konzept in einer Gruppe arbeiten will, muß er dieser, bevor er Moderationselemente einsetzt, genau erklären, in welchem Bereich sie Wahlfreiheit besitzt. Er darf also nicht die Gruppe mit Hilfe einer Kartenabfrage entscheiden lassen, was sie gerne in diesem Seminar lernen möchte und dann den Teilnehmern erklären, daß sich das Ergebnis nicht mit seinem Konzept decke, an das er sich halten werde. Dieses Verhalten würde zu Frustration, Rückzug oder Auflehnung und in jedem Fall Vertrauensverlust führen.

Schlechte Fragen

Schlechte Fragen können in vier Kategorien eingeteilt werden, die sich teilweise überschneiden.

– Uninteressant

Die erste Gruppe bilden die uninteressanten Fragen. Diese sind zu leicht, das Ergebnis ist selbstverständlich.

– Sinnlos

Die zweite Frageart führt zu keinem sinnvollen Ergebnis. Dazu zählen Fragen, bei denen die Zielsetzung vorher nicht genau abgeklärt wurde sowie unverständlich formulierte oder zu schwere Fragen, die zerlegt werden müßten, um die Gruppe nicht zu überfordern. Hierzu gehören oft auch Ja-/Nein-Fragen, die den Spielraum der Antwort unnötig einschränken.

– Stimmung verschlechternd

Die dritte Fragekategorie verschlechtert die Gruppenatmosphäre. Darunter fallen vorgetäuschte Handlungsspielräume (s.o.), »Lehrerfragen«, die ein vorher schon bekanntes richtiges oder falsches Ergebnis haben, rhetorische Fragen, deren Antworten offensichtlich sind und die nur benutzt werden, um jemanden in eine gewünschte Richtung zu drängen oder in Argumentationsschwierigkeiten zu bringen, Fangfragen, mit denen Fallen gestellt werden, Beweisforderungen (»Beweisen Sie doch mal Ihre Behauptung!«), inquisitorische (»Wer ist schuld?«) und peinliche, bloßstellende Fragen (»Glauben Sie nicht, daß sich dahinter persönliche Probleme von Ihnen verbergen?«).

– Manipulativ

Schließlich können Fragen auch so gestellt werden, daß sie die Antwort vorherbestimmen, also z.B. Suggestivfragen (»Warum ist Straßenausbau die einzige Möglichkeit?«). Hierher gehören aber auch viele andere Arten, den Gefragten in eine bestimmte Richtung zu drängen, wie etwa Frageformulierung, Betonung, Körperhaltung usw.

Gute Fragen

Gute Fragen entstehen leider nicht schon dadurch, daß sie nicht schlecht sind. Dies ist nur der erste Schritt.

Gute Fragen

- sind verständlich, d.h. kurz, klar und exakt in der Sprache der Teilnehmer formuliert.
  »Wie kann das Straßenbild verschönert werden?« ist in einer Moderation der Anwohner ebendieser Straße angebrachter als »Welche Möglichkeiten der Verbesserung des Erscheinungsbildes stehen zu unserer Disposition?«
- sind offen, engen den Spielraum möglicher Antworten nicht unnötig ein und zeigen, daß hinter ihnen das echte Interesse an Informationen und Austausch steht. Zugleich muß jedoch immer die Zielorientierung, der Zweck der Frage in der Moderation mitgedacht werden.
  »Welche Möglichkeiten gibt es bezüglich der Kinder?« ist zu allgemein und sehr unklar gehalten. Deutlicher formuliert ist »Wie können Spielmöglichkeiten geschaffen werden?«. Zu eng

dagegen ist »Können Parkplätze in Spielplätze umgewandelt werden?«. Abgesehen davon, daß sie mit einem schlichten »ja« oder »nein« beantwortet werden könnte, werden mit dieser Frage sowohl andere Möglichkeiten (z.B. Nutzung der Hinterhöfe) ausgegrenzt als auch anwesende Autofahrer verprellt.

- ❐ sind interessant, d.h. sie setzen an den Erfahrungen und dem Wissensstand der Gefragten an und wecken Neugier auf die Antworten. Sie sprechen nicht nur kognitive, sondern auch affektive Seiten an, vermeiden dabei Pessimismus.
»Wie kann mit der Parkplatznot umgegangen werden?« beinhaltet schon fast die Unmöglichkeit einer Lösung. Besser ist »Parkmöglichkeiten: was kann getan werden?«. »Welche versicherungsrechtlichen Konsequenzen hätte die Öffnung des Siemensparkplatzes?« ist eine Frage für Spezialisten und hat in einer Moderation mit Anwohnern nichts zu suchen.

5.8 Übersicht über die Eignung der Frageinstrumente

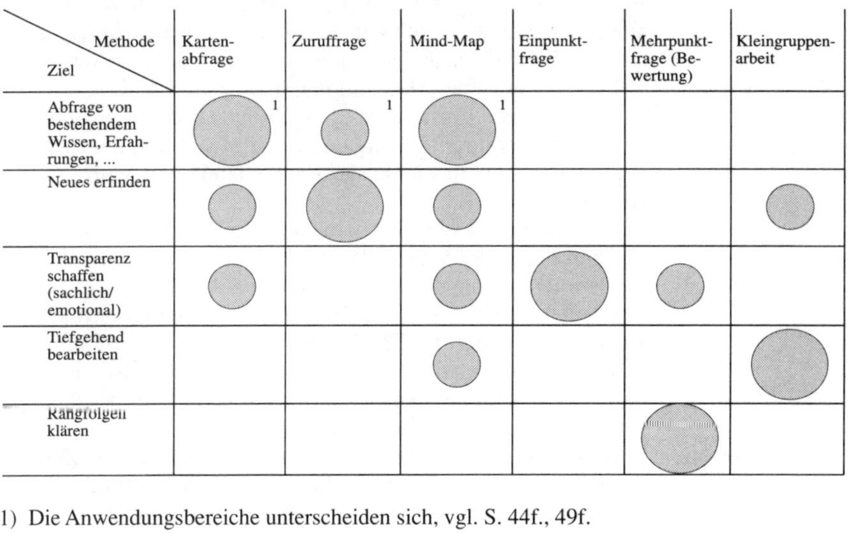

1) Die Anwendungsbereiche unterscheiden sich, vgl. S. 44f., 49f.

6. Planung der Moderation

Im folgenden wird ein allgemeines Ablaufschema der Moderation vorgestellt und durch die Besprechung einiger spezieller Aspekte ergänzt. Das nächste Thema sind Bedingungen und Vorfragen, die für die Planung wichtig sind. Den Abschluß bildet ein Beispielsablauf.

Planbarkeit

Eine Moderation ist nur selten vollständig planbar. Dazu sind sowohl Gruppen als auch Themen zu unterschiedlich. Die Moderatoren müssen fast immer spontan auf die Anforderungen der Situation reagieren: starres Festhalten an einem Schema würde die Manipulation der Gruppe bzw. ineffizientes Umgehen mit einem Thema bedeuten.

Dennoch werden Moderationen möglichst gründlich geplant. Je klarer Ziele, Zwischenziele und mögliche Schritte definiert sind, desto leichter wird es, in der Situation flexibel zu reagieren und das Konzept zu ändern, ohne den roten Faden zu verlieren.

Planungsebenen

Die Planung einer Moderation umfaßt zwei Ebenen.

– sachlich

Die sachliche Ebene wird im nächsten Abschnitt ausführlich behandelt. Bei ihrer Planung empfiehlt es sich oft, am Ende zu beginnen, also vom Ziel ausgehend Teilziele und Mittel zu bestimmen.

– Erlebnisablauf

Der andere Aspekt, der berücksichtigt werden muß, ist der Erlebnisablauf der Veranstaltung. Dazu gehört nicht nur die besondere Bedeutung des Einstiegs und des Abschlusses (s. S. 64, 69). Jedes (Teil-)Thema, jede Methode und jede Pause wirkt sich auf die Stimmung der Teilnehmer und Moderatoren aus. Die Zusammenstellung der Moderationsabschnitte ist also nicht nur unter dem sachlogischen, sondern auch unter dem psychologischen Blickwinkel vorzunehmen.

Visualisierung und Diskussion

Besonders zu beachten ist unter beiden Aspekten das Zusammenspiel von mündlichen und schriftlichen Äußerungen. Auf S. 13 (Verhältnis Sprache-Auge) wurde bereits angesprochen, daß Details in einer Moderation sprachlich bearbeitet werden. Eine zu weit gehende Visualisierung ist aus mehreren Gründen kritisch:

- ❒ Die Themenbearbeitung kann ineffizient werden (unnötiger Zeitaufwand).
- ❒ Die sprachlichen Differenzierungsmöglichkeiten werden nicht ausgeschöpft.

- Beziehungsaspekte drücken sich in der verbalen Diskussion stärker aus. Dadurch erhalten die Teilnehmer, soziodynamisch gesehen, bessere Orientierungsmöglichkeiten. Störungen können leichter erkannt und aufgegriffen werden.
- Die sprachliche Auseinandersetzung ist eine vertraute Kulturtechnik. Kommt sie zu kurz, so wird den Teilnehmern in einer möglicherweise unsicheren, ungewohnten Situation ein Halt entzogen. Das gilt besonders in Gruppen, die wenig Erfahrung mit der Moderationsmethode besitzen.

Die Überbetonung der Visualisierung bei gleichzeitiger Vernachlässigung der Sprache ist häufig der Grund, wenn die Moderationsmethode als »Kärtchenspielerei« oder »phantasietötend« bezeichnet wird.

6.1 Allgemeiner Ablauf einer Moderation

Zum Ablauf einer Moderation können keine allgemeingültigen Aussagen gemacht werden, da dieser immer von der Gruppe, dem Thema und den Rahmenbedingungen abhängt. Zur Orientierung kann jedoch das folgende Schema dienen:

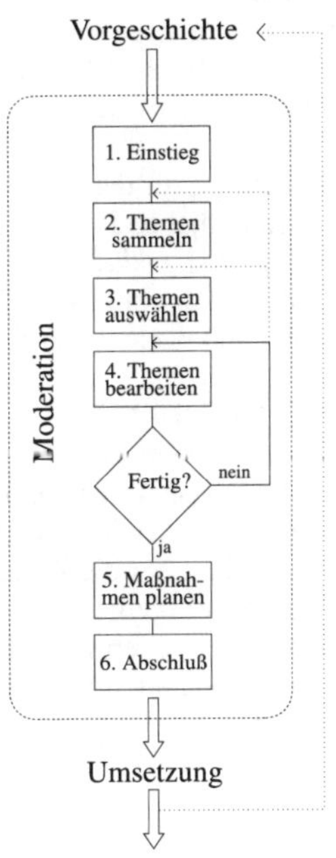

Allgemeine Erläuterung

Eine Moderation ist nicht isoliert zu sehen. Sie hat eine, oder genauer gesagt viele Vorgeschichten, nämlich die Entstehung der Situation, um die es inhaltlich geht, und die bisherigen Lebensgeschichten aller Beteiligten und Betroffenen. Das ist z.B. bedeutsam, wenn die Teilnehmer nicht gewohnt sind, selbständig zu arbeiten.

Ebenso zieht sie Folgen nach sich. Diese beschränken sich nicht auf die mögliche Umsetzung der Inhalte, sondern erstrekken sich unabhängig davon auch auf das weitere (Privat-)Leben der Teilnehmer. Einerseits wirken die erarbeiteten Ergebnisse weiter, andererseits die persönlichen Erfahrungen, die während der Moderation gemacht wurden (z.B. freie Kommunikation, gleichberechtigtes Arbeiten in einer Gruppe). Diese Folgen können wieder zu einer neuen Moderation führen.

Der Rahmen um die Moderation ist nicht durchgezogen, da auch die Veranstaltung an sich nicht isoliert zu betrachten ist. Nicht nur das materielle Umfeld (z.B. der Raum) hat Auswirkungen, sondern auch das Leben der Teilnehmer in der Zeit der Moderation. Es macht durchaus einen Unterschied, ob die Gruppenmitglieder im Verlauf einer längeren Moderation ihr normales Leben weiterführen oder gewissermaßen abgeschlossen in einem Hotel leben.

1. Einstieg

Der Einstieg dient dem gegenseitigen Kennenlernen und Anwärmen, dem Vorstellen der Methodik und des Ablaufs der Veranstaltung, dem Abklären der Erwartungen und der Hinführung zum Thema.

Seine besondere Bedeutung für die gesamte Arbeit liegt allerdings weniger in diesen inhaltlichen Punkten begründet. Vielmehr stellt er gewissermaßen die Visitenkarte der Veranstaltung dar. Mit dem ersten Eindruck bildet sich ein großer Teil der Erwartungen an das weitere Geschehen und die anderen Teilnehmer heraus. Da diese Annahmen das Verhalten der Gruppenmitglieder bestimmen, kann der Einstieg über Erfolg oder Mißerfolg der Moderation mitentscheiden. Ein gelungener Beginn erleichtert vieles, während ein Fiasko als Start lange Zeit belastend wirken kann.

– Vorstellung

Das gegenseitige Kennenlernen wird manchmal etwas vernachlässigt, da es ja Zeit kostet. Da aber die Zusammenarbeit in einer Moderation stark auf gegenseitigem Akzeptieren und Offenheit beruht, ist es notwendig, sich einigermaßen kennenzulernen, füreinander zu erwärmen und Vertrauen zu fassen. In der Einstiegsphase können dazu erste Schritte stattfinden.

Methodisch gesehen sollte die Vorstellung der Teilnehmer zu dem Rest der Veranstaltung passen. Daher werden auch hier Visualisierungstechniken verwendet.

Der »Gruppenspiegel« (links) kann relativ schnell erstellt werden. Er wird während einer mündlichen Vorstellungsrunde mitgeschrieben oder vor dem eigentlichen Veranstaltungsbeginn von den Teilnehmern ausgefüllt und kann während der Veranstaltung hängen bleiben. Abhängig von Publikum und Thema sollte evtl. eine Spalte für persönliche Aussagen reserviert sein.

Der »Steckbrief« (rechts) ist wesentlich ausführlicher. Er wird von den Teilnehmern selbst ausgefüllt und als Hilfsmittel für die eigene Vorstellung verwendet. Er benötigt mehr Zeit, hat aber die Vorteile, daß er aussagekräftiger ist und die Gruppenmitglieder schon zu Beginn der Veranstaltung ziemlich stark aktiviert werden.

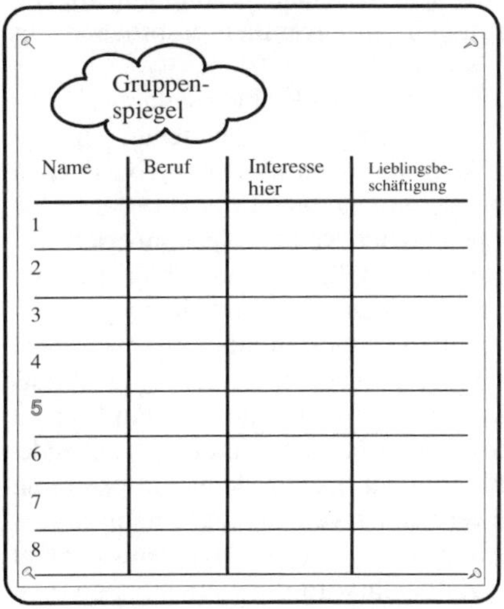

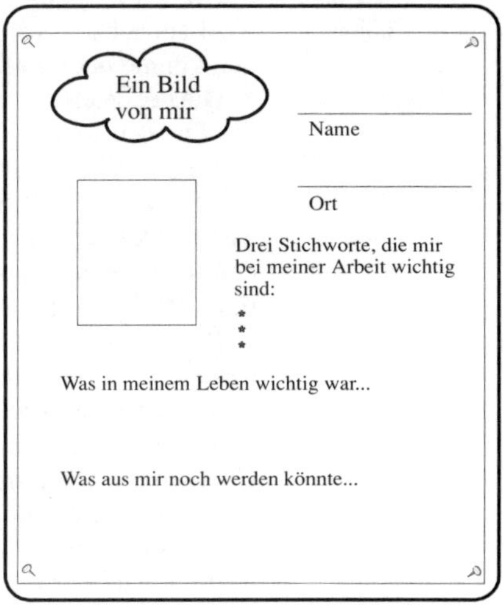

– Anwärmen

Zum Anwärmen der Teilnehmer empfehlen sich Einpunktfragen (z.B. »Wie fühlen Sie sich heute morgen?«) oder »Graffiti«. Graffiti ist ein Plakat, auf dem ein angefangener Satz (z.B. »Am schönsten wäre es, wenn hier...«) steht, den die Ankommenden ergänzen können. Damit wird Transparenz geschaffen, sowohl für die Moderatoren, als auch für die Gruppe, und die Teilnehmer werden aktiviert.

– Methodik und Organisation

Die Methodik sollte möglichst schon vor der Veranstaltung mit den Teilnehmern geklärt sein. Ist dies aber noch nicht geschehen, so kann es jetzt nachgeholt werden. Der Ablauf (z.B. auch Pausen) und andere organisatorische Fragen (z.B. Unterbringung) werden ebenfalls vorgestellt, erklärt oder abgesprochen.

– Erwartungen klären, Überleitung

Schließlich werden in dieser Phase die Erwartungen der Teilnehmer thematisiert. Zugleich findet damit der Übergang zur eigentlichen Themenbearbeitung statt.

Als Mittel sind Einpunktfragen (z.B. Skala »Wie sehr sind Sie von dem Thema betroffen?« oder Koordinatenfeld zu den Erwartungen an Freude bei der Arbeit und Erfolg) und Zuruffragen (»Was soll bei dieser Veranstaltung herauskommen?«) geeignet.

An dieser Stelle kann auch ein Einführungsreferat zur inhaltlichen Orientierung gehalten werden.

Wichtig ist noch, daß spätestens jetzt der Handlungs- und Entscheidungsspielraum, den die Gruppe besitzt, klar abgegrenzt werden muß, sofern eine Vorgabe besteht (vgl. S. 59).

2. Themen sammeln

An den Einstieg schließt sich die Themensammlung an. Hier wird zunächst alles gesammelt, was eventuell besprochen werden könnte oder sollte.

Die geeignete Methode hängt von der Problemstellung ab. Sind die Themen schon von vorneherein relativ klar, genügt eine Zuruffrage (»Was müßte heute besprochen werden?«), bei der später noch kleinere Korrekturen vorgenommen werden können. Die Themen können in einer geeigneten Reihenfolge numeriert werden, so daß eine Tagesordnung entsteht. Das Auswählen der wichtigen Punkte ist in diesem Vorgehen schon enthalten.

Bei komplexeren Problemen ist es sinnvoller, sie erst einmal mit einem Mind-Map aufzugliedern oder mit einer Kartenabfrage möglichst viele Stichpunkte zu sammeln, die mit dem Problem zu tun haben. Diese werden geordnet und zu den entstehenden Clustern die Oberbegriffe gebildet. Bei größeren Gruppen können auch Zweiergruppen verwendet werden, um Themen zu sammeln. Teilnehmer, die sich noch nicht kennen, werden so schneller miteinander vertraut. Zugleich wird die Kartenmenge reduziert, die bei Einzelarbeit entstehen würde.

3. Themen auswählen

Die zu bearbeitenden Themen werden gefunden, indem die entstandenen Oberbegriffe zu vollständigen Aussagen oder Fragen umformuliert und in eine Liste übertragen werden. So entsteht ein Themenspeicher. Dort können sie mit einer Mehrpunktfrage gewichtet werden, z.B. unter der Fragestellung »Was wollen wir hier bearbeiten?« oder »Welche Themen wollen wir zuerst behandeln?« (vgl. Bild S. 55). Der Themenspeicher ist übrigens bei größeren Veranstaltungen der Dreh- und Angelpunkt der Moderation. Er schafft Überblick über die behandelten und noch zu behandelnden Themen und über deren Stellenwert im Gesamtzusammenhang. Er kann jederzeit mit neu entstandenen Themen oder Fragen ergänzt werden.

Steht nur wenig Zeit zur Verfügung, so können auch gleich die Cluster ausgewählt werden. Der Verzicht auf die Umformulierung wird dann mit einer etwas geringeren Klarheit und evtl. einem fehlenden Gesamtüberblick über die Themen bezahlt.

4. Themen bearbeiten

Die entstandenen Fragestellungen werden dann entweder parallel, in Kleingruppen, oder nacheinander bearbeitet, bis sie in konkrete Maßnahmen umgesetzt werden können.

Genaue Rezepte für die Bearbeitung gibt es nicht, da die Methodik von dem jeweiligen Problem abhängt. Im allgemeinen wird jedoch viel in Kleingruppen gearbeitet, da diese sich besonders zur Vertiefung einzelner Aspekte eignen.

Als Anhaltspunkt zur Planung dieser Phase kann die Aufteilung in Daten-, Alternativ- und Entscheidungsphase verwendet werden (nach Knoll 1977, S.44f.):

- In der Datenphase werden umfassend Informationen gesammelt, strukturiert und in ihrer Bedeutung und ihren Wechselwirkungen analysiert (geschieht evtl. teilweise schon in der Themensammlung und -auswahl).
- Die Alternativphase dient dazu, möglichst viele Lösungsmöglichkeiten zusammenzutragen, ohne sie jedoch schon zu beurteilen. Evtl. müssen vorher noch Ziele definiert werden; sie können nicht immer direkt aus der Problemstellung abgeleitet werden.
- In der Entscheidungsphase schließlich werden die Konsequenzen der unterschiedlichen Ansätze herausgearbeitet, gegenübergestellt und bewertet. Dabei werden sowohl die sachliche als auch die personale Ebene des Problems betrachtet.

Als Mittel wären das Mind-Map oder die Kartenabfrage zur Sammlung, Kleingruppenarbeit zur Vertiefung (s. S. 56, 76), die Vier-Felder-Tafel für Gegenüberstellungen (z.B. unter den Aspekten Ist-Soll-Widerstände oder Ist-Lösungsmöglichkeiten-Konsequenzen) oder das Netzbild zur Analyse von Zusammenhängen zu nennen.

Je weniger ein Problem rational, analytisch bearbeitbar ist, desto mehr Gewicht muß auf kreativitätsfördernde Techniken gelegt werden, also z.B. Brainstorming, Zuruffrage, realitätsfernes Phantasieren oder freie bildliche Darstellungen (s. auch S. 74).

Zu beachten ist, daß die drei Phasen, wenn möglich, klar voneinander getrennt werden. Die Vermischung von Ursachenanalyse und Lösungssuche kann z.B. dazu führen, daß vorschnell Maßnahmen ausgewählt werden, die sich im nachhinein als unzureichend begründet herausstellen, da nicht alle wichtigen Fakten berücksichtigt wurden.

5. Maßnahmen planen

Aufgrund der Ergebnisse der Themenbearbeitung werden anschließend konkrete Maßnahmen festgelegt und deren Umsetzung abgesprochen. Die Fragen »Was?«, »Wer?« und »Wann?« werden beantwortet und die weitere Zusammenarbeit vereinbart. Ein geeignetes Hilfsmittel stellt der »Tätigkeitskatalog« dar.

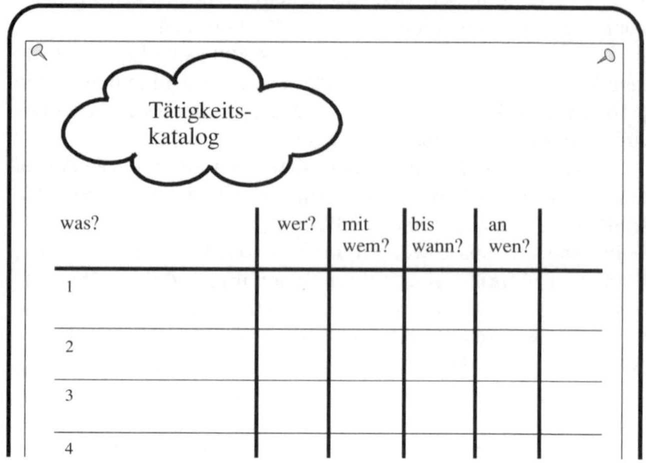

In diese Liste werden zuerst alle Aktivitäten eingetragen, die vorgeschlagen oder besprochen wurden. Erst dann werden Ausführende gesucht. Findet sich für eine Maßnahme niemand, so wird entweder festgelegt, wer einen Ausführenden sucht, oder sie wird gestrichen.

Die Spalten »wer?« und »mit wem (zusammen)?« können auch in einer Kategorie zusammengefaßt werden. »An wen?« wird wichtig, wenn die Aktivitäten von mehreren Leuten koordiniert werden sollen. Dann wird hier eingetragen, an wen der Ausführende über Versuch, Erfolg oder Mißerfolg berichtet.

Bei einem Tätigkeitskatalog ist unbedingt darauf zu achten, daß die Einträge konkret sind. Wenn festgelegt wird, daß externe Gutachter (Wer?) eine Energiebilanz (Was?) erstellen, so stellt das eher einen Eintrag in einen Untätigkeitskatalog dar, da keine genaue Festlegung getroffen wird. Stattdessen müßte notiert werden, wer die Gutachter beauftragt.

6. Abschluß

Nachdem mit der Maßnahmenplanung die thematische Arbeit beendet ist dient der Abschluß der Reflexion der Veranstaltung, sowohl auf inhaltlicher, als auch auf personeller Ebene. Es wird geklärt, ob das Ergebnis befriedigend ist, die Arbeit effizient war, die persönlichen Erwartungen erfüllt wurden und wie sich die

Teilnehmer in der Gruppe fühlten. Mittel dazu sind z.B. Einpunktfragen oder ein Blitzlicht (s.S. 70f.). Wurde im Einstieg eine Freude/Erfolg-Erwartungsfrage gestellt, so empfiehlt sich jetzt der Vergleich mit den tatsächlichen Resultaten.

Der Sinn dieses Endes liegt nicht nur im Feedback, das die Teilnehmer und Moderatoren erhalten. Der Abschluß ist, wie der Einstieg, ein äußerst wichtiges Erlebnis für die Beteiligten. Er bestimmt wesentlich mit, wie die gemeinsame Zeit und Tätigkeit im Gedächtnis behalten wird. Insofern ist er auch bedeutsam für die weitere Zusammenarbeit der Gruppe. Weder eine euphorische, noch eine von Resignation geprägte Erinnerung ist hilfreich für die Umsetzung der erarbeiteten Pläne. Im ersten Fall könnte die Umsetzung zu leicht erscheinen, so daß der erste ernsthafte Widerstand den Elan bricht, im zweiten Fall ist gar kein Schwung vorhanden, der über etwaige Hürden helfen könnte. Diese Stimmungen sollten also zum Abschluß unbedingt besprochen werden.

Im Hinblick auf die Bedeutung des Finales als letztem Eindruck der Moderation sollte auch die Verabschiedung der Teilnehmer ernst genommen werden.

6.2 Aspekte der Moderation

Dieser Abschnitt behandelt einzelne Situationen, Anforderungen und Techniken, die in fast jeder Moderation auftauchen bzw. gefordert sind: Transparenz, Konflikte, Kreativität, Gruppenaufteilung und Spielregeln.

6.2.1 Transparenz

Begründung

In der Zusammenarbeit von Menschen sind Sicherheit, Offenheit und Vertrauen untrennbar miteinander verbunden. Je sicherer man sich fühlt, desto offener kann man sein; aus Offenheit entsteht Vertrauen, und man fühlt sich sicherer. Insofern ist das Herstellen von Transparenz eine der zentralen Aufgaben der Moderatoren. Sie fördern auf diese Weise Sicherheit und Offenheit, indirekt damit auch Vertrauen.

Transparenz betrifft drei Ebenen: die inhaltliche, die methodische und die Beziehungsebene.

Inhaltsebene

Auf der inhaltlichen Ebene geht es zunächst um die Zugänglichkeit von Informationen, um das Ermöglichen gleichberechtigten Arbeitens. Diese Transparenz ist, sofern niemand Wissen zurückhält, durch die Visualisierung von vorneherein gegeben. Es geht zweitens um das Wissen, an welcher Stelle des Arbeitsprozesses die Gruppe sich gerade befindet, was noch auf sie zukommt. Bestehen hier Unklarheiten, so werden die Teilnehmer einerseits unnötig im Dunkeln gelassen und damit verunsichert, andererseits können sie ihre bisherigen Ergebnisse nicht einschätzen. Und damit ist der dritte Teil der inhaltlichen Transparenz verbunden: Wissen darüber, wie die Teilnehmer die Arbeit einschätzen. Sind sie mit den Ergebnissen, dem Tempo, dem Ablauf zufrieden? Diese Informationen sind nicht nur für die Moderatoren wichtig, sondern auch für evtl. unzufriedene Teilnehmer. Ist die Stimmung nicht geklärt, bestehen Unsicherheiten: »Finde nur ich, daß wir nicht vorwärtskommen? Den anderen scheint es ja nicht so zu gehen. Ich sage lieber erst mal nichts.«

Methodische Ebene

Transparenz auf der methodischen Ebene bedeutet, daß den Teilnehmern klar sein muß, wie eine Technik funktioniert, was sie bewirken soll und wie es weitergeht. Beispielsweise muß vor einer Kartenabfrage offengelegt werden, ob sie anonym ist oder nicht. Bei einer Einpunktfrage müssen die Teilnehmer wissen, warum sie gestellt wird, welches Ziel die Moderatoren damit verfolgen. Andernfalls entstehen wieder Unsicherheit, Unzufriedenheit, Hemmnisse in der gemeinsamen Arbeit.

Beziehungsebene

Die dritte Ebene der Transparenz betrifft die Atmosphäre, die Beziehungen der Teilnehmer untereinander und zu den Moderatoren. Verdeckte Spannungen sind nicht nur unangenehm, sie behindern auch oft die sachliche Arbeit in der Gruppe. Daher müssen sie offengelegt werden (s. auch S. 34, 73), möglichst schon im Entstehen, d.h. noch bevor sie sichtbar werden.

Transparenz dient also einerseits zum Abbau von Blockaden in der gemeinsamen Arbeit, andererseits zum Vorbeugen von Schwierigkeiten. Ursachen für Blockaden liegen meist in einer unbefriedigenden sachlichen Diskussion und/oder in der Stimmung einzelner bzw. einer gestörten Kommunikation. Durch Transparenzfragen können Probleme im Vorfeld abgefangen oder die Verantwortung für die Überwindung der Hemmnisse der Gesamtgruppe übertragen werden. Dadurch wird vermieden, daß Vielredner oder die Moderatoren ihre Ziele, Themen, Interpretationen oder Lösungsversuche den anderen überstülpen.

Ausführung

Transparenzfragen werden in jedem Fall, wie schon dargestellt, im Einstieg und Abschluß eingesetzt. Daneben können sie situativ in allen Moderationsschritten gestellt werden, vor allem auch zu Beginn und Ende bestimmter zeitlicher oder thematischer Abschnitte, also z.B. zur Einleitung des Nachmittags. Mögliche Methoden sind u.a.:

- Einpunktfragen (s.S. 51); Fragen auf der Sachebene wären z.B. »Wie gut haben wir das Problem im Griff?«, »Wie zufrieden sind Sie mit den bisherigen Ergebnissen?« oder »Wie weit haben wir das Problemfeld abgedeckt?«, auf der Beziehungsebene »Wie zufrieden sind Sie mit der Gesprächsatmosphäre?« oder »Wie ist Ihre Stimmung?«;

❒ Kartenabfragen und Mind-Maps, z.B. »Welche Probleme sind bisher unbeachtet geblieben?«;

❒ Blitzlicht; zu einer bestimmten Frage nimmt jeder Teilnehmer kurz Stellung, außer er lehnt es ausdrücklich ab, sich zu äussern. Jeder spricht dabei nur für und über sich, Äußerungen anderer werden kommentarlos zur Kenntnis genommen. Ist jemand direkt von einer Aussage betroffen, so hört er ruhig zu und antwortet nicht;

❒ gegenseitige Interviews in Zweiergruppen; sie werden mitvisualisiert und eignen sich besonders für ein ausführlicheres Feedback (s. Abbildung).

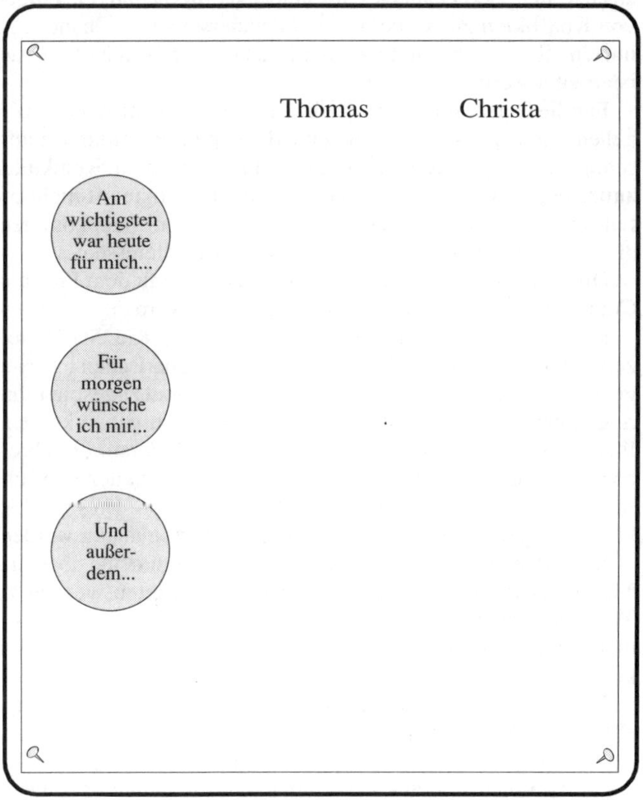

Transparenzfragen können teilweise die Gruppe »nerven«. Auf den ersten Blick haben sie nichts mit der inhaltlichen Arbeit zu tun und kosten nur Zeit. Dieser Widerstand aus der Gruppe darf jedoch nicht zu Verzicht auf Transparenz führen. Ihre Wichtigkeit muß erklärt, ansonsten situativ gehandelt werden: Widerstand gegen die Fragen der Moderatoren kann tatsächlich in Zeitproblemen begründet liegen, es kann aber auch sein, daß Offenheit von einigen Teilnehmern nicht gewünscht wird.

6.2.2 Konfliktbearbeitung

Begründung

Konflikte sind keineswegs nur negativ zu sehen. Zwar wird der Problemlösungs- oder Lernprozeß einer Gruppe durch Konflikte gestört, zugleich verbergen sich hinter ihnen aber auch Lösungsansätze und Lernchancen. Um einerseits die negativen Folgen von Konflikten zu vermeiden und andererseits ihre Chancen zu nutzen, dürfen sie nicht unter den Tisch gekehrt, sondern müssen bearbeitet werden.

Für die Darstellung von Möglichkeiten, mit Konflikten umzugehen, kann zwischen Sach- und Beziehungskonflikten unterschieden werden, wobei diese in der Praxis selten in Reinkultur auftreten. Zu beachten ist auch, daß sich Konflikte oft nicht offen zeigen, sondern eher auf Umwegen zum Vorschein kommen, also etwa über häufige Nebengespräche, Desinteresse o.ä.

Sachkonflikt

Differenzen auf der Sachebene können z.B. mit dem Pro- und Contraspiel oder in Kleingruppen bearbeitet werden.

Im Pro- und Contraspiel (nach Klebert u.a. 1987a, S.121) setzen sich jeweils zwei bis drei Vertreter der gegnerischen Parteien gegenüber. Diese tauschen möglichst schnell und zugespitzt ihre Argumente aus, wobei sie bis zu Beleidigungen gehen können. Ihre »Anhänger« unterstützen sie dabei, die Moderatoren schreiben mit. Nach drei bis fünf Minuten werden die Seiten gewechselt, die Redner vertreten jetzt die Gegenposition. Dies wird so lange fortgesetzt, bis keine neuen Punkte mehr genannt werden.

Im nächsten Schritt werden die einzelnen Argumente über eine Mehrpunktfrage gewichtet. Die höchstbewerteten werden zu Themengruppen zusammengefaßt, die Pro- und Contra-Argumente enthalten. In Kleingruppen werden diese dann weiter diskutiert und Lösungsmöglichkeiten gesucht.

Ebenfalls oft geeignet zur Konfliktbearbeitung auf der Sachebene sind Kleingruppen. Dabei werden die Kontrahenten zusammengefaßt und erhalten den Auftrag, die verschiedenen Seiten des Problems herauszuarbeiten und darzustellen. Besonders spannungsreiche Gruppen können durch einen Moderator unterstützt werden.

Hier ist es häufig angebracht, das Präsentationsinstrument vorzugeben, um zu strukturiertem Arbeiten zu zwingen. Dazu bietet sich z.B. die Vier-Felder-Tafel an, etwa mit den Feldern »Wo liegt der Konflikt?«, »Welche Interessen liegen ihm zugrunde?«, »Welche Lösungsmöglichkeiten gibt es?« und »Welche Widerstände bestehen gegen eine Konfliktlösung?«.

In den Bezeichnungen der ersten beiden Felder liegt eine Unterscheidung, die für Konfliktlösungen oft sehr hilfreich ist: Standpunkte und Interessen. Ein Standpunkt ist eine ganz bestimmte Umsetzungsform von Interessen. Wenn ein Hausbewohner im Hinterhof Gras und Bäume haben will, ein anderer dagegen Garagen, so sind das zunächst unvereinbare Standpunkte. Sieht man sich aber die zugrundeliegenden Interessen an, so können Lösungsmöglichkeiten gefunden werden, die beide befriedigen: Dem einen geht es um eine ästhetisch anspruchsvolle Gestaltung und die Möglichkeit, sich mit einem Buch in den Hof setzen zu können, der andere möchte nicht jeden Abend zehn Minuten nach einem Parkplatz suchen müssen. Vielleicht kann auf dieser Basis in der Gestaltung des Hofes ein Kompromiß gefunden werden, vielleicht kann ein nahegelegener Betriebsparkplatz nachts für Anwohner geöffnet werden, ...

Beziehungskonflikt

Beziehungskonflikte unterscheiden sich grundlegend von Sachkonflikten. Während sachliche Differenzen oft offen sichtbar sind, sind Schwierigkeiten auf der Beziehungsebene meist verdeckt. Nicht selten verstecken sie sich hinter sachlichen Querelen.

Insofern ist meist das größte Problem, Beziehungskonflikte zu entdecken und transparent zu machen (zu Methoden vgl. S. 70f.). Eine akzeptable Lösung zu finden ist dann häufig leichter als bei komplexen Sachkonflikten. Oft genügt, nachdem Transparenz bezüglich des Konflikts und seiner Ursache hergestellt ist, die einfache Frage an die Gruppe »Wie könnten wir damit umgehen?« und etwas Geduld, bis sich die Teilnehmer »zusammengerauft« haben. Evtl. können die Moderatoren die Gruppe unterstützen, indem sie Kommunikationsübungen, wie z.B. aktives Zuhören, oder Spielregeln (s.S. 78) vorschlagen.

Zu beachten ist, daß Lösungen erst gesucht werden sollen, wenn die bestehende Situation klar ist, d.h. nachdem die Teilnehmer ihre Bedürfnisse, Einstellungen und Wünsche ausgetauscht haben.

Beziehungskonflikte lassen sich nicht immer beseitigen. Das ist aber auch nicht unbedingt nötig: es genügt, wenn eine Lösung für den Umgang mit ihnen gefunden wird.

6.2.3 Kreativitätserweiterung

Begründung

Bei der Bearbeitung schwieriger Probleme stößt man häufig auf Situationen, bei denen man mit einfachem Gedankenaustausch oder logischem Denken nicht mehr weiterkommt. Ursache dafür kann sein, daß die Beteiligten versuchen, mit ihren oft bewährten Denkgewohnheiten Lösungen zu finden, die aber gerade über diese ausgetretenen Wege nicht zu erreichen sind. Die eingeschliffenen Denkweisen müssen verlassen und neue Ideen entwickelt werden, die sich nicht ohne weiteres aus dem Erfahrungswissen der Gruppe ergeben.

Hemmend wirken sich dabei u.a. Vorurteile und Störungen in der Gruppenatmosphäre aus, insbesondere wenn daraus Angst entsteht, sich lächerlich zu machen. Diese Barrieren müssen also auf jeden Fall zunächst weitgehend beseitigt werden (Transparenz, S. 69).

Es gibt viele Methoden der Kreativitätserweiterung, von denen hier nur zwei dargestellt werden sollen: Brainstorming und bildliche Darstellung. Weitere Anregungen können dem Teil zur Phantasiephase in der Zukunftswerkstatt entnommen werden (S. 137ff.).

Brainstorming

In einem Brainstorming werden, meist in kleinen Gruppen von etwa fünf bis neun Teilnehmern, auf Zuruf Ideen gesammelt und mitgeschrieben. Dabei gelten vier Regeln:

- Keine Kritik an Äußerungen
  Damit sollen einerseits Ängste vermieden werden, Ideen rechtfertigen zu müssen, andererseits soll ein reibungsloser Ablauf ohne Zwischendiskussionen ermöglicht werden.
- Quantität geht vor Qualität
  Es soll nicht krampfhaft nach guten Ideen gesucht werden. Vielmehr soll möglichst alles geäußert werden, was einem einfällt: möglichst viel und möglichst schnell. Die »Perlen« können später herausgepickt werden – vielleicht sind es gerade Ideen, die auf den ersten Blick dumm aussehen.
- Unsinnige Ideen sind erwünscht
  Wenn übliche Denkschemata nicht mehr weiterhelfen, gewinnen scheinbar unsinnige Ideen an Bedeutung. Über sie können Aspekte einfließen, die bisher nicht beachtet wurden, die aber einen wichtigen Schritt in Richtung Problemlösung ermöglichen.
- Ideenklau ist erwünscht
  Wenn nicht ängstlich auf ein Ideen-Copyright geachtet wird, kann mit ihnen gespielt werden. Gedanken werden variiert,

angereichert und vermischt, so daß immer mehr Aspekte sichtbar werden bzw. neue Ansätze entstehen.

Mit diesen Regeln soll eine lockere, verspielte Atmosphäre erreicht werden, in der die Teilnehmer durch die Ideen anderer angeregt werden. Über Assoziationen sollen ungewöhnliche, originelle Gedanken entstehen.

– Probleme

Bei einem gelungenen Brainstorming fließen die Ideen frei und sind oft mit Gelächter unterlegt. Allerdings setzen die Regeln in gewisser Weise das voraus, was sie zu schaffen versuchen. Gegenseitiges Vertrauen, Angstfreiheit und Spielfreude der Teilnehmer müssen schon gegeben sein, bevor die Regeln eingeführt werden. Stimmungen lassen sich nicht verordnen. Sind diese Bedingungen nicht oder nur begrenzt gegeben, so wirkt ein Brainstorming etwa wie eine Zuruffrage, bei der nicht groß über Sinn und Unsinn der Beiträge nachgedacht wird. Es bietet durchaus einige Anregungen, wesentliche neue Gedanken darf man allerdings nicht erwarten.

– Anwendung

Ein Brainstorming in den Anfangsphasen einer Veranstaltung ist kaum sinnvoll. Die Teilnehmer müssen sich schon einigermaßen kennengelernt und zueinander Vertrauen gefaßt haben. Wenn es durchgeführt wird, müssen die Beiträge möglichst schnell mitgeschrieben werden, um nicht unnötige Verzögerungen in den Gedankenfluß zu bringen. Dazu können z.B. Teilnehmer mithelfen. Die Moderatoren können die Ideen auch auf einem Notizzettel festhalten und sie dann später erst für alle visualisieren. Dann beschränken sich die Anregungen der Teilnehmer untereinander allerdings jeweils auf die zuletzt genannten Gedanken; weit zurückliegendes kann man sich nicht merken.

Im Zusammenhang kann ein Brainstorming etwa als Utopiespiel (Klebert et.al. 1987a, S.117f., weitere Anregungen im Teil über die Zukunftswerkstatt) angewendet werden. Die Moderatoren stellen ein Thema, das in losem Zusammenhang mit der eigentlichen Fragestellung steht, jedoch weit in die Zukunft reicht. Es soll emotional besetzt und positiv formuliert sein, also etwa »Die Fachhochschule im Jahr 2010« statt »Verbesserungsmöglichkeiten in der Fachhochschule«.

Im zweiten Schritt finden sich die Teilnehmer nach dem Sympathieprinzip in Kleingruppen zusammen und sammeln dort in einem Brainstorming ihre Ideen. Diese werden dem Plenum vorgestellt, das über eine Mehrpunktfrage die interessantesten Punkte aus allen Gruppen herausfindet.

Die am höchsten bewerteten Gedanken werden in eine Liste übertragen. In einer zweiten Spalte dieses Plakats erstellt das Plenum die Verbindung zur Problemstellung, z.B. unter dem

Gesichtspunkt, welche Lösungsansätze die aufgeführten Ideen in der Realität bieten können. Dieses Material kann dann neuen Kleingruppen zur weiteren Vertiefung übergeben werden.

Bildliches Darstellen

Im Brainstorming wird versucht, Logik vorübergehend durch freies Assoziieren zu ersetzen und so Denkblockaden zu überwinden. Eine andere Möglichkeit ist, die sprachliche Verständigung auszuschalten und zu einer bildlichen Darstellung überzugehen. So werden Vorstellungen nicht bruchstückartig, sondern im ganzen ausgeführt.

Die Teilnehmer malen also z.B. in Kleingruppen die künftige Fachhochschule so wie sie sie sich wünschen und hängen die Bilder anschließend auf. Zu den Bildern, an deren Erstellung ein Teilnehmer nicht beteiligt war, schreibt dieser dann seine Ideen, die ihm bei der Betrachtung einfallen. Abschließend stellen die »Künstler« ihr jeweiliges Bild vor und ergänzen schriftlich die Gedanken der anderen. Auswahl und Weiterbearbeitung können wie im Utopiespiel erfolgen.

6.2.4 Gruppenaufteilung

Begründung

Die Aufteilung der Gesamtgruppe ist eine wichtige Technik in der Moderation. Gegenüber ständiger Plenumsarbeit werden die Teilnehmer aktiviert, da sie sich in kleineren Gruppen stärker einbringen können und müssen. Dabei bekommen sie die Möglichkeit, intensiver und effizienter an den Themen zu arbeiten, die sie interessieren. Durch eine getrennte Arbeit an der gleichen Fragestellung werden außerdem mehrere verschiedene Sichtweisen entwickelt.

Voraussetzung

Voraussetzung für eine optimale Arbeit mit verschiedenen Gruppengrößen ist ein großer, schallschluckend ausgestalteter Raum mit problemlos umzustellenden Pinwänden, Tischen und Stühlen. Unter diesen Bedingungen können sich die Teilnehmer innerhalb kurzer Zeit ihre eigenen Bereiche schaffen und dabei im gleichen Raum bleiben, so daß der optische Kontakt nicht abreißt und sich ein einheitliches Arbeitstempo einspielen kann (s. auch S. 80).

In Einzel- oder Zweierarbeit, in Kleingruppen oder im Plenum können unterschiedliche Aufgaben effizient bearbeitet werden.

Einzelarbeit

Die Einzelarbeit ist zum einen geeignet für die Stichwortsammlung auf Karten, zum anderen für die Zusammenfassung von Teilen der Moderation in ausformulierten Sätzen für ein Protokoll.

Zweiergruppe

In einer Zweiergruppe ist für tiefgehende Ausarbeitungen nicht genügend gegenseitige Anregung vorhanden. Sie kann sich aber leicht einigen und ist gut geeignet, noch unklar und schwammig formulierte Gedanken zu präzisieren. Daher ist sie vor allem zuständig, wenn es darum geht, Aussagen oder Fragen für die Übernahme in einen Speicher (Liste) zu formulieren. Sehr gut kann sie teilweise auch zur Themensammlung eingesetzt werden (s.S. 66).

Kleingruppe

Die Vertiefung einzelner Themen in regelmäßiger Rückkoppelung mit dem Plenum ist der Schwerpunkt der Kleingruppe mit drei bis fünf (in seltenen Ausnahmefällen bei Kreativitätsproblemen bis zu neun) Teilnehmern (vgl. S. 57, 74).

Sie ist die wichtigste Arbeitsform in der Problembearbeitung. Ihre Aufgabe in dieser Phase ist, eine Fragestellung nach allen Seiten auszuloten; dazu soll sie keinen Konsens erreichen, sondern das gesamte Meinungsspektrum darstellen. Besprochenes soll möglichst schnell zu Papier gebracht werden. Um zu vermeiden, daß sich die Gruppe verzettelt, werden strittige Punkte nicht ausdiskutiert, sondern mit einem Blitz gekennzeichnet, so daß bei der anschließenden Vorstellung der Ergebnisse auch das Plenum die Meinungsverschiedenheiten erkennt.

Nach der ersten Aufteilung in Kleingruppen empfiehlt sich eine Nachfrage, wie diese funktioniert haben. Dazu stellen die Moderatoren auf einem Plakat mit der Frage »Wie zufrieden sind Sie mit der Kleingruppenarbeit?« zwei Skalen oder Raster für eine Mehrpunktfrage (doppelte Einpunktfrage) vor. Die Skalen sind mit »Beteiligung an der Diskussion« und »Zufriedenheit mit dem Ergebnis« beschriftet. Eine gewisse Unzufriedenheit mit dem Ergebnis ist aufgrund des ungewohnten Verbots, ausführlich zu diskutieren, zu erwarten. Dagegen ist oft die Zufriedenheit mit der Beteiligung relativ groß. »Ausreißerpunkte« auf der negativen Seite können zum Anlaß genommen werden, über Schwierigkeiten mit der Gruppenarbeit zu reden, so daß die Diskussion künftig besser abläuft.

Plenum

Das Plenum ist die Ausgangs- und Endform jeder Moderation. In ihm geschieht die grobe Arbeit, der Austausch und die Ergänzung der Einzelergebnisse, evtl. Ideensammlungen und alle Arbeitsschritte, in denen Konsens erzielt werden muß.

6.2.5 *Spielregeln für die moderierte Gruppe*

Begründung

Eine Gruppe, deren Mitglieder nichthierarchisch zusammenarbeiten wollen, muß sich Regeln geben, die das Zusammenwirken strukturieren. Normalerweise sind das unausgesprochene Verhaltenserwartungen, die sich über lange Zeit im Gruppenprozeß herausbilden.

In einer Moderation, in der schon sehr frühzeitig offene, gleichberechtigte und selbstbestimmte Kommunikation stattfinden soll, wird ein Teil davon als Spielregeln formuliert. Dies sind klar formulierte Aussagen über Verhaltenserwartungen, die die Gruppenmitglieder und die Moderatoren betreffen. Sie können sowohl von den Teilnehmern, als auch von den Moderatoren vorgeschlagen werden und werden in einer ständig sichtbaren Liste festgehalten, so daß jeder jeden jederzeit daran erinnern kann. Auf diese Art sollen einerseits mögliche Kommunikationsstörungen für alle transparent, andererseits die Moderatoren von der alleinigen Aufpasserrolle entlastet werden.

Ausführung

Es ist nicht besonders sinnvoll, wenn die Moderatoren zu Beginn der Gruppenarbeit einen ausgearbeiteten Regelkatalog vorstellen. Zu diesem Zeitpunkt ist der Sinn der Maximen für die Teilnehmer noch gar nicht nachvollziehbar. Besser ist es, sie je nach den Erfordernissen der Situation einzuführen, allerdings auch nicht erst dann, wenn sich durch Kommunikationsschwierigkeiten eine sehr gespannte Atmosphäre ergeben hat.

Regeln beziehen sich immer auf die jeweilige Gruppe. Sie sind nicht allgemeingültig vorher festzulegen. Daher werden nur vier der wichtigsten Sätze vorgestellt.

»Ich« statt »man«

»›Ich‹ statt ›man‹ verwenden« ist eine Maxime, die aus der Themenzentrierten Interaktion übernommen wurde. Mit dem Gebrauch des Wortes »ich« wird klar, daß man für sich selbst spricht, während »man« oft den Hintergrund hat, daß der Inhalt der Aussage durch das Gewicht der Allgemeinheit abgesichert werden soll. Widerspruch von anderen wird durch »man« erschwert (vgl. S. 34).

Störungen haben Vorrang

Ebenfalls aus der TZI stammt die Regel, daß Störungen im Gruppengeschehen thematisiert werden müssen, bevor die inhaltliche Arbeit fortgesetzt wird. Sie wurde auf S. 34 schon ausführlich dargestellt.

Keine Killerphrasen

Sogenannte »Killerphrasen« sind in den meisten Diskussionen Standard. Sie sind sehr beliebt, weil sie jedes für den Anwender unbequeme Argument mit Leichtigkeit abschmettern. Beispiele sind »Das haben wir schon immer so gemacht«, »Das haben wir alles schon probiert«, »Sie arbeiten halt noch nicht lange in diesem

Bereich«, »Das können Sie nie durchsetzen«, »Für so etwas brauchen Sie ganz andere Voraussetzungen. Das ist hier nicht möglich« usw.

Solche Aussagen »killen« jede Idee und sind deswegen in einer Moderation absolut unbrauchbar. Die Moderatoren formulieren diese Beiträge um und/oder bieten die entsprechende Spielregel an.

Jeder unterstützt jeden

Spätestens beim ersten Aufräumen wird die Butler-Regel eingeführt. Sie besagt, daß jeder jedem hilft. Das bezieht sich auf alle denkbaren Bereiche: Aufräumen, Umräumen, Kaffee holen, Abfälle wegräumen, die man nicht selbst verursacht hat usw. Sie soll eine Trennung in »arbeitende« und helfende Gruppenmitglieder vermeiden helfen und eine kooperative Gruppenatmosphäre fördern.

6.3 Bedingungen und Vorfragen

Die Faktoren, die auf eine Moderation einwirken, sind im wesentlichen die gleichen wie bei jeder anderen Gruppenarbeit. Deswegen werden sie, bis auf einige Besonderheiten, nur schematisch dargestellt.

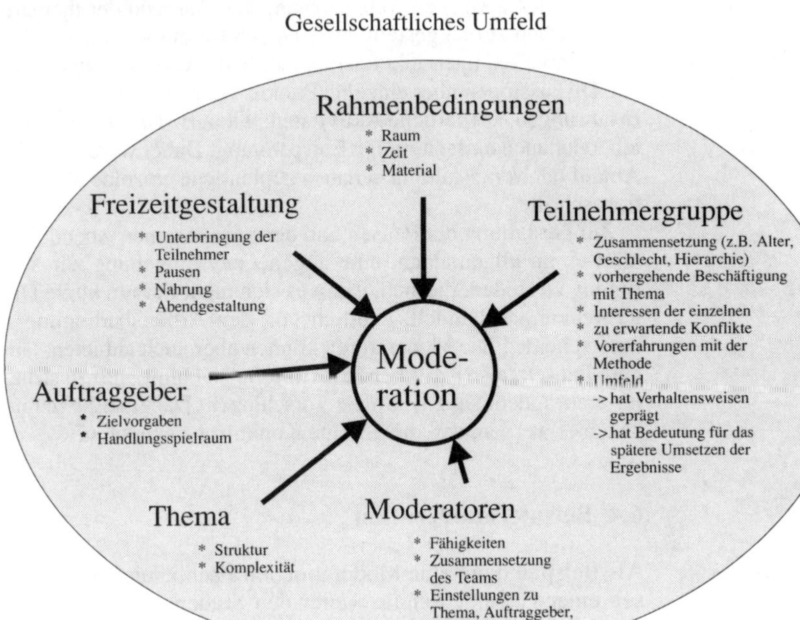

Vorerfahrungen der Teilnehmer

Die Vorerfahrungen der Teilnehmer mit der Moderationsmethode sind wichtig, da sich daraus ihre Erwartungen an den Ablauf einer Veranstaltung ergeben. Viele Menschen sind, egal wo sie hingehen, darauf eingestellt, informiert zu werden und wehren sich daher gegen eigenständige Arbeit.

Die Teilnehmer sollten also zumindest über die Methode informiert sein, bevor sie zur Veranstaltung kommen. Besser ist es, wenn außerdem auch schon ihre thematischen Vorstellungen abgeklärt werden können.

Raum und Gestaltung

Um den schnellen Wechsel zwischen den verschiedenen Gruppengrößen zu gewährleisten, wird pro Teilnehmer ein Bedarf von acht bis zehn Quadratmetern Fläche berücksichtigt. Die Sitzgelegenheiten und Tische sollten leicht zu transportieren sein, so daß der Raum problemlos neu aufgegliedert und umgestaltet werden kann. Da es bei der Aufteilung des Plenums günstig ist, wenn alle Gruppen in einem Raum bleiben, sollte dieser einigermaßen schallschluckend gestaltet sein.

Die Teilnehmer sollten die Möglichkeit haben, sich jederzeit mit Erfrischungen zu versorgen.

Pausen und Abendgestaltung

Pausen sind für den Gruppenprozeß äußerst bedeutsam, da in ihnen vieles vollzogen werden kann, was während der thematischen Arbeit zurückgestellt wird, jedoch für ein gelungenes Zusammenwirken unerläßlich ist: persönliche Kontakte, ausführliche Diskussionen über einzelne Punkte, Austausch individueller Erfahrungen, körperliche Aktivitäten, wie z.B. Tischtennis spielen, oder auch einfach ruhige Entspannung. Daher werden sie im Ablauf der Veranstaltung genauso geplant wie einzelne Moderationsschritte.

Zur Gestaltung der Pausen und der gemeinsamen Abende genügt es im allgemeinen, eine angenehme Umgebung zur Verfügung zu stellen, die sich, wenn es sich nicht nur um kurze Unterbrechungen handelt, deutlich von den Arbeitsbedingungen unterscheidet. Die Moderatoren können aber auch anbieten, längere Pausen (also v.a. Abende, evtl. freie Nachmittage) zu strukturieren, indem sie z.B. Spiele vorschlagen. Dabei sollte darauf geachtet werden, daß diese keine Konkurrenz erzeugen.

6.4 Beispielsmoderation

Vorgeschichte

Als Beispiel dient eine Moderation am Fachbereich Sozialwesen einer Fachhochschule. Unter den Studenten ist Unzufriedenheit mit den Studienbedingungen verbreitet. Allerdings ist nicht klar, woran es im einzelnen liegt; die Ursachenzuschreibungen sind von Student zu Student und von Dozent zu Dozent verschieden.

Mit einer eintägigen Moderation versucht die Studentenvertretung, Klarheit über die Situation und konstruktive Vorschläge zu ihrer Verbesserung zu bekommen. Auf dieser Basis will sie Initiativen ergreifen, möglichst mit Unterstützung einiger Teilnehmer der Moderation. Eingeladen werden ausschließlich Kommilitonen; damit werden zwar die Dozenten ausgegrenzt, aufgrund der kurzen zur Verfügung stehenden Zeit sollen aber Reibungsverluste durch Konflikte zwischen Studenten und Dozenten, die wahrscheinlich in der Moderation zum Ausbruch kommen würden, vermieden werden.

Die Veranstaltung wird von der Hochschulleitung unterstützt, die Interesse an einem Meinungsbild der Studenten hat. Räume und Materialien werden zur Verfügung gestellt, für Getränke, Mittagessen usw. sorgt die Studentenvertretung selbst.

Die Moderation wird von zwei Studenten übernommen. Insgesamt kommen 17 interessierte Kommilitonen, sechs davon sind aus der Studentenvertretung.

8.45 Die Moderatoren empfangen die Teilnehmer, u.a. mit Kaffee. Sie bitten sie, sich in die aushängenden Gruppenspiegel einzutragen, anhand deren sie sich später den anderen vorstellen sollen. Außerdem lassen sie Namensschilder auf Tesakrepp schreiben, die sich die Studenten auf die Brust kleben. *Einstieg*

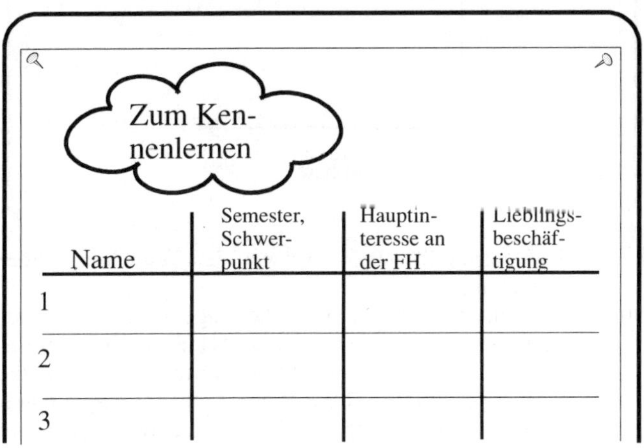

9.15 Teilnehmer und Moderatoren stellen sich vor. Die Moderatoren sprechen an, daß die Vorstellungsrunde zwar kurz sei, man sich im Laufe des Tages aber noch besser kennenlernen werde.

9.50 Die Moderatoren zeigen anhand eines vorgefertigten Plakats kurz die Methode und den geplanten Tagesablauf auf. Außerdem präsentieren sie einen Spielregelkatalog. In ihm hängen die Butler-Regel (»Jeder unterstützt jeden«) und »Kritik nicht an einzelnen Personen, sondern an Sachverhalten festmachen«. Die zweite Regel wird kurz diskutiert, dann akzeptiert.

Überleitung 10.00 Als Überleitung zum Thema und zu einer ersten Orientierung über die Gruppenmeinung wird eine Einpunktfrage gestellt:

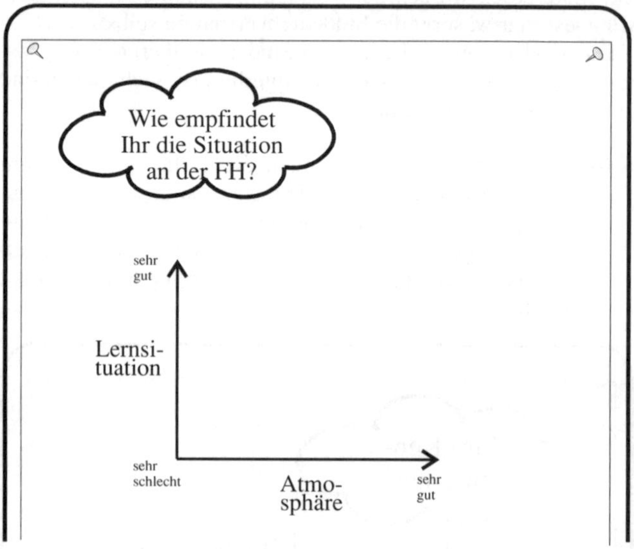

Das entstandene Bild wird von den Teilnehmern kurz kommentiert.

Themen sammeln 10.10 Auf einem Leerplakat wird die Frage gestellt: »Was ärgert / stört an und in der FH?«. Nachdem die Schreibregeln (»Nur ein Stichpunkt pro Kärtchen«, »Halbsätze verwenden«, »Max. 7 Worte in 3 Zeilen«) im Spielregelkatalog ergänzt wurden, schreiben die Teilnehmer ihre Antworten auf Rechtecke. Die Moderatoren sammeln jeweils nur die zwei Kärtchen ein, die von dem Verfasser für die wichtigsten gehalten werden. Sie erklären, daß diese Einschränkung notwendig sei, um keine zu unübersichtliche Kartenmenge zu bekommen. Wenn aber die Stichpunkte erst einmal sortiert seien, könnten Ergänzungen nachgereicht werden.

Die Kärtchen werden von der Gruppe sortiert und ergänzt. Auf den Pinwänden bilden sich zehn Cluster.

10.50 Pause

11.05 Die Cluster werden in Themen umformuliert, auf Streifen geschrieben und in einen vorbereiteten Problemspeicher übertragen. Die Themenformulierung wird dabei von Zweiergruppen vorbereitet, dann im Plenum vorgestellt und evtl. überarbeitet.

Themen auswählen

11.25 Der Problemspeicher wird ergänzt durch die Frage »Was soll heute vordringlich behandelt werden?«. Jeder Teilnehmer erhält vier Klebepunkte, die er frei auf die Themen seiner Wahl verteilen kann.

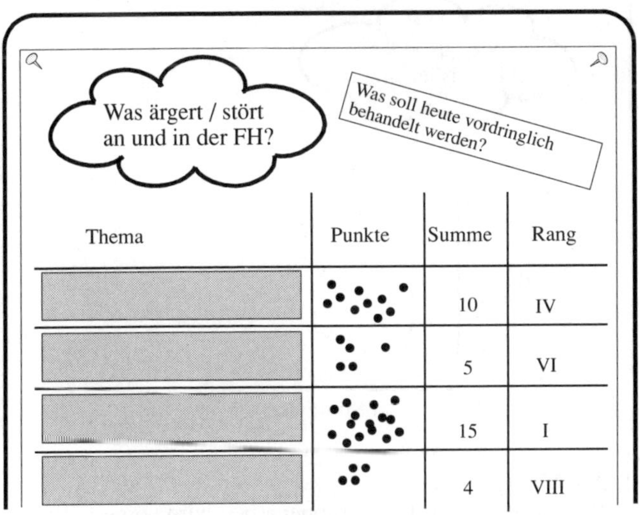

Vier Themen haben sich deutlich von den anderen abgesetzt. Die Moderatoren fragen nach, ob etwas sehr Wichtiges verlorenginge, wenn in Anbetracht der knappen Zeit heute nur noch an diesen weitergearbeitet würde. Die Teilnehmer verneinen.

Themen bearbeiten

11.35 Die Regeln für ein Brainstorming werden vorgestellt und im Katalog ergänzt: Quantität geht vor Qualität, Ideen

anderer sollen aufgegriffen werden, unsinnige Ideen sind erwünscht, Kritik verboten.
Mit diesen Vorgaben wird zu jedem der ausgewählten Themen ein Mind-Map erstellt, in dem Lösungsmöglichkeiten gesucht werden. Dazu ordnen sich die Teilnehmer den ersten beiden Themen zu, die dann in kleineren Gruppen parallel bearbeitet werden. Anschließend stellen sich die Gruppen ihre Ergebnisse kurz gegenseitig vor, ohne sie aber zu diskutieren oder Ergänzungen durch das Plenum zuzulassen. Dasselbe wird mit den anderen beiden Themen wiederholt.

12.35 Den Abschluß des Vormittags bildet eine Einpunktfrage zur Reflexion der bisherigen Arbeit, deren Ergebnis von der Gruppe kommentiert wird:

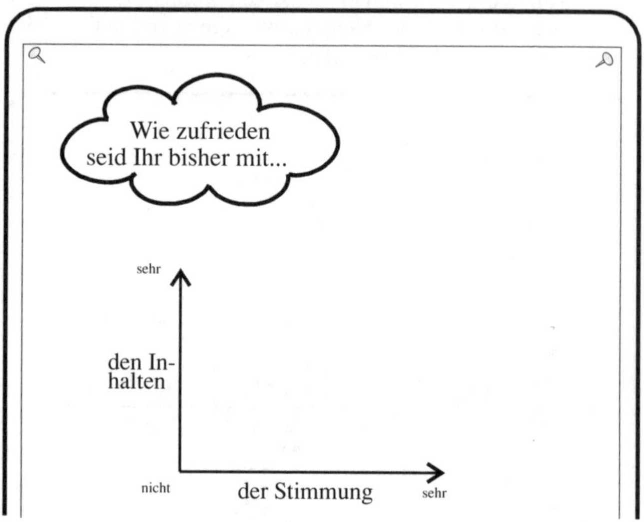

12.50 Mittagspause

14.00 Ein Plakat für Kleingruppenarbeit wird vorgestellt:

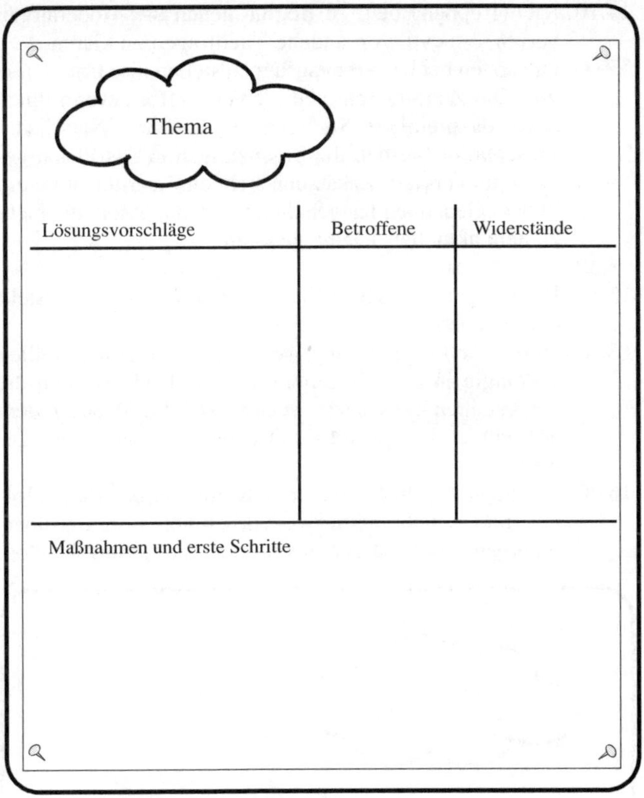

Die Kleingruppen sollen die Ergebnisse der Mind-Maps sichten, wichtige Punkte auswählen, bearbeiten und im Plenum vorstellen. Dabei sollen sowohl Forderungen an nicht anwesende Personen als auch selbst zu vollziehende Maßnahmen berücksichtigt werden.

Als Regel für die Gruppenarbeit geben die Moderatoren vor, daß sich die Gruppe nicht in Diskussionen verlaufen sollte; unterschiedliche Meinungen könnten mit einem Blitz versehen werden, so daß Meinungsunterschiede auch für das Plenum sichtbar werden. Ferner sollte viel Platz für Ergänzungen gelassen werden. Statt eines vollen Plakates sollten besser zwei verwendet werden.

Die Teilnehmer ordnen sich vier Kleingruppen zu, indem sie sich zu den Pinwänden stellen, auf denen vorher die Ideen des Plenums gesammelt wurden.

14.10 Kleingruppenarbeit; zu Beginn gehen die Moderatoren herum, um evtl. vorhandene Nachfragen zu klären.

15.00 Die ersten beiden Arbeitsgruppen stellen ihre Ergebnisse vor. Die Zuhörer schreiben jeweils sofort, wenn ihnen etwas dazu einfällt, Stichpunkte auf Ovale. Nach jeder Präsentation werden die Ergänzungen in das Plakat gehängt und erklärt. Zusätzlich steht ein Leerplakat bereit, in dem Gedanken festgehalten werden können, die nicht zu dem aktuellen Thema gehören.

15.30 Kaffeepause

15.50 Die übrigen Kleingruppenergebnisse werden vorgestellt und ergänzt.

Maßnahmen planen

16.20 Unter der Fragestellung »Welche Maßnahmen sollten vorrangig in Angriff genommen werden?« werden die vorgestellten Aktivitäten – auch zusätzliche Ideen aus dem ehemaligen Leerplakat – mit einer Mehrpunktfrage gewichtet.

16.30 Die bepunkteten Maßnahmen werden in der Reihenfolge ihrer Gewichtung in zwei vorbereitete Kataloge übernommen, einen Tätigkeits- und einen Forderungskatalog.

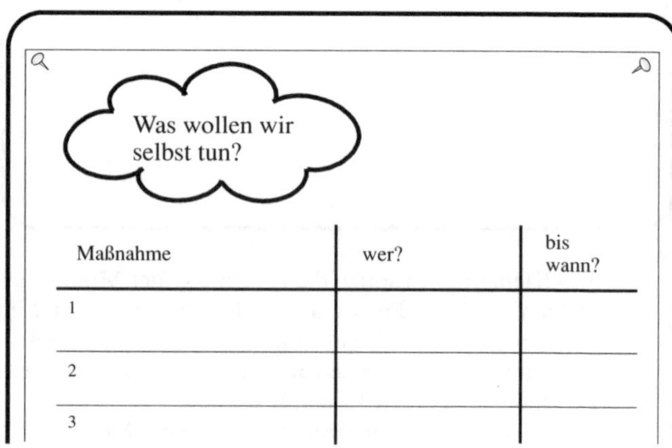

Der Forderungskatalog enthält die Kategorie »Forderung« statt »Maßnahme«. In ihn werden Aktivitäten eingetragen, die andere ausführen müßten, also etwa die Hochschulleitung.

Die Kataloge werden ausgefüllt. Findet sich bei einer Maßnahme niemand, der sie übernehmen will, so wird sie gestrichen, oder es wird festgelegt, wer einen Ausführenden sucht.

Die Koordinierung der Arbeit bleibt bei der Studentenvertretung. Sie übernimmt auch die Protokollerstellung, den Versand an die Teilnehmer, die Verbreitung der Ergebnisse, die Weitergabe der Forderungen an ihre Adressaten und die Organisation eines Nachtreffen, für das ein Termin vereinbart wird.

17.05 Anhand einer Einpunktfrage wird die Zufriedenheit mit den Ergebnissen und der Stimmung thematisiert. Dazu wird dasselbe Koordinatenfeld benutzt, das vor dem Mittagessen eingesetzt wurde. Die Farbe der Punkte wird geändert, so daß Zwischen- und Abschlußbeurteilung unterschieden werden können. *Abschluß*

Die Moderatoren sprechen die Bedeutung der Abschlußstimmung für die Umsetzung der Ergebnisse an und bedanken sich bei den Teilnehmern für deren Mitarbeit.

Kommentar

Vier Punkte sind in Bezug auf die Planung dieser Moderation bemerkenswert.

Zunächst wäre die Vorstellung mit Hilfe des Gruppenspiegels zu nennen. Sie kostet mehr Zeit als eine einfache Vorstellungsrunde, bei der einer nach dem anderen kurz etwas über sich sagt. Sie hat aber drei Vorteile, die den nicht ganz unwichtigen Zeitverbrauch kompensieren: *Vorstellung*

- die Teilnehmer werden von Anfang an mit der Visualisierung vertraut gemacht;
- sie erleben die Bedeutung einer großen, gut lesbaren Schrift;
- das, was sie über sich selbst aussagen, bleibt teilweise während der ganzen Veranstaltung präsent.

Statt 35 Minuten könnte diese Art des Kennenlernens auch 45 bis 50 Minuten dauern, wenn die Zuhörer ab und zu Fragen stellen würden, statt nur zuzuhören. Die Moderatoren halten in diesem Fall die Vorstellung kurz.

Anzumerken ist zweitens die Gestaltung der Einpunktfragen. Dreimal wird dieselbe Methode verwendet, die Zielsetzung ist aber unterschiedlich. Beim Anwärmen (10.00) soll ein Überblick über die Einstellungen der Teilnehmer, über die Ausgangssituation entstehen. Das Bild muß nur knapp kommentiert werden. Wenn sich nicht eine völlig unerwartete Punktverteilung ergibt, wird nicht nach Gründen für dieses spezielle Ergebnis gefragt. *Einpunktfragen*

Anders verhält es sich mit dem Feedback um 12.35. Hier ist die reine Beschreibung dessen, was das Bild über die Zufriedenheit der Teilnehmer aussagt, nur ein erster Schritt. Der zweite Schritt ist die Frage nach möglichen Ursachen von Unzufriedenheit oder auch von Zufriedenheit. Daraus können Konsequenzen für die weitere Arbeit entstehen.

Kartenabfrage

Bei der Kartenabfrage um 10.10 werden zunächst nur zwei Karten pro Teilnehmer eingesammelt. Das ist eine sehr starke Einschränkung, die Unzufriedenheit auslösen kann. Insofern ist es sehr wichtig, daß später noch Beiträge nachgereicht werden können. Übrigens werden nicht nur je zwei Karten ausgegeben. Damit würde das Denken von vorneherein eingeschränkt. Die Teilnehmer sollen erst einmal alles niederschreiben, was ihnen einfällt, und dann das Wichtigste auswählen.

Mit der Beschränkung der Kartenzahl soll die Zeit für das Sortieren kurz gehalten werden. Gerade bei einer ungeübten Gruppe kann es sehr lange dauern, und die Zähigkeit wirkt nicht gerade aufmunternd auf die Teilnehmer.

Mind-Maps

Die Mind-Maps, die als erster Schritt einer Lösungssuche erstellt werden, werden mit Brainstorming-Regeln durchgeführt. Damit soll ein möglichst schneller und leichter Gedankenfluß erreicht werden. In diesem Schritt sollen keine Lösungsmöglichkeiten durchdacht, sondern möglichst viele Ansatzpunkte zusammengetragen werden.

Es werden aber dennoch keine »richtigen«, unstrukturierten Brainstormings durchgeführt. In dieser frühen Phase der Moderation ist noch keine ausreichend vertraute und gelöste Stimmung bei den Teilnehmern vorhanden, um den Gedanken völlig freien Lauf lassen zu können und wirklich kreative Lösungen zu finden. Mind-Maps bieten in dieser Situation den Vorteil, daß die Vorschläge das jeweilige Themenfeld relativ umfassend abdecken und übersichtlich strukturiert sind. Insofern bieten sie der Studentenvertretung eine gute Grundlage für die eigene Weiterarbeit nach der Veranstaltung, wenn sie sich nicht nur auf die ausgearbeiteten Maßnahmen und Forderungen stützen will.

7. Anwendungsbereiche

Für eine Moderation lassen sich im Grunde keine klaren Anwendungsbereiche definieren, da sie ja den Bedürfnissen entsprechend angepaßt, abgewandelt oder auch auszugsweise verwendet werden kann. Einige Abgrenzungen und Möglichkeiten können dennoch skizziert werden:

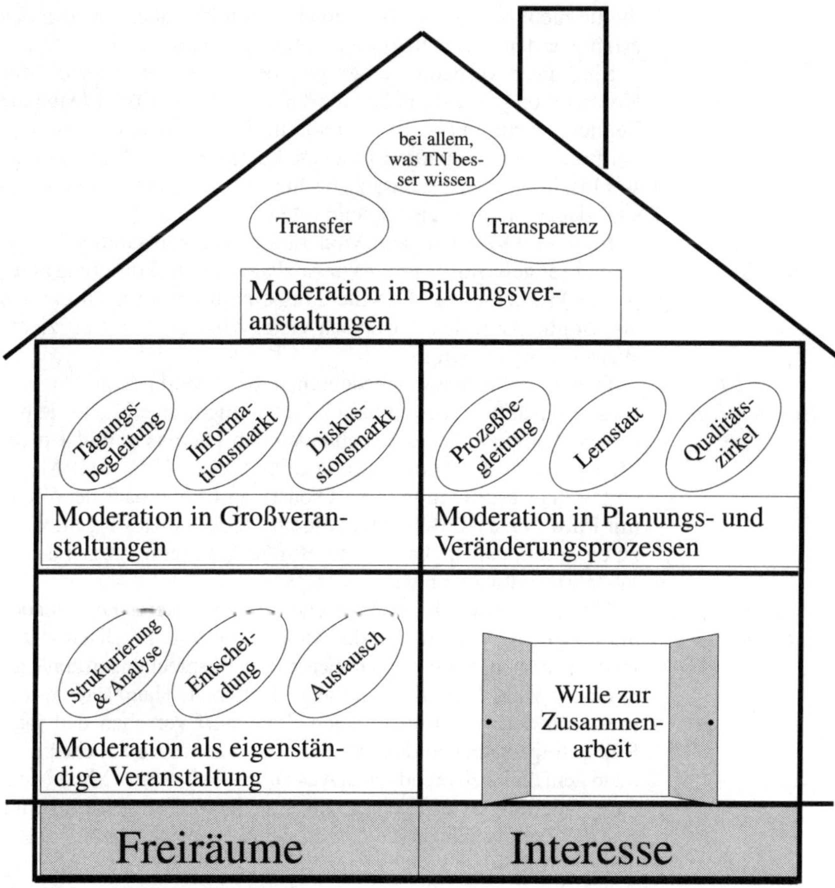

Moderationen können in verschiedenen Zusammenhängen angewendet werden: eigenständig, in Großveranstaltungen, begleitend bei Planungsprozessen bzw. Veränderungen in Organisationen oder auch im Rahmen von Bildungsveranstaltungen. Zu beachten ist dabei, daß Moderationen immer bestimmte Voraussetzungen fordern und Ergebnisse hervorbringen.

Grundvoraussetzungen

Das Fundament einer Moderation bilden Freiräume und Interesse der Teilnehmer. Freiräume sind notwendig, weil die aktivierende und auf Aktivität angewiesene Zusammenarbeit Folgen haben können muß; die Teilnehmer kommen sich sonst zurecht getäuscht vor. Voraussetzung für die Aktivität wiederum ist Interesse am Thema. Wichtig ist übrigens, daß die Handlungsspielräume nicht nur real vorhanden sind, sondern auch als gegeben erlebt werden, was keineswegs selbstverständlich ist.

Sind diese Vorbedingungen gegeben, so bildet der Wille zur Kooperation gewissermaßen die Tür zur Moderation. Liegen die Teilnehmer miteinander regelrecht im Krieg, so kann keine vernünftige Zusammenarbeit zustande kommen und Moderation ist sinnlos. Interessensgegensätze bis hin zu Verhandlungssituationen sind dagegen durchaus zu bearbeiten.

Eigenständige Veranstaltung

In diesem Rahmen kann Moderation als eigenständige Veranstaltung angewendet werden zur Analyse und Strukturierung komplexer Probleme, zur Entscheidungsfindung oder auch einfach als Möglichkeit, den Austausch vieler Menschen auf effiziente Weise zu organisieren.

– Keine Unterforderung

Dabei ist allerdings zu beachten, daß die Methode nicht unterfordert wird. Ihre Anwendung ist umso mehr angebracht, je höher die Komplexität des zu behandelnden Themas ist und je mehr Menschen an der Veranstaltung teilnehmen. Wenn fünf Mitarbeiter einer Einrichtung ihren Dienstplan für die nächste Woche mit Pinwänden, Kärtchen und einem Moderator festlegen, so ist zu erwarten, daß sie bald eine gesunde Abneigung gegen dieses Verfahren entwickeln werden.

– Elemente in Diskussionen

Um den Austausch von Menschen zu organisieren besteht auch die Möglichkeit, Elemente der Methode in übliche Diskussionsformen zu übernehmen. So können z.B. in Besprechungen zunächst in einem Mind-Map die wichtigen Themen als Hauptäste gesammelt, mit dem voraussichtlichen Zeitbedarf versehen und ihrer Reihenfolge nach geordnet werden. Der weitere Ablauf entspricht dann dem üblichen mündlichen Austausch. Anhand des Mind-Maps ist es allerdings viel leichter, am jeweiligen Thema zu arbeiten und den Zeitplan einzuhalten; man sieht ja vor sich, was alles noch ansteht. Außerdem können Ergebnisse jeweils nach oder während der Diskussion für alle sichtbar festgehalten werden.

Moderation in Großveranstaltungen

Ein anderer Anwendungsbereich für Moderationen sind Großveranstaltungen. Einerseits können sie tagungsbegleitend eingesetzt werden, also z.B. als offene bzw. interaktive Elemente in einer Veranstaltung, die v.a. auf Vorträgen aufbaut. Andererseits gibt es auch die Möglichkeit, auf der Basis von Moderationen den Austausch von mehr als tausend Menschen zu organisieren; bekannte Formen sind der Informations- und der Diskussionsmarkt.

– Informationsmarkt

Der Begriff »Informationsmarkt« ist wörtlich zu verstehen: ein Markt, auf dem Informationen geboten und in der gleichen Währung gezahlt werden. Er kann z.B. sinnvoll sein, wenn ein neu entwickeltes Konzept von vielen Betroffenen diskutiert und vertieft werden soll oder, umgekehrt, viele Menschen ein Konzept entwickeln sollen und ihnen dafür bestimmte Informationen als Grundlage gegeben werden müssen. Ein Schema soll die Arbeitsweise und das Zusammenwirken der verschiedenen Standtypen verdeutlichen (nach Schnelle 1981).

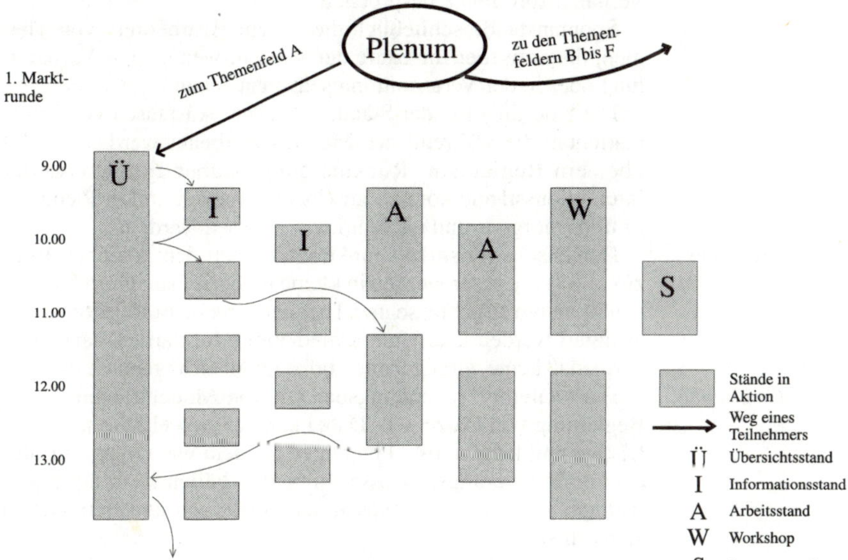

Beispiel für Zeitablauf und Standtypen eines Informationsmarktes

Die Teilnehmer des Informationsmarktes können sich frei zwischen den verschiedenen Ständen bewegen. Als Leitfaden bekommen sie eine kleine Broschüre, einen Marktführer.

Ein Übersichtsstand kann bis zu 100 Leute aufnehmen. In ihm werden übergreifende Informationen gezeigt.

In Informationsständen liegt das Schwergewicht auf der Information über einzelne Themen, bei denen ein größeres Publikum angesprochen werden soll. Mit bis zu 40 Besuchern können auch kurze Interaktionssequenzen eingebracht werden, wie z.B. die Bewertung eines vorgestellten Lösungsansatzes.

Arbeitsstände sind vollständig auf Interaktionen angelegt. Sie dienen zur Problembearbeitung in einem Kreis von maximal 25 Teilnehmern. Die Ergebnisse werden danach, ebenso wie bei den Workshops oder evtl. den Informationsständen für die Präsentation im Plenum aufbereitet, indem sie zusammengefaßt und vergrößert werden (Overhead-Projektor). Sie können auch in einen Übersichtsstand aufgenommen werden.

Workshops unterscheiden sich von Arbeitsständen durch die kleinere Zahl der Mitarbeitenden (10 bis 15) und durch einen anderen Themenschwerpunkt. In ihnen werden vorwiegend Verhaltensprobleme besprochen.

Spontanstände schließlich dienen zur Bearbeitung von Themen, die entweder im Laufe der – zeitaufwendigen – Vorbereitung oder in der Veranstaltung selbst entstehen.

Die Koordination der Stände sowie der Austausch von Informationen, die während des Marktes erarbeitet werden, erfolgt über ein Regieteam. Rückmeldungen über Ergebnisse der Interaktionsstände können im Übersichtsstand und in Plenumstreffen (morgens und nachmittags) gegeben werden.

– Diskussionsmarkt

Der Diskussionsmarkt funktioniert nach dem gleichen Prinzip: die Teilnehmer werden in kleine moderierbare Gruppen aufgeteilt, deren Ergebnisse und Themen von einem Regieteam koordiniert werden. Der Unterschied zum Informationsmarkt liegt darin, daß keine vorgegebenen Informationen angeboten werden.

Prozeßbegleitung

Ein weiterer Anwendungsbereich von Moderationen ist die Begleitung von Prozessen. Dabei kann es sich ebenso um langfristige und langwierige Planungen handeln wie um organisatorische Veränderungsprozesse. In beiden Fällen kann ein regelmäßiger geordneter Austausch der Beteiligten und Betroffenen sinnvoll sein.

Lernstatt, Qualitätszirkel, Werkstattzirkel

Sonderfälle der Prozeßbegleitung stellen Lernstätten, Qualitäts- und Werkstattzirkel dar. Diese Formen, Arbeiter in Problemlösungen in Betrieben einzubeziehen, werden in Deutschland seit den 70er Jahren eingesetzt. Im Prinzip sind es regelmäßige Treffen von Beschäftigten, die sich über je nach Modell unterschiedlich lange Zeit mit Problemen an ihrem Arbeitsplatz auseinandersetzen. Ziele sind Steigerung der Produktivität bzw. Produktqualität, der Mitarbeiterqualifikation, -zufriedenheit und -motivation, je nach Ansatz mit unterschiedlichem Schwerpunkt.

Moderation in Bildungsveranstaltungen

Schließlich lassen sich Moderationen noch in Bildungsveranstaltungen einsetzen. Sie können den Transfer von Wissen auf die Lebenspraxis erleichtern, Transparenz herstellen und, ganz allgemein gesagt, überall eingesetzt werden, wo Teilnehmer etwas besser wissen als der Dozent.

– Transfer

Die Konsequenzen, die theoretisch vermitteltes Wissen für das eigene Leben haben kann, sind oft nicht direkt ableitbar. Hier kann eine kurze Moderation vermittelnd wirken. Eingesetzt werden könnte z.B. eine Einpunktfrage (»Wie groß ist die Bedeutung für Ihr alltägliches Leben?«) in Verbindung mit einer Zuruffrage (»Wie könnte ... von Ihnen praktisch genutzt werden?«). Falls ausreichend Zeit zur Verfügung steht, kann Kleingruppenarbeit noch sinnvoller sein, da sie, im Vergleich zu einer Zuruffrage, eine deutlich tiefere Auseinandersetzung mit dem Thema bewirkt. In jedem Fall werden die Ideen der ganzen Gruppe nutzbar, so daß der einzelne nicht ausschließlich auf seine eigenen Überlegungen zum Transfer angewiesen ist.

– Transparenz

Transparenz in einer Gruppe ist ein anderer Bereich, in dem Moderationselemente sinnvoll eingesetzt werden können. »Wie empfinden die anderen das Klima in unserem Seminar?«, »Welche Einstellung haben die anderen zum Thema?« oder »Welche Erwartungen haben die anderen?« sind Fragen, die Teilnehmer von Bildungsveranstaltungen insbesondere, jedoch nicht nur, in Anfangssituationen beschäftigen und verunsichern. Eine Einpunkt-, Zuruf- oder Kartenabfrage oder ein Mind-Map kann hier Klarheit schaffen. Mit einer schlichten mündlichen Frage, die der Seminarleiter stellt, kann das meist nicht erreicht werden: man hat nicht so viel Zeit zum Überlegen, was man sagen möchte, man traut sich nicht, man orientiert sich an dem, was andere schon vorher äußerten.

– Teilnehmer wissen mehr als Leiter

In vielen Bereichen besitzen Seminarteilnehmer Wissen, über das der Leiter nicht verfügt. Damit ist nicht nur Fachwissen in Spezialbereichen gemeint. Die Teilnehmer kennen z.B. ihre Interessen und könnten daher die Inhalte einer Veranstaltung zumindest teilweise selbst festlegen oder mitbestimmen. Mit einer Kartenabfrage oder einem Mind-Map können sie dabei unterstützt werden, ihre evtl. nur bruchstückartig bewußten Erwartungen zusammenzutragen und zu strukturieren.

– Feedback

Ein Sonderfall diese Mehrwissens sind Feedback-Situationen. Rückmeldungen über Lernerfolge oder Empfindungen in bestimmten Kurssituationen lassen sich mit Einpunktfragen oft wesentlich effizienter bekommen als mit mündlichen Nachfragen.

Moderieren, nicht Manipulieren

In jeder Situation, in der Moderation eingesetzt wird, muß der Unterschied zwischen Moderation und Manipulation bedacht werden – ganz besonders in Bildungsveranstaltungen. Moderation darf nicht instrumentalisiert werden, um Menschen mal eben ein bißchen zu aktivieren. Ihre selbständige Arbeit muß Folgen haben können; Konflikte oder Rückzugsverhalten sind ansonsten vorprogrammiert.

Zweiter Teil: Die Zukunftswerkstatt

Die Zukunftswerkstatt ist eine zweite große Moderationsform, die sich weitgehend unabhängig von der Moderationsmethode entwickelt hat. Auch die Zukunftswerkstatt zielt darauf ab, Menschen darin zu unterstützen, effizient in einer Gruppe zusammenzuarbeiten. Sie besitzt jedoch einen anderen Hintergrund als die Moderationsmethode: während diese v.a. im Zusammenhang mit Planungs- und Managementproblemen in der Wirtschaft angewendet wurde und wird, zielte die Zukunftswerkstatt von Anfang an auf eine weitergehende Demokratisierung der Gesellschaft ab. Menschen, über die normalerweise bestimmt wurde, sollten aktiviert, zur Selbstbestimmung über ihr eigenes Leben motiviert und dabei methodisch unterstützt werden.

1. Entwicklung

Ursprünge

Die Ursprünge der Zukunftswerkstatt liegen in den frühen 60er Jahren. Sie entstanden aus der Kritik sozial engagierter Zukunftsforscher an der damaligen Futurologie. Diese konzentrierte sich auf technische Aspekte und wurde von Interessengruppen aus Wirtschaft, Politik und Militär vereinnahmt. Experten entwarfen »wünschenswerte« Zukunftsszenarien, und die Interessengruppen versuchten dann, diese Pläne langfristig in die Realität umzusetzen. Wissen um die Möglichkeiten der Zukunft wurde als Machtfaktor erkannt.

Die betroffenen Menschen wurden in diese Gestaltungsversuche nicht einbezogen. In einer rapide wachsenden Expertokratie wurde über sie bestimmt, wobei technische Gesichtspunkte bei weitem stärker gewichtet wurden als soziale.

Ziele der Zukunftswerkstatt

Gegen diese Tendenz wandte sich u.a. der Zukunftsforscher und Schriftsteller Robert Jungk. Über mehrere Jahre hinweg entwickelte er die Zukunftswerkstatt als Gegenentwurf. Im Zentrum standen dabei drei Ziele, die auch heute noch die Grundidee der Zukunftswerkstatt darstellen.

– Demokratisierung

Der Hauptgedanke ist, daß Menschen über ihr eigenes Leben bestimmen sollen. Der Fremdbestimmung durch mächtige Interessengruppen soll ebenso entgegengewirkt werden wie der durch wohlmeinende Verwaltungen; mit technischen Mitteln geschaffene Fakten sollen nicht ohne Beteiligung der Betroffenen das Leben gestalten. Insofern soll die Gesellschaft demokratisiert werden. Damit ist nicht gemeint, daß in Zukunftswerkstätten Entscheidungen getroffen werden sollen. Sie sollen Mitbestimmung und Einmischung ermöglichen.

Das Ideal des Gedankens der Zukunftswerkstätten ist, daß sie an jedem Ort stattfinden, an dem gesellschaftliche Probleme auftauchen. Gemeinden sollten ständig Räume dafür bereithalten, so daß eine lebendige Demokratie »von unten« entstehen könnte.

– Zukunftsentwürfe der Betroffenen

Die Demokratisierung soll erreicht werden, indem sich Menschen Gedanken über ihre eigene Zukunft machen, eigene Vorstellungen entwerfen. Ausgangspunkt ist dabei nicht das Expertenniveau. Es geht nicht darum, mit Wissenschaftlern über fachspezifische Zusammenhänge und deren Einfluß auf die Gesellschaft zu diskutieren. Die Zukunftswerkstatt geht vielmehr von zwei Grundressourcen jedes Menschen aus: einerseits dem Wissen über die eigenen Lebensumstände, andererseits der Phantasie, den Wunschvorstellungen und Träumen von idealen Zuständen. Auf dieser Basis soll über die eigene Zukunft nachgedacht werden. Themen von Zukunftswerkstätten müssen dabei nicht vordergründig politisch sein. Der Bereich umspannt »Mitgestaltungsmöglichkeiten in der Uni« oder »Neue Technologien am Arbeitsplatz« ebenso wie »Leben in unserer Straße« oder sogar »Beziehungen«. Jede bewußte Zielsetzung einer Gruppe von Menschen wirkt in ihrer Umsetzung in mehr oder weniger großem Ausmaß politisch.

– Aktivierung

Voraussetzung dieser politischen Wirkung ist allerdings noch die Bemühung um die Durchsetzung von Entwürfen. Die Vorstellungen entstehen ja nicht in einem luftleeren Raum, der beliebig zu füllen wäre. Vielmehr werden sich gerade bei Themen aus der Politik oft Interessenskonflikte mit anderen Beteiligten ergeben. Insofern ist die – politische – Aktivierung von Menschen ein weiteres Ziel der Zukunftswerkstatt.

Methodische Entwicklung

Ebenso wie in der Moderationsmethode war viel Experimentieren notwendig, um zu einer ausgereiften Methode zu kommen. So wurde etwa 1965 bei einer Veranstaltung in Wien den um einen Tisch sitzenden Bürgern einfach die Frage gestellt, wie sie sich denn die Zukunft vorstellen würden. Die recht zähe Resonanz zeigte, daß auf diesem direkten Weg wenig Zielphantasie zu wecken war.

Nach einigen Anfangsschwierigkeiten entwickelte sich die Zukunftswerkstatt aber sehr schnell weiter. Brainstorming wurde genutzt, um die Phantasieentwicklung zu fördern, Visualisierung erleichterte das Festhalten der Beiträge, ein Phasenschema wurde entworfen, das das gemeinsame Werken strukturierte und bis heute das Kernstück der Methode bildet: in der *Kritikphase* wird Kritik am bestehenden Zustand gesammelt, in der *Utopie-* oder *Phantasiephase* ein utopischer Gegenentwurf aufgestellt, aus dem in der *Realisierungsphase* eigene Zielvorstellungen und Handlungsmöglichkeiten entworfen werden.

Verbreitung

Ende der 70er Jahre wurde die Anfrage nach Zukunftswerkstätten so groß, daß Robert Jungk und Norbert Müllert ein Buch darüber schrieben, das als Einführung und Anleitung für Interessierte dienen sollte: »Zukunftswerkstätten: Mit Phantasie gegen Routine und Resignation«. Die Veröffentlichung regte wiederum die weitere methodische Ausarbeitung an und führte zu einer Ausweitung der Anwendungsgebiete. Die Werkstätten wurden nicht mehr nur eingesetzt, um Betroffene bei eigenen Zukunftsentwürfen zu unterstützen und damit eine Demokratisierung der Gesellschaft zu erreichen. Sie wurden z.B. als offenes und aktivierendes Element in Bildungsveranstaltungen integriert, sie wurden als Möglichkeit genutzt, Probleme anzureißen und zu durchdringen, und sie wurden sogar im Umgang mit persönlichen Problemen verwendet.

Hier behandelte Form

Im folgenden stelle ich eine Form der Zukunftswerkstatt dar, die ich in zweierlei Hinsicht für sehr schlüssig halte: in Bezug auf die ursprünglich mit dieser Methode verfolgten Absichten und in Bezug auf eine klare Abgrenzung von der Moderationsmethode. Praktiziert werden außerdem viele Mischformen der beiden Verfahren und andere Werkstattmodelle, die in der Auseinandersetzung mit bestimmten Arbeitsgebieten entstanden (z.B. Stange u.a. 1987 oder Lutz 1983, Übersicht in Lechler 1992).

2. Ziele

Die drei grundlegenden Ziele der Zukunftswerkstatt wurden schon angesprochen:

- ❒ Die Einbeziehung von möglichst vielen Betroffenen in politische Fragen soll zu einer Demokratisierung der Gesellschaft führen;
- ❒ diese Betroffenen sollen eigene Zukunftsentwürfe auf der Grundlage ihrer Wünsche und ihrer Phantasie erstellen;
- ❒ sie sollen politisch aktiviert werden, so daß sie ihre Zukunftsvorstellungen auch offensiv vertreten.

Im konkreten Einzelfall steht zwar eine bestimmte Problemlösung im Vordergrund, die drei Ziele liegen aber dem ganzen Konzept »Zukunftswerkstatt« zugrunde. Insofern ist eine genauere Betrachtung zentral für dessen Verständnis, gerade auch in der Abgrenzung zu der Moderationsmethode.

Welche Anforderungen muß die Methode vor diesem Hintergrund erfüllen?

2.1 Demokratisierung der Gesellschaft

»Demokratisierung«

Die Belebung der Demokratie, die intensive Einbeziehung vieler Menschen in gesellschaftliche Prozesse, ist das erste Ziel des Konzepts »Zukunftswerkstatt«. Um nochmals zu verdeutlichen, daß die Inhalte sich dabei nicht auf politische Entscheidungen beschränken, folgt eine kurze Zusammenstellung von Themenbereichen, denen Ergebnisse aus Zukunftswerkstätten zugeordnet werden können. Zugrunde liegen etwa 70 Werkstätten, die Ende der achtziger und Anfang der neunziger Jahre durchgeführt wurden (nach Müllert/Kuhnt o.J., S.18):

- ❒ menschengemäße Kommunikation (ca. 30%);
- ❒ neue Berufe, Arbeitsplätze, Tätigkeitsfelder (ca. 20%);
- ❒ offenes Lernen, Erfahren und Erleben (ca. 15%);
- ❒ ökologisch ausgerichtete Lebensumwelt (ca. 15%);
- ❒ gesellschaftliches und politisches Aktivwerden mit Schwerpunkt auf Konzepten der Mitbestimmung (ca. 10%, »Politik« im üblichen Sprachgebrauch).

Anforderungen

Will die Methode tatsächlich einer Demokratisierung der Gesellschaft dienen, so muß sie zwei grundlegenden Anforderungen genügen. Sie muß die Möglichkeit bieten, viele Menschen zu erreichen, und sie muß als Instrument geeignet sein, mit dem Problemlösungen und Zielvorgaben für Entwicklungen entworfen werden können. Fächert man diese Kriterien weiter auf, so ergibt sich die folgende Aufstellung:

Einbeziehung vieler Menschen
- weite Verbreitung möglich
  - Methode leicht zu lernen, keine aufwendige Ausbildung
  - kein besonderer Aufwand erforderlich (Material/Geld)
  - nicht ortsgebunden
- Verbreitung wahrscheinlich
  - macht Spaß
  - vermittelt Erfolgserlebnisse
- für weite Bevölkerungsschichten zugänglich
  - passend für jeden Bildungsgrad
  - keine Spezialkenntnisse nötig

Entwurfsinstrument
- anpassungsfähig an verschiedene Problemstellungen
- Erfahrungen und Vorstellungen der direkt Betroffenen können einbezogen werden
- Integration der Bedürfnisse verschiedener Menschen
  - Integration möglich
  - Überschreiten von Egoismen in Methode angelegt
- Überschreitung des linear-kausalen Denkens: Denken in komplexen Zusammenhängen
  - Darstellung großer Zusammenhänge möglich
  - Darstellung von Details möglich
  - Zusammenwirken unterschiedlicher Menschen/Denkansätze
- Lückenlose Dokumentation des Prozesses, so daß
  - Nachvollziehbarkeit für Außenstehende gegeben ist
  - zunächst vernachlässigte Aspekte in ihrem Kontext erkannt und erneut aufgegriffen werden können

Zukunftswerkstatt und Moderationsmethode

Den meisten dieser Anforderungen könnte auch die Moderationsmethode entsprechen. Ein wesentlicher Unterschied zeigt sich jedoch bei der Möglichkeit der Verbreitung: das teure Material der Moderationsmethode ist nur begrenzt geeignet.

2.2 Zukunftsentwürfe auf der Basis von Wünschen und Phantasie

Definition von Zielen

Bei jeder Problemstellung ergibt sich die Frage, in welcher Richtung Lösungen gesucht werden sollen, d.h. die Frage nach einer Zieldefinition. In vielen Situationen ist der Sollzustand weitgehend vorgegeben: wenn in einer Fertigungsabteilung der Ausschuß zu hoch ist, muß er eben gesenkt werden. Die Frage ist dann lediglich, auf welche Weise das geschehen soll.

– Gesellschaftliche Problemstellungen

Bei gesellschaftlichen Problemstellungen ist die Situation anders. Vorgegebene Ziele fehlen. Wenn die Lebensqualität in einer Gemeinde niedrig ist und die Bewohner sich nicht wohl fühlen, kann daraus nicht direkt abgeleitet werden, in welche Richtung sich die Gemeinde verändern soll. Soll es mehr Grün geben? Bessere Versorgung mit Geschäften? Bessere Verkehrsanbindung? Weniger Verkehr? Straßencafés? Spielplätze? Andere Bebauung? Und wie sollen diese Teilaspekte jeweils konkret gestaltet werden?

– Ausgangspunkt: Wünsche, Phantasie

Die Zukunftswerkstatt setzt hier auf die Wünsche der Bewohner bzw. der von einem Problem Betroffenen. Die ausführliche Thematisierung von Vorstellungen über Idealzustände, das phantasievolle Ausspinnen dieser Ansätze ist die Grundlage der Zielfindung. Dabei wird die Rationalität nicht ausgeklammert. Ihr Universalitätsanspruch wird aber verneint. Ihre vorrangigen Aufgaben sind die Überprüfung der Sinnhaftigkeit und der Umsetzbarkeit von Entwürfen, die auf der Basis von Wünschen entstehen.

Probleme

Bei diesem Vorgehen zeigen sich einige Probleme, die sich zwar bei rein »rationaler« Planung ebenfalls ergeben, dort aber nicht so augenscheinlich sind. Auch bei dieser fließen Wertvorstellungen ein, allerdings verstecken sie sich meist hinter Zahlen.

Zunächst einmal hat natürlich jeder Mensch seine eigenen Idealvorstellungen: der eine würde am liebsten mitten im Grünen leben, der andere, der Nachbar des ersten, zöge es vor, wenn er keine zehn Schritte tun müßte, um in sein Auto steigen zu können. Die Methode muß also hier eine sinnvolle Auseinandersetzung bzw. evtl. eine Integration der verschiedenen Wünsche ermöglichen – übrigens widersprechen sich oft sogar die Vorstellungen ein und desselben Menschen.

Ein zweites Problem hängt eng damit zusammen: Entstehen Wünsche nicht weitgehend durch Manipulation? Werden Bedürfnisse nicht künstlich erzeugt? Ist eine Zukunftswerkstatt unter diesen Bedingungen nicht Erfüllungsgehilfe der Werbung? Auch diese Gefahr ist methodisch zu berücksichtigen.

Anforderungen

Wünsche (wieder)finden

- teilweiser Abbau rationalistischer Denkgewohnheiten
- Anregung zum Träumen
- möglichst weitgehende Ausblendung kurzfristig aktueller, z.B. durch Werbung erzeugter Bedürfnisse

Wünsche äußern

- angenehme, offene Gruppenatmosphäre, Vertrauen zu anderen
- »Spinnen« als Gruppennorm
- unterschiedliche Gedanken erwünscht

Auseinandersetzung mit Wünschen anderer

- Erkennen und Akzeptieren der Wünsche anderer
- Relativieren der eigenen Vorstellungen
- Integrationsmöglichkeiten suchen

Probleme beachten, aber nicht zur ausschließlichen Basis der Entwürfe machen

- Ableitung von Lösungen auch aus Problemen, d.h. durch Abschaffung kritisierter Zustände
- Suche nach Zielen und Problemlösungen mit Hilfe von Phantasie/Kreativität
- Überschreiten der Innenlogik eines Problems, Sehen größerer Zusammenhänge

Verbindung von Wunschdenken und realen Möglichkeiten

- Erfassen realer Möglichkeiten
- Synthese aus Wunsch und Realität herstellen
  - kein vorschnelles Aufgeben scheinbar nicht realisierbarer Ideen
  - keine übertriebenen Hoffnungen/Ansprüche
  - Empfinden der Kluft zwischen Realität und Anspruch als Herausforderung zur Überwindung

Zukunftswerkstatt und Moderationsmethode

Hier zeigen sich schon sehr deutliche Unterschiede zur Moderationsmethode. Wie später noch dargestellt wird, hat die zentrale Stellung der Phantasie in der Zukunftswerkstatt massive Auswirkungen auf nahezu alle Bereiche der Moderation: Thema, Material, Frage-/Antworttechniken, Ablaufplanung.

2.3 Politische Aktivierung der Teilnehmer

Aktivierung – aber wie?

Der dritte Punkt, um den es im Konzept »Zukunftswerkstatt« geht, ist die politische Aktivierung. Grundsätzlich bezieht sich das im Sinne des Demokratisierungsgedankens auf die ganze Bevölkerung, konkret jedoch auf die Teilnehmer der jeweiligen Werkstatt. Das Gewicht dieses Aspekts variiert dabei stark mit dem Thema: Bei »Wohnen im Stadtteil Steinbühl« hat die Durchsetzung der Arbeitsergebnisse einen ganz anderen Stellenwert als bei »Beziehungen«.

Mangelndes gesellschaftliches Engagement ist ein Problem, mit dem viele Bürgerinitiativen und Verbände kämpfen. Um Menschen zu aktivieren, werden unterschiedliche Methoden eingesetzt. Beliebt war und ist z.B. der Versuch, Menschen Angst um die Welt zu machen, in der sie leben (vgl. z.B. Anders 1987). Dieser Ansatz wirkt aber m.E. eher umgekehrt, nämlich lähmend.

Erklärungsansätze für Inaktivität

Um Ansätze zur Aktivierung von Menschen zu finden, soll hier zunächst einmal dargestellt werden, warum es in gewisser Weise sinnvoller ist, sich nicht gesellschaftlich zu engagieren. Dazu werden zwei Erklärungsansätze aus der Psychologie vorgestellt, das »persönliche Kontrollbedürfnis« und die »kognitiven Dissonanzen«. Damit kann und soll Inaktivität nicht umfassend erklärt werden. Es sollen aber Aspekte deutlich werden, die die Bereitschaft zu Engagement wesentlich beeinflussen, und auf dieser Basis können wiederum Forderungen an die Methode »Zukunftswerkstatt« formuliert werden.

– Kontrollbedürfnis

Das Bedürfnis nach »kognizierter Kontrolle« besagt, daß es emotional belastend wirkt, wenn wir den Eindruck haben, unser Schicksal nicht selbst in der Hand zu haben. Wir brauchen das Gefühl, unser Leben zu kontrollieren.

Politisches Handeln in einer als belastend oder gefährdend erlebten Situation zeigt im positiven Fall *irgendwann* einmal Wirkung, sofern es kein lokales Problem ist jedenfalls nicht in absehbarer Zeit. Die persönliche Erwartungshaltung dürfte meistens sogar noch niedriger liegen: »Die machen doch sowieso was sie wollen«. Insofern ist es für den einzelnen psycho-logischer, mit scheinbar kontrollierbaren Maßnahmen Einfluß auf die Situation zu nehmen: man versucht nicht, auf die Gestaltung des Stadtteils Einfluß zu nehmen, sondern man setzt sich am Wochenende ins Auto und fährt ins Grüne. Oder auf anderer Ebene: man geht nicht politisch gegen die Zerstörung der Ozonschicht vor, sondern bräunt sich künftig im Solarium – Selbstschutz vermittelt eine höhere Kontrollillusion als gesellschaftliches Engagement.

Bezogen auf die politische Aktivierung von Menschen heißt das, daß klare Ziele gesteckt und deren Erfolgsaussichten realistisch eingeschätzt werden müssen; nicht alles muß sofort erreichbar sein, es dürfen aber auch keine überzogenen Erwartungen geweckt werden. Unnötige Mißerfolgserlebnisse müssen vermieden werden. Auch darf Angst nicht unnötig verstärkt werden. Dadurch würde nur das Erleben »ich kann das nicht kontrollieren« verstärkt und der Rückzug vorprogrammiert.

– Ergebnis

In jedem Fall sollten auch kleine, erreichbare Ziele gesteckt werden. Man kann nicht auf Anhieb einen ganzen Stadtteil umgestalten, aber man kann nacheinander viele punktuelle Änderungen erreichen. Die Kontrollerfahrung, die daraus resultiert, kann zu weiterem Engagement anregen.

– Kognitive Dissonanzen

Das Konzept der »kognitiven Dissonanzen« besagt, daß zwei Gedanken oder Empfindungen, die als widersprüchlich und zugleich bedeutsam erlebt werden, eine psychische Spannung erzeugen, die zur Auflösung drängt. Die niedrige Wohnqualität in meiner Gemeinde steht in Widerspruch zu meinem Bedürfnis, mich in meinem Lebensumfeld wohlzufühlen.

Widersprüche drängen zur Auflösung. Dazu gibt es grundsätzlich drei Möglichkeiten: 1. die Ursachen können geändert werden, 2. Gedanken oder Empfindungen bzw. deren Bedeutungen können abgeschwächt werden, so daß die Spannung nicht mehr so stark empfunden wird, oder es können 3. neue Informationen hinzugefügt werden, die die Dissonanz relativieren. Im Beispiel könnte also erstens die Wohnqualität geändert werden (sehr aufwendig für mich als einzelnen Bürger), zweitens könnten meine Erwartungen herabgesetzt werden bzw. das Ausmaß des Unwohlseins gedanklich oder real verkleinert werden (die kognitive Verkleinerung ist schon wesentlich leichter: »Das ist doch alles gar nicht so schlimm«) und drittens könnte durch vermittelnde Informationen die Kluft erträglicher gemacht werden (z.B. »Wir brauchen halt so viel Verkehr. Wie sollen wir denn sonst zur Arbeit kommen?«, ebenfalls ziemlich leicht).

Psycho-logisch gesehen sind offensichtlich die beiden letzten Strategien die effizientesten. Die Spannung wird mit einfachen Mitteln vermindert, und man gewöhnt sich schließlich an die gegebene Situation. Im Gegensatz dazu ist das Bemühen um eine Veränderung geradezu eine Dummheit: die Spannung durch die erlebte Dissonanz wird kurz- und mittelfristig nicht verringert, sondern das Gegenteil tritt ein: durch die aktive Beschäftigung mit dem Problem wird die persönliche Betroffenheit gesteigert und die Belastung verstärkt.

– Ergebnis

Wenn also Menschen politisch aktiviert werden sollen, so muß das politische Engagement als Tätigkeit selbst reizvoll werden. Es muß in sich einen Anreiz darstellen, der die negativen Folgen der Beschäftigung mit Problemen aufwiegt. Eine einfache Möglichkeit dazu ist die dementsprechende Wertorientierung des sozialen Umfelds. Konkreter: politisches Engagement ist am wahrscheinlichsten in einer Gruppe, die über längere Zeit zusammenarbeitet. Engagement wird dann zu einer Tätigkeit, die von anderen unterstützt und gewollt wird, so daß auch soziale Anerkennung daraus folgt. Engagiert man sich erst einmal eine Zeit lang, so ergeben sich außerdem Konsequenzen für die persönliche Identität. Man sieht sich selbst als jemanden, der nicht passiv alles mit sich geschehen läßt, sondern sich für etwas einsetzt, das er für wichtig hält.

Zusammenfassung

Zusammenfassend läßt sich festhalten, daß politische Aktivität am wahrscheinlichsten auftritt, wenn die Kontrollerwartung hinsichtlich der konkreten Ziele hoch ist. Langfristig gesehen ist auch die Kontrollerfahrung wichtig. Ohne Erfolgserlebnisse läßt das Engagement vermutlich schnell nach. Ferner darf beim politischen Handeln nicht nur auf das Erreichen des Zieles geachtet werden, sondern die Handlung an sich muß in irgendeiner Form gewinnbringend sein.

Vor diesem Hintergrund sind also die Teilziele zur politischen Aktivierung zu verstehen.

Anforderungen

Handlungsorientierung

- Konkretheit
  - Ansatz an der Lebenswelt, weniger an theoretischen Modellen
- Anreiz zum Handeln
  - Identifikation mit Handlungsinhalt
  - persönlicher Nutzen des Handelns
    - materieller Nutzen (greifbare Folgen)
    - sozialer Nutzen (Anerkennung, Freunde, ...)
    - ideeller Nutzen (Sinngebung, Gewissen, ...)

Mut machen zum politischen Handeln

- Möglichkeiten der Mitgestaltung erkennen
- Bestätigung durch andere (soziales Netz)
- Frustration begrenzen bzw. Frustrationstoleranz erhöhen
  - Ansatz an »kleinen« Projekten
  - keine überzogenen Hoffnungen
  - Befriedigung nicht nur durch Ergebnis, sondern durch Handeln an sich

- soziales Auffangnetz
- Reflexion von Mißerfolgen *und* Erfolgen

Zukunftswerkstatt und Moderationsmethode

Auch in der Moderationsmethode nimmt die Identifikation mit dem Arbeitsergebnis einen hohen Stellenwert ein. In den anderen Punkten ergeben sich aber deutliche Unterschiede. So zeigt sich eine Tendenz der Zukunftswerkstatt zu konkreten Themen aus der eigenen Lebenswelt, der Aspekt der Durchsetzung der Arbeitsergebnisse kommt dazu, und vor allem geht es in viel höherem Maße um die Förderung der Gruppenbildung, durch die die soziale Unterstützung gesichert werden soll.

3. Einführung in die Methode

In diesem Abschnitt wird, ausgehend von der Moderationsmethode, ein Überblick über die Zukunftswerkstatt gegeben. Anhand von sechs Aspekten werden Unterschiede und Ähnlichkeiten dargestellt. Viele Punkte werden in der genaueren Darstellung der Phasen nochmals aufgegriffen und tiefergehend behandelt.

3.1 Überblick über die Phasen

Charakteristisch für die Zukunftswerkstatt ist die Aufteilung in drei klar voneinander getrennte Phasen, die Kritik-, Phantasie- und Realisierungsphase. Diesen Kern der Werkstatt umschliessen die Vorbereitungs- und die Nachbereitungsphase.

Vorbereitung

In die Vorbereitungsphase fallen sämtliche Vorarbeiten für die Moderation, wie z.B. Materialbeschaffung, Wahl des Raumes usw. Auch die gegenseitige Vorstellung der Teilnehmer und die Einführung in die Arbeitsweise durch die Moderatoren gehören in diesen Abschnitt.

Kritik

Die eigentliche Arbeit beginnt in der Kritikphase, einer Bestandsaufnahme des gegenwärtigen bzw. erwarteten Zustandes, die sich auf die negativen Aspekte konzentriert. Die Gruppe bringt ihre Beschwerden vor, z.B. zur Wohnsituation im Stadtteil Steinbühl, und wählt das Wichtigste aus.

Im Bezugsrahmen der Moderationsmethode entspricht das der Themensammlung und -auswahl, allerdings kommt ein wesentliches neues Element dazu: das, fränkisch ausgedrückt, »Auskotzen«. Aufgestauter Ärger kann entladen werden. Diese Katharsis schafft die Grundlage für späteres konstruktives und phantasievolles Arbeiten.

Phantasie

In der Phantasie- oder Utopiephase werden die Idealvorstellungen und Wünsche der Teilnehmer gesammelt. Wichtig ist, daß diese Sammlung über reine Gegenvorstellungen zu den Kritikpunkten hinausgeht. Die Gedanken sollen nicht an dem hängen, was ist, sondern sich auf eigene Idealbilder richten. Die späteren Lösungen sollen nicht von (Pseudo-)Sachzwängen bestimmt werden, die unbemerkt in die Zieldefinitionen einfließen. Aus

Utopien können leichter neue Wege entwickelt werden als aus gegenwartsorientiertem, »realistischem« Denken.

Zum Abschluß werden auch hier wieder die wichtigsten und interessantesten Beiträge ausgewählt.

Um den ungestörten Gedankenfluß zu gewährleisten, wird in Kritik- und Phantasiephase völlig auf die Diskussion von Äußerungen verzichtet.

Realisierung

Der letzte Teil der Moderation ist die Verwirklichungs- oder Realisierungsphase. In ihr werden die Ergebnisse der Phantasiephase auf die Realität bezogen. Je nach dem Ziel der Werkstatt werden Forderungen aufgestellt, individuelle Verhaltensmöglichkeiten überlegt oder Durchsetzungsmöglichkeiten für Projekte abgeschätzt und Umsetzungsschritte geplant.

Nachbereitung

Die Nachbereitungsphase gehört nicht mehr zur eigentlichen Moderation. Inhalte sind die Reflexion der Werkstatt, Adressenaustausch, die Abfassung eines Protokolls für die Teilnehmer, evtl. die Verbreitung der Arbeitsergebnisse und, im Idealfall, die Verwirklichung eines entstandenen Projekts.

Ablaufschema einer Zukunftswerkstatt

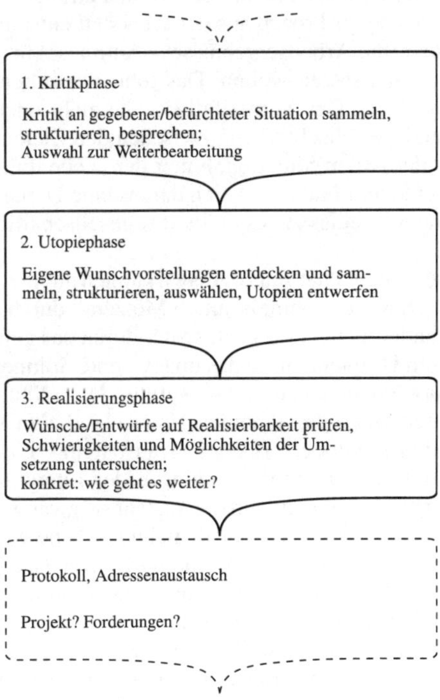

Denkfigur der Zukunftswerkstatt: Dialektik

Mit diesem Phasenschema verwendet die Zukunftswerkstatt die Denkfigur der Dialektik, die gerade für gesellschaftliche Zusammenhänge oft sehr gut geeignet ist. Dialektik bedeutet im Grunde ein Denken in Widersprüchen: Einer These (=Kritik) wird ihre Antithese (=Phantasie) gegenübergestellt. These und Antithese bedingen sich gegenseitig: Idealvorstellungen erzeugen Kritik und umgekehrt. Ihre Wechselwirkung führt zu einem Veränderungsprozeß, in dem sich These und Antithese durch die Antriebskraft ihres Gegensatzes weiterentwickeln. Im Idealfall ergibt sich daraus eine Synthese, d.h. ein Zustand, in dem These und Antithese aufgehoben sind. »Aufgehoben« besitzt dabei drei Bedeutungen: »bewahrt« (die Ausgangspositionen sind in die Synthese eingegangen), »überschritten« (ihr Widerspruch und damit die Positionen selbst sind aufgelöst) und »auf ein neues Niveau gehoben« (aus These und Antithese ist etwas Neues entstanden). Im Rahmen der einzelnen Zukunftswerkstatt wird diese Synthese in der Realisierungsphase hergestellt.

Veranstaltung und Folgen als dialektischer Prozeß

So gesehen ist die Zukunftswerkstatt in zwei dialektische Prozesse eingebettet. Der erste ist verhältnismäßig einfach und abschließbar, nämlich der Ablauf der Veranstaltung selbst. Der zweite kann als neuer Prozeß aus der Werkstatt entstehen, wenn die Teilnehmer ihre Arbeitsergebnisse (=Antithese) in der Realität (=These) durchsetzen wollen. Das führt nur selten zu einer schnellen Synthese. Der Normalfall ist eine mehr oder weniger lang anhaltende Wechselwirkung zwischen den Zielen der Teilnehmer und der realen Situation, hinter der ja ebenfalls Interessen stehen. In jedem Fall ergibt sich daraus eine Dynamisierung und Bereicherung eines Ausschnitts des gesellschaftlichen Lebens.

Gruppendynamische Auswirkungen des Phasenschemas

Das Phasenschema hat starke Auswirkungen auf die Dynamik der Gruppe. Durch das gemeinsame »Motzen«, durch das Erleben, daß es anderen genauso geht, später durch das gemeinsame Entwerfen von Utopien, durch das ungewohnte Spinnen-dürfen, wird die Gruppe sehr eng zusammengeführt. Diese Tendenz wird verstärkt durch einen gravierenden Unterschied zum Verfahren der Moderationsmethode: das Wort »Transparenz«, ein zentraler Begriff des ersten Abschnitts, kommt in der Literatur zur Zukunftswerkstatt nicht vor. Inhaltlich entsteht sie zwar weitgehend durch die Visualisierung, auf der Beziehungsebene wird jedoch nicht versucht, sie zu schaffen. Methodische Transparenz ist nur schwer herzustellen, da das Vorgehen nicht so unmittelbar einleuchtend, so logisch und klar ist wie in der Moderationsmethode. Die Möglichkeit des Abstand-Gewinnen-Könnens, des geistigen Zurücktretens, wird also geringer. Das Individuum wird dadurch stärker in die Gruppe eingebunden als in der Moderationsmethode. Im Sinne eines späteren gemeinsamen politischen Arbeitens ist das auch durchaus erwünscht.

3.2 Gruppe

Gruppengröße

Die Anzahl der Teilnehmer einer Zukunftswerkstatt liegt meist zwischen 15 und 25.

Die Obergrenze sollte nicht weiter heraufgesetzt werden, da bei einer zu großen Gruppe die Kommunikation schwierig wird. Allerdings bietet sich bei mehr als 30 Leuten die Aufteilung in zwei parallele Zukunftswerkstätten an. Das kann zu einer interessanten gegenseitigen Befruchtung führen.

Der Sinn der Untergrenze liegt darin, daß bei zu wenigen Teilnehmern im Sinne der Phantasieentwicklung die gegenseitige Anregung schwach ausfällt und nicht genug Impulse für eine kreative, konstruktive Arbeit entstehen. Eine Werkstatt mit weniger als zehn Menschen ist nur selten sinnvoll. Sie sollte nur abgehalten werden, wenn deren Betroffenheit und damit Motivation sehr hoch ist und sie mit dem Thema vertraut sind.

Gruppenaufteilung

Ebenso wie in der Moderationsmethode wird mit dem Wechsel zwischen Plenum und Kleingruppen gearbeitet, soweit dafür ausreichend Zeit vorhanden ist. Vertiefende Arbeit wird Kleingruppen übertragen, Weichenstellungen finden im Plenum statt.

3.3 Visualisierung

Material

Die Zukunftswerkstatt wird von den meisten Moderatoren nicht mit den Materialien der Moderationsmethode durchgeführt. Häufig werden einseitig bedruckte DIN A4-Blätter für Stichpunkte und größere Plakate (Altpapier) oder zugeschnittenes Makulaturpapier (Reste von Rollen aus Zeitungsdruckereien, dort meist kostenlos zu erhalten) für Kleingruppendarstellungen oder Listen benutzt. Als Stifte dienen z.B. Pastell-Ölkreiden. Da das Material viel größer ist als das der Moderationsmethode, muß nicht auf eine besondere Schrift geachtet werden. Sie muß lediglich groß sein.

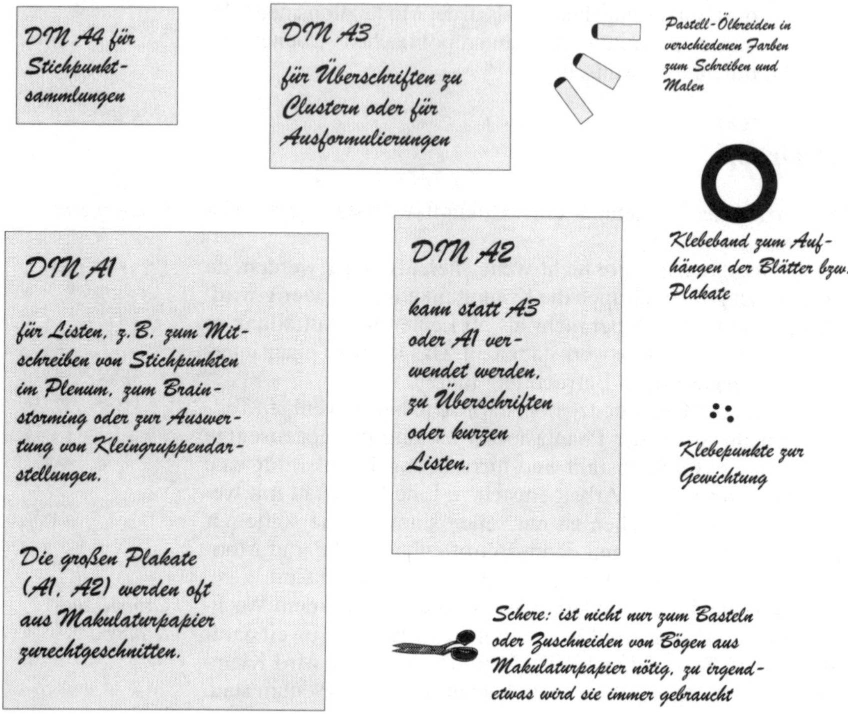

Effekte

Diese Mittel werden nicht nur verwendet, weil sie billiger sind und damit in Einklang mit dem Ziel der Verbreitung von Zukunftswerkstätten stehen. Durch sie entsteht auch eine gewollte leichte »Schmuddeligkeit« (das ist nicht abwertend gemeint). Die Phantasieentwicklung wird stärker gefördert als mit der perfekten, sauberen, klaren Darstellung in der Moderationsmethode. Deren Klarheit und geringer Platzbedarf erzeugt dagegen mehr Übersichtlichkeit, und die hohe ästhetische Qualität, die durch die aufeinander abgestimmten Farben und Formen entsteht, fördert die Konzentration.

3.4 Frage-/Antworttechniken

Unterschiede durch Material

Die Frage-/Antworttechniken der beiden Methoden ähneln sich teilweise, sind sich jedoch aufgrund des unterschiedlichen Materials nicht gleich. Jede Visualisierungsart hat ihre Vor- und Nachteile. So kann z.B. in der Moderationsmethode leichter mit großen Informationsmengen umgegangen werden, da sie aufgrund des klein konzipierten Materials auf engstem Raum verarbeitet werden können. Umgekehrt bietet gerade der größere Platzbedarf des Materials in der Zukunftswerkstatt zusätzliche Möglichkeiten. Beispielsweise können Gewichtungen auf einzelnen A4-Blättern vorgenommen werden; Punkten auf Moderationskärtchen ist dagegen kaum möglich. Auf diese Weise können große Informationsmengen vor der Weiterbearbeitung selektiert werden, indem nicht bewertete Stichpunkte aussortiert werden.

Zuruf

Die Zuruffrage und das Mind-Map sind, abgesehen von Nuancen in der Durchführung, in beiden Methoden gleich. Dazu werden ja auch in der Moderationsmethode keine besonderen Materialien benötigt.

Karten

Auch die Kartenabfrage wird in der Zukunftswerkstatt ähnlich durchgeführt. Die Teilnehmer schreiben ihre Antworten auf A4-Blätter, die dann sortiert werden können. Allerdings muß hier aufgrund des größeren Platzbedarfs aufgepaßt werden, daß nicht zu viele Beiträge gesammelt werden. Das kann vermieden werden, indem z.B. Kritik in Zweiergruppen gesammelt wird, die dann jeweils drei Stichpunkte und damit Blätter produzieren. Eine andere Möglichkeit bietet die oben beschriebene Vorauslese.

Schreiben auf Papierbahn

Oft wird auch eine Fragetechnik verwendet, die in der Moderationsmethode nicht gebräuchlich ist: die Teilnehmer schreiben ihre Beiträge auf eine große Papierbahn (Makulaturpapier), die auf dem Boden ausgelegt ist. Dabei rufen sie sie den anderen zu, so daß möglichst nichts doppelt vorkommt. Anschließend können die Stichpunkte ausgeschnitten oder -gerissen und sortiert werden.

Punktabfragen

Gewichtung und Auswahl kann ebenso wie in der Moderationsmethode mit Mehrpunktfragen durchgeführt werden. Sind keine Punkte vorhanden, so machen die Teilnehmer entsprechend Striche hinter die Aussagen, die ihnen wichtig sind. Die Einpunktfrage dagegen wird in der Zukunftswerkstatt normalerweise nicht verwendet (vgl. S. 110).

Kleingruppen

In der Kleingruppenarbeit unterscheiden sich, v.a. in der Phantasiephase, die Aufträge an die Gruppen sehr deutlich. Häufig sollen die Ergebnisse aus kleinen Theaterstücken, aus Bildern oder Geschichten bestehen, in denen sich Idealvorstellungen ausdrücken. In der Realisierungsphase, in der es vorwiegend um rationale Bearbeitung geht, werden dagegen oft die gleichen Instrumente wie in der Moderationsmethode eingesetzt.

Frageformulierung

Ein interessanter Unterschied besteht auch darin, daß Fragen meist nicht exakt visualisiert werden. Statt »Was beeinträchtigt die Wohnqualität in Steinbühl?« würde lediglich das Thema »Wohnen in Steinbühl« und die Plakatüberschrift »Beschwerden / Kritik« ausgehängt. Damit wird der Spielraum der Antworten weniger eingeschränkt, zugleich können aber bei abstrakten Themen Abschweifungen vom eigentlichen Thema leichter vorkommen. Die Teilnehmer müssen hier deutlich mehr von der Problemstellung betroffen sein als in der stärker durchstrukturierten Fragestellung in der Moderationsmethode, um nicht in verwandte Gebiete abzugleiten, die gerade aktueller oder attraktiver sind.

3.5 Moderatoren

Allgemeine Aufgaben

Die Moderatoren haben in der Zukunftswerkstatt die gleiche Hebammenfunktion wie in der Moderationsmethode. Sie unterstützten die Kommunikation in der Gruppe, strukturieren den Ablauf und achten auf die Einhaltung der Spielregeln. Etwas mehr Gewicht als in der Moderationsmethode besitzt, v.a. in kurzen Werkstätten, das Bestehen auf Zeitvorgaben. Da der Ablauf durch einzelne Phasen vorstrukturiert ist, kann nur innerhalb dieser Abschnitte variiert werden. Bleibt etwa am Schluß für die Realisierungsphase kaum mehr Zeit, so scheitert die gesamte Werkstatt. In der Moderationsmethode bestehen u.U. mehr Möglichkeiten, einzelne Arbeitsschritte zu kürzen oder zu verlängern.

Phasenspezifische Aufgaben

Weiter ist das Verhalten der Moderatoren abhängig von der Phase, in der sich die Zukunftswerkstatt befindet. In der Kritik- und der Phantasiephase versuchen sie, die Gruppe bei Bedarf etwas »anzuheizen«, so daß die Kritik ihre kathartische Funktion erfüllt und die Phantasie nicht zu sehr realitätsverhaftet bleibt. Im Übergang von der Phantasie- zur Realisierungsphase bemühen sie sich zu verhindern, daß phantastische Ideen im vorschnellen Realismus untergehen, und in der Realisierungsphase achten sie auf Zielorientierung und Konkretheit der Arbeit.

Zu zweit moderieren

Auch in der Zukunftswerkstatt empfiehlt es sich, zu zweit zu moderieren, wobei die gleichen Begründungen wie in der Moderationsmethode gelten (vgl. S. 27). Übrigens unterscheiden sich teilweise die Anforderungen, die während der Veranstaltung an die Moderatoren gestellt werden. Während in der Moderationsmethode die Vorbereitung des Materials für die weiteren Arbeitsschritte viel Zeit in Anspruch nimmt, fällt das in der Zukunftswerkstatt kaum ins Gewicht. Dagegen sind die Moderatoren dort stärker gefordert, wenn es um die Vermittlung von Arbeitsanweisungen oder die Aufteilung in Kleingruppen geht.

In der Zukunftswerkstatt herrscht meist eine größere Unruhe als in der Moderationsmethode. Das ergibt sich einerseits aus der Wirkung des Materials, »schmuddelig« vs. ordentlich, andererseits aus dem Ablauf und der Dynamik der Veranstaltungsformen. In der Moderationsmethode ist der Ablauf klar verständlich, und es liegt mehr Gewicht auf der rationalen Ebene, während in der Zukunftswerkstatt spielerische und emotional betonte Elemente stellenweise stark in den Vordergrund treten.

3.6 Spielregeln

In der Zukunftswerkstatt werden, ebenso wie in der Moderationsmethode, Spielregeln benutzt, um den Arbeitsprozeß der Gruppe zu erleichtern und zu strukturieren. Der Inhalt der Spielregeln und der Zeitpunkt ihrer Einführung variiert je nach Situation, Gruppe und den anwendenden Moderatoren.

Allgemeine Regeln

Phasenübergreifend können, je nach Bedarf, die gleichen Vorgaben verwendet werden wie in der Moderationsmethode (vgl. S. 78). Oft wird auch »Äußern in Stichworten« als Regel für die Plenumsarbeit eingeführt. Damit soll erreicht werden, daß Redeungewandte möglichst wenig benachteiligt werden.

Phasenspezifische Regeln

Weitere Regeln werden phasenspezifisch eingeführt. In der Kritik- und der Phantasiephase wird die Diskussion im Plenum untersagt, in der Phantasiephase nach dem Motto »Alles geht« verfahren und in der Realisierung der Themenbezug betont, der in der vorhergehenden Utopieentwicklung schwammig werden kann.

Die phasenspezifischen Regeln werden in den jeweiligen Abschnitten noch ausführlicher besprochen.

3.7 Überblick

	Moderationsmethode	Zukunftswerkstatt
Ablauf	offen, wird je nach Fragestellung geplant	festgelegtes Phasenschema, Ausgestaltung der Phasen offen; Betonung der Phantasieentwicklung, gezieltes Erzeugen einer emotionalen Dynamik
Gruppe	Mindestanzahl der Teilnehmer durch Effizienz je nach Thema begrenzt, max. ca. 25; Wechsel von Plenum und Kleingruppe	ähnlich, jedoch höhere Untergrenze, da sonst die gegenseitige Anregung (Phantasie) zu gering ausfallen kann
Visualisierung	ausgefeiltes, leicht handhabbares, teures Material, geringer Platzbedarf; fördert Konzentration	billig, überall vorhanden, gewollt »schmuddelig«; stärkere Anregung der Phantasie
Frage-/Antworttechniken	ausgearbeitete Instrumente, schnelle Strukturierungsmöglichkeiten	ähnlich, jedoch weniger übersichtlich; stärkere Einbindung offener Darstellungsmöglichkeiten wie Pantomime oder Bild malen; höhere Betroffenheit notwendig
Moderator	Hebamme; Verhalten nach allgemeinen Regeln und situativ bedingt	gleiche Grundhaltung, jedoch unterschiedliches Verhalten je nach Phase
Spielregeln	allgemeine Regeln, situative Ergänzung nach Bedarf	allgemeine, phasenspezifische und situative Regeln

4. Die Phasen der Zukunftswerkstatt

In diesem Abschnitt werden die Werkstattphasen und eine Auswahl der dazugehörenden Methoden ausführlich dargestellt.

Zeiteinteilung

Die zeitlichen Anteile von Kritik-, Phantasie- und Realisierungsphase variieren je nach Thema und der zur Verfügung stehenden Zeit. Themenabhängig ist ihr Verhältnis insofern, als in der einen Werkstatt mehr die Situationsanalyse und/oder die gemeinsame Katharsis im Vordergrund stehen kann, in der anderen stärker das phantasievolle Suchen nach Lösungsmöglichkeiten. Ein Ziel kann sein, sehr konkrete und genau geplante Handlungsmöglichkeiten zu entwickeln, es kann aber auch darum gehen, persönliche Verhaltensmöglichkeiten zu finden – jeweils mit unterschiedlichen Gewichten der Realisierungsphase.

Je kürzer die Zeit für die gesamte Zukunftswerkstatt bemessen ist, desto mehr Anteile gewinnen im allgemeinen Phantasie- und Realisierungsphase – wiederum natürlich abhängig vom Thema. So kann in einem dreitägigen Seminar problemlos jedem Abschnitt ein Tag gewidmet werden. In einer dreistündigen Kurzwerkstatt muß man sich dagegen genau überlegen, wieviel Zeit eine Phase unbedingt benötigt. Möglich wäre z.B. eine dreiviertel Stunde für Kritik, eine Stunde für Phantasieentwicklung und eineinviertel Stunden für die Umsetzung.

Konkretheit

Ein Prinzip, das sich durch die meisten Zukunftswerkstätten zieht, ist die Konkretheit. Abstrakte Begriffe fördern Mißverständnisse und verbergen Widersprüche (s.S. 140). Daher wird sehr oft mit Beispielen oder Darstellungsformen gearbeitet, die Konkretheit fördern.

4.1 Die Vorbereitungsphase

Die Vorbereitungsphase umfaßt den Zeitraum von der Entstehung der Idee für die Zukunftswerkstatt bis zum Beginn der Kritikphase, reicht also zeitlich in die Veranstaltung hinein. Die nötigen Rahmenbedingungen werden geschaffen, Material besorgt und Vorinformationen über die Werkstatt an die Interessenten gegeben. Innerhalb der Veranstaltung kommen dazu das Kennenlernen der Teilnehmer, eine kurze Darstellung der Methode, evtl. das erste Einführen von Spielregeln und die Themenfindung.

Wenn möglich werden die Teilnehmer aktiv in die Vorbereitung eingebunden. Beim gemeinsamen Herrichten des Raumes z.B. können sie sich schon ein bißchen kennenlernen, und durch die körperliche Zusammenarbeit entsteht eine angenehme Anfangsatmosphäre.

Rahmenbedingungen

Die Organisation der Rahmenbedingungen umfaßt die Umgebung der Werkstatt, Nahrung und/oder Erfrischungen und evtl. die Übernachtungsmöglichkeiten.

– Raum

An den Raum werden hier etwas andere Anforderungen als in der Moderationsmethode gestellt. Er muß nicht unbedingt ganz so groß sein. Dagegen ist wichtig, daß die Wände große freie Flächen bieten, an denen die Plakate bzw. Stichpunktzettel aufgehängt werden können, ohne im Prozeß der Werkstatt immer wieder abgenommen werden zu müssen. Dabei ist auch auf die Beschaffenheit der Wand zu achten: können Klebestreifen wieder abgezogen werden, ohne die Farbe zu beschädigen? Im Notfall lassen sich die visualisierten Arbeitsergebnisse auch auf dem Boden auslegen; unter dieser Lösung leidet allerdings die Übersichtlichkeit, da die Teilnehmer nicht immer freie Sicht auf den Boden haben.

Da keine Stellwände als Schallschutz zur Verfügung stehen, stören sich Kleingruppen unter Umständen, wenn sie im gleichen Raum arbeiten. Je nach Bedarf sind Nebenräume erforderlich, insbesondere wenn die Akustik des Hauptraums schlecht (hallend) ist.

– Mobiliar

Wie der Raum sinnvoll auszugestalten ist, hängt u.a. von der Teilnehmergruppe ab. So kann z.B. eine lockere Atmosphäre gefördert werden, wenn Tische und Stühle entfernt werden und die Werkstatt auf dem Fußboden stattfindet. Das geht aber nicht mit jedem Publikum und nicht in jedem Raum.

– Material

Das benötigte Material hängt von der Teilnehmerzahl, der Dauer der Werkstatt und den verwendeten Methoden ab.

– Papier

Als Papier können einseitig bedruckte A4-Blätter (Altpapier, z.B. für Stichpunktsammlungen) und Plakate (Mitschreiben von Zurufen, Bilder malen,...) verwendet werden. Auch Makulaturpapier, das vor und während der Werkstatt auf die jeweils benötigte Größe zugeschnitten wird, ist gut geeignet.

– Stifte

Bunte Pastell-Ölkreiden sind billig und, im Vergleich zu Filzstiften, umweltfreundlich. Sie sind sowohl zum Malen als auch zum Schreiben zu verwenden und damit die optimale Lösung für die Zukunftswerkstatt. Allerdings sind zur Ergänzung doch einige Filzstifte sinnvoll, z.B. um Klebeband-Streifen als Namensschildchen beschriften zu können.

– Hilfsmittel

Ferner werden einige Scheren und einige Rollen Klebeband (z.B. Tesa-Krepp Malerband) benötigt. Klebepunkte sind hilfreich, aber nicht unbedingt notwendig.

Zusätzliche Materialien können in der Phantasiephase die Kreativitätsentwicklung unterstützen. So können mit alten Katalogen, Zeitschriften und Kleber Collagen hergestellt werden oder alte Kleidung für die Ausstattung in kleinen Theaterstücken verwendet werden.

– Sonstiges

Schließlich ist noch ein Fotoapparat sinnvoll, mit dem Arbeitsergebnisse für ein Protokoll gesichert werden können, außerdem evtl. ein Tonbandgerät für Musik in den Pausen oder auch in der Phantasiephase.

Vorinformation

Ebenso zum Vorlauf gehört die Vorinformation der (möglichen) Teilnehmer. Sie richtet sich je nach den Gegebenheiten. Es kann sein, daß für die Veranstaltung erst geworben werden muß, es kann aber auch sein, daß eine Gruppe, die schon lange zusammenarbeitet, über eine Zukunftswerkstatt neue Ideen finden will. In jedem Fall sollte vorher schon grob die Methode bekanntgemacht werden.

Vorinformationen zum Inhalt der Werkstatt sind zweischneidig. Zwar kann dadurch ein besserer und einheitlicher Wissensstand erreicht werden, andererseits werden gleichzeitig Denkstrukturen und Wertungen mitgeliefert, von denen sich die Teilnehmer ja gerade lösen sollen. Auch wenn diese Einengung erkannt wird, bestimmen die mitgelieferten Gedanken doch die Diskussion, da zumindest die Aufmerksamkeit auf sie gelenkt wurde. Hier muß für jede einzelne Veranstaltung ein angemessener Mittelweg gefunden werden. Bei längeren Werkstätten ist es oft sinnvoll, in die Veranstaltung Unterlagen zum Thema mitzubringen, da dann aus der konkreten Situation heraus nachgeschlagen werden kann.

Ankunft der Teilnehmer

Zum Beginn des Seminars selbst werden, je nach Tageszeit, Kaffee und Tee, Erfrischungen oder Abendessen vorbereitet. Der Einstieg ist ja die Visitenkarte der Veranstaltung. Den Teilnehmern, die in eine neue, unsichere, noch unstrukturierte Situation kommen, wird vermittelt, daß sie und ihr (leibliches) Wohlbefinden hier eine wichtige Rolle spielen.

Vor dem Beginn der Kritikphase findet die Einführung in die Methode und das Seminar (organisatorisches und evtl. auch inhaltliches) und meistens das Kennenlernen der Teilnehmer statt. Wie diese Bausteine aufeinander folgen, hängt von deren konkreter Ausgestaltung ab.

Einführung in die Methode

Die Ausführlichkeit, mit der über die Methode »Zukunftswerkstatt« informiert wird, richtet sich nach dem Vorwissen der Teilnehmer. Im allgemeinen werden Hintergrund und Ziel der

Methode (z.B. anhand ihrer Geschichte) sowie der konkreten Veranstaltung dargestellt. Das Phasenschema wird erläutert, evtl. gleich zusammen mit einem groben Zeitplan visualisiert. Vorgestellt wird auch die Art des Zusammenarbeitens in einer Zukunftswerkstatt, also etwa die Bedeutung der Visualisierung sowie die Grundhaltung, Begründungen und Absicherungen weitgehend zu vernachlässigen und stärker mit Stichworten (s.S. 122) und Zuspitzungen zu arbeiten. Diese zwei Punkte können gleich als erste Spielregeln festgehalten werden. Schließlich werden noch Informationen über die Rolle der Moderatoren gegeben.

Einstimmung auf das Thema

Neben der Einführung in die Methode kann auch eine Einführung oder Einstimmung auf das Thema sinnvoll sein. So könnte, bevor die Teilnehmer eintreffen, ein Plakat aufgehängt werden, auf dem das Thema der Veranstaltung groß in der Mitte steht. Außenherum stehen als Anreißer zwei oder drei Aspekte des Themas, dazu einige Fragezeichen, die die Offenheit symbolisieren sollen. Die eintreffenden Teilnehmer ergänzen das Plakat dann mit weiteren Gesichtspunkten. Dabei bietet sich schon die Möglichkeit zu ersten kurzen Gesprächen. Das Plakat wird später, evtl. zu Beginn der Kritikphase, aufgegriffen und durchgegangen.

Kennenlernen

Die gegenseitige Vorstellung der Teilnehmer findet meist vor der methodischen Einführung statt. Das gilt vor allem, wenn übliche Verfahren angewendet werden, wie z.B. eine Vorstellungsrunde. Das Kennenlernen kann aber auch bereits mit der inhaltlichen Arbeit verknüpft werden, indem es zugleich der Themenfindung bzw. -präzisierung oder der Kritiksammlung dient. Wird es mit der Kritik verbunden, dann wird es nach der Einführung durchgeführt; es ragt ja dann in die Kritikphase hinein.

– Kennenlernen und Themenfindung

Die genauere Bestimmung eines Themas kann sinnvoll sein, wenn es sehr weit gefaßt ist, z.B. bei »Ökologie« oder »Lebensstile und Gesellschaft«. Sie kann mit der Vorstellung verknüpft werden, indem zunächst jeder auf ein A4-Blatt schreibt, was er als wichtigstes Problem betrachtet. Die Teilnehmer kleben sich ihr Blatt mit Tesakrepp auf die Brust, laufen im Raum herum und finden sich nach inhaltlicher Zusammengehörigkeit in Kleingruppen. Dort formulieren sie ein gemeinsames Thema und lernen sich zugleich kennen. Die Themen der Kleingruppen werden dann wieder im Plenum zusammengetragen, und die jeweiligen Mitarbeiter stellen sich anhand ihrer Problemschwerpunkte vor.

– Kennenlernen und Kritiksammlung

Mit der Kritiksammlung kann das Kennenlernen z.B. verknüpft werden, indem die Teilnehmer paarweise zusammengehen, wobei sich die Partner nicht oder kaum kennen sollten. Während sie sich gegenseitig vorstellen, finden sie gemeinsam ihre Hauptkritikpunkte an der bestehenden Situation (evtl. begrenzt auf drei Punkte) und halten diese auf A4-Blättern fest. Im Plenum werden dann wieder die Arbeitsergebnisse zusammen mit den dazugehörigen Menschen vorgestellt. Gleichzeitig können die Kritikpunkte sortiert werden, indem sie den schon präsentierten Ergebnissen zugeordnet bzw. getrennt plaziert werden.

– Wirkungen

Diese Vorgehensweisen wirken auf mehrere Arten. Erstens können sich gewissermaßen Ankerpunkte für die einzelnen Teilnehmer herausbilden, da sie einen bzw. einige Menschen von vorneherein intensiver kennenlernen. Dieser Kontakt gibt Sicherheit in der ansonsten unsicheren Anfangssituation. Zweitens wird die Vorstellung direkt mit der inhaltlichen Arbeit verbunden. Die Selbstdarstellung wird auf diese Weise etwas vorstrukturiert, erleichtert und verliert ihre mehr oder weniger ausgegliederte Sonderstellung in der Veranstaltung. Drittens nehmen sich die Moderatoren von Anfang an zurück und vermitteln so deutlich, daß in der Zukunftswerkstatt die Gruppenmitglieder selbst für ihre Arbeit verantwortlich sind.

– Verzögerte Vorstellung

Eine sehr interessante Möglichkeit in Kurzwerkstätten bis zu einem Tag besteht noch darin, eine Vorstellungsrunde erst am Ende abzuhalten und so lange nur Namensschildchen mit Vornamen zu tragen. Die Teilnehmer können so evtl. unbeschwerter zusammenarbeiten, da sich Hemmungen und Hierarchien durch die Anwesenheit von Spezialisten oder bekannten Persönlichkeiten nicht so leicht herausbilden. Das abendliche Kennenlernen ist dann oft sehr spannend und verblüffend.

Bei diesem Verfahren ist allerdings unbedingt darauf zu achten, daß die Teilnehmer anfangs in Kleingruppen bzw. Paaren arbeiten, also z.B. zur Kritiksammlung. Das Plenum als Ansammlung von Unbekannten verunsichert hier zu stark, wenn nicht einige vertrautere Menschen darunter sind.

4.2 Die Kritikphase

Ziele

In der Kritikphase werden die negativen Aspekte – und nur diese! – einer Situation gesammelt und für die Weiterbearbeitung ausgewählt. Damit werden zwei Ziele verfolgt: inhaltlich werden die Probleme zusammengestellt, gruppendynamisch wird ihre gemeinsame Bearbeitung vorbereitet.

– Inhaltlich: Arbeitsgrundlage

Durch das Zusammenstellen der Kritik wird eine gemeinsame Problemsicht hergestellt. Das eigene Verständnis einer Situation wird durch die Beiträge der anderen erweitert, Verbindungen und

Wechselwirkungen der Aspekte können sichtbar werden. Später kann Wichtiges gemeinsam ausgewählt und damit als Basis der Weiterarbeit definiert werden. Die Kritikphase beinhaltet keine vollständige Situationsanalyse. Dazu müßten auch positive Seiten der Realität betrachtet werden.

– Gruppendynamisch: Transparenz, Katharsis, Solidarität

Gruppendynamisch gesehen wird zunächst einmal Transparenz hergestellt. Die Erfahrung »Den anderen geht es auch so« wird möglich. Das gibt einerseits Sicherheit in der Gruppe, andererseits wird das Problem entpersonalisiert, d.h. als etwas erkannt, was nicht nur an dem Empfinden des einzelnen liegt.

Die Wirkung der Kritikphase geht aber darüber hinaus: da ausschließlich Kritik gesammelt wird, da sie noch dazu stichwortartig und zugespitzt geäußert wird, entsteht ein kathartischer Effekt, der besonders bei einer hohen und akuten Belastung durch die kritisierte Situation wichtig ist und deutlich sichtbar wird. Die Teilnehmer können alles sagen, was ihnen nicht paßt. Niemand hinterfragt ihre Kritik oder fordert Lösungsmöglichkeiten. Alles wird schriftlich festgehalten und bleibt sichtbar. Die Gruppe bietet so ein Ventil, über das erst einmal Dampf abgelassen werden kann. Danach kann sich die Aufmerksamkeit Neuem zuwenden, nämlich einer »befreiten« Lösungssuche.

Mit diesem kathartischen Effekt geht eine gewisse Enthemmung des einzelnen einher, die mit einer festeren Einbindung in die Gruppe verknüpft ist. Gemeinsames Motzen erzeugt Solidarität. Diese »Vertrauensbildung« ist eine wichtige Voraussetzung für die Phantasiephase.

Spielregeln

Um diese Ziele erreichen zu können, werden Spielregeln eingeführt. In jedem Fall gelten drei Maximen:

– Keine Vorschläge

1. »Keine Vorschläge«
In der Kritikphase geht es ausschließlich um Kritik. Lösungsmöglichkeiten werden später gesucht und stören hier nur den Gedankenfluß.

– Keine Diskussionen

2. »Keine Diskussion im Plenum«
Diskussionen bremsen den Fluß der Äußerungen. Sie halten aber nicht nur auf, sie hemmen die Teilnehmer auch: sie müssen sich überlegen, welche Kritik sie äußern, da sie in Rechtfertigungsdruck geraten könnten. Insofern stehen Diskussionen der Katharsis entgegen.
Auf der anderen Seite ist der Diskussionsverzicht ungewohnt und führt bei einigen Teilnehmern zu Unzufriedenheit. In Kleingruppen können Ventile für diesen »Redestau« angeboten werden.

– Stichwortartig äußern

3. »Stichwortartig äußern«
Auch diese Regel dient einem schnelleren Informationsfluß.

Vor allem aber werden durch sie Teilnehmer unterstützt, die nicht besonders redegewandt sind. Ansonsten kommen diese im Vergleich zu Redelöwen zu kurz.

– Sonstige

Je nach Gruppe, Thema und Situation können weitere Spielregeln verwendet werden. Sinnvoll sind z.B. oft »Ich statt man« (s.S. 78) und/oder »Kritik an Sachen, nicht an Personen festmachen«.

Moderatoren

Die Moderatoren führen durch die Phase und erläutern die geltenden Spielregeln und die Verfahren, evtl. anhand von Beispielen. Sie achten auf die Einhaltung des Zeitrahmens und der Regeln. Insbesondere sorgen sie dafür, daß die Kritik nicht kritisiert wird und noch keine Vorschläge gemacht werden. Fällt die Kritik sehr zurückhaltend und zahm aus, können sie als »Anheizer« wirken, indem sie die Teilnehmer zu kräftigeren Äußerungen bzw. Überspitzungen auffordern. Das ist allerdings ein inhaltlicher Eingriff und sollte nur versucht werden, wenn die kathartische Wirkung in der Werkstatt sehr wichtig wäre, zu kurz käme und gerade keine anderen Mittel eingesetzt werden können, um sie zu fördern (z.B. die Beispielsammlung, s.S. 129).

4.2.1 Ablauf

Informationsfluß

Die Informationsbearbeitung in der Kritikphase entspricht im Prinzip dem Themenaufriß in einer Moderation, nur eben mit Gewicht auf den als negativ erlebten Aspekten. Kritikpunkte werden gesammelt, in irgendeiner Form strukturiert und ausschnittsweise tiefer bearbeitet. Auswählen, Strukturieren und Vertiefen werden je nach Bedarf unterschiedlich kombiniert. Dazu kommt eine Überleitung zum nächsten Schritt, der Phantasiephase.

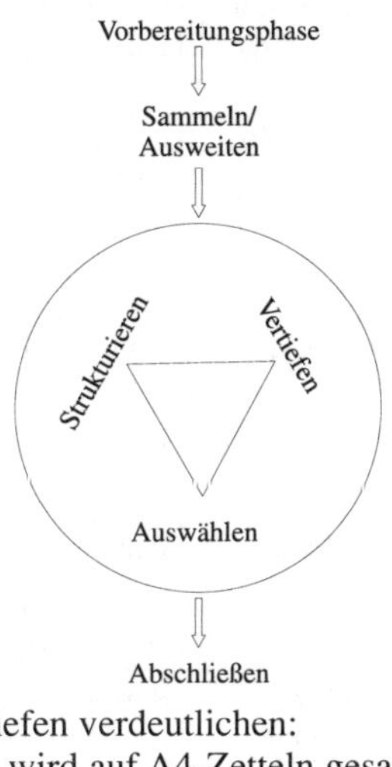

Einige Beispiele sollen die Kombinationsmöglichkeiten von Auswählen, Strukturieren und Vertiefen verdeutlichen:

- Auswählen-Strukturieren: Kritik wird auf A4-Zetteln gesammelt und unstrukturiert auf den Boden gelegt. Die wichtigsten Punkte werden ausgewählt und nach inhaltlicher Zusammengehörigkeit sortiert.

- Strukturieren-Auswählen: Im Gegensatz zum ersten Beispiel werden die Kritikpunkte zuerst in Rubriken zusammengefaßt. Erst dann werden die wichtigsten Cluster ausgewählt.
- Strukturieren-Vertiefen-Auswählen: Zwischen der Rubrizierung und der Auswahl werden im Plenum Beispiele aus dem Alltag zu allen zusammengetragenen Punkten gesucht.
- Vertiefen-Strukturieren-Auswählen-Vertiefen: Die Kritik wird in Paargruppen gesammelt, die sie nacheinander mit Beispielen im Plenum vorstellen und zugleich strukturieren. Zu den wichtigsten Clustern werden Kritikaussagen formuliert.

4.2.2 Methoden

Die Methoden sind in der Zukunftswerkstatt sehr vielfältig, da das verwendete Material große Variationsmöglichkeiten bietet. Die folgende Zusammenstellung zeigt einige grundlegende Verfahren, die anschließend genauer erläutert werden. Die meisten dieser Verfahren sind in ihrer Anwendung nicht auf die Kritikphase begrenzt, sondern gelten auch für die anderen Abschnitte.

Ausweiten: Sammeln von Kritikpunkten	Sammeln auf Blättern (A4) in Einzel- oder Kleingruppenarbeit	Sammeln auf Papierbögen/-bahnen per Zuruf oder durch gleichzeitiges Schreiben aller
Strukturieren	Ordnen aller Blätter oder einer Auswahl	Ausschneiden, Ausreissen oder Herausschreiben aller oder ausgewählter Punkte, dann Ordnen
Vertiefen	Konkrete Beispiele zu Stichpunkten oder Clustern sammeln (alle, ausgewählte)	
	Zusammenhänge in Kleingruppen herausarbeiten	
	Kritikaussagen bilden	
Gewichten, Auswählen	Punkten von Clustern oder einzelnen Stichpunkten	
	Herausgreifen einzelner Punkte/Cluster durch einzelne oder Kleingruppen	
Abschluß, Überleitung	Rationale Umkehrung der Kritik: positive Umformulierung	
	Symbolische Beseitigung der Kritik	

Ausweiten

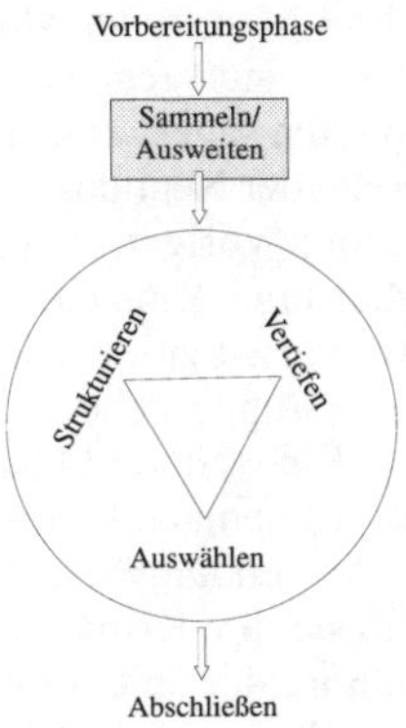

Die Möglichkeiten des Zusammentragens von Kritik entsprechen weitgehend den Verfahren aus der Moderationsmethode. Leichte Unterschiede ergeben sich aus der speziellen Aufgabe, Kritik zusammenzutragen, und der Betonung der emotionalen Komponente (Katharsis).

1. Sammeln als Einzelarbeit

Beschreibung

Dieses Vorgehen entspricht der Kartenabfrage in der Moderationsmethode mit dem Unterschied, daß statt der Kärtchen A4-Blätter verwendet werden. Das Verfahren hat den Vorteil, daß der Problemaufriß sehr detailliert und vielschichtig ist. Andererseits entsteht eine große Informationsmenge, mit der umgegegangen werden muß, und die Teilnehmer tauschen sich während des Sammelns nicht aus.

Anwendung

Anwendung: Diese Technik ist geeignet, wenn detailliert gearbeitet werden muß, wenn viel Zeit zur Verfügung steht und wenn sich die Teilnehmer später im Plenum ausführlich austauschen können (Katharsis).

Zeitbedarf: ca. 10 Minuten.

2. Sammeln in Gruppenarbeit

Beschreibung

Auch hier werden DIN A4- oder A3-Blätter benutzt, die Probleme werden aber zu zweit gesammelt und auf eine bestimmte Höchstzahl (z.B. drei Stichpunkte pro Gruppe) begrenzt. Dadurch kommen nicht so viele einzelne Punkte zusammen. Meist leidet darunter allerdings nicht die Breite eines Problemaufrisses, sondern nur die Detailliertheit, d.h. beim Ordnen entstehen ähnlich viele Kategorien, sie enthalten aber jeweils weniger Einzelpunkte. Vorteile gegenüber (1) sind daher leichtere Handhabbarkeit der Resultate und intensiver Austausch der Teilnehmer während des Sammelns.

Anwendung

Anwendung: fast immer möglich, sehr geeignet auch zum Kennenlernen (s.S. 120f.) oder bei Themen, die ein gewisses Vertrauen voraussetzen, bei denen die Kritik erst in einem »intimeren« Rahmen gesammelt werden sollte (z.B. »Beziehungen«).

Zeitbedarf: ca. 10-15 Minuten.

3. Sammeln auf Zuruf

Beschreibung

Das entspricht, je nach Ausführung, der Zuruffrage oder dem Mind-Map in der Moderationsmethode. Die Teilnehmer beeinflussen sich gegenseitig stärker als bei (1), da sie hören, was die anderen sagen. Dadurch kann, v.a. bei der Zuruffrage, die Bandbreite der Nennungen sinken. Auch ist der einzelne im Vergleich zu den vorigen beiden Techniken weniger intensiv beteiligt. Manchmal kann das allerdings ein Vorteil sein: in der unsicheren Anfangssituation wird zunächst einmal die Sicherheit der großen Gruppe geboten, die Möglichkeit, sich noch zurückzuhalten. Ein weiterer Pluspunkt ist, daß die Moderatoren hier Einfluß darauf nehmen können, wie aggressiv die Kritik geäußert wird.

Anwendung

Anwendung: u.U. in Gruppen, bei denen damit zu rechnen ist, daß sie ihre Kritik nur sehr zahm äußern, allerdings nicht, wenn Hierarchien in der Gruppe existieren; als Zuruffrage bei Gruppen, die relativ gut in das Thema eingearbeitet sind, so daß die Kritik mehr oder weniger präsent ist, als Mind-Map kann das Verfahren fast immer angewendet werden, wenn auf die intensive Aktivierung der Teilnehmer zunächst verzichtet werden kann.

Zeitbedarf: ca. 15-20 Minuten.

4. Sammeln durch gemeinsames Schreiben auf Papierbahn

Beschreibung

Die Teilnehmer setzen sich um einen langen Streifen Makulaturpapier, der auf dem Boden ausgelegt ist. Sie schreiben ihre Kritikpunkte darauf und rufen sie sich gleichzeitig zu. Die Breite der Sammlung ähnelt der der Zuruffrage. Während des Sammelns herrscht mehr Durcheinander und weniger Übersicht. Doppelnennungen kommen vor, schaden aber nicht, da die Stichpunkte sowieso geordnet werden bzw. das Wichtige ausgewählt wird. Vorteile des Verfahrens sind die starke Aktivierung der Teilnehmer und die spielerische, ungewohnte Art des Vorgehens. Es kann eine gute Einstimmung für die weitere Werkstatt darstellen.

Anwendung

Anwendung: fast immer möglich, insbesondere bei Gruppen, die sich im Thema gut auskennen und wenn der spielerische Akzent der Zukunftswerkstatt hervorgehoben werden soll.

Zeitbedarf: ca. 15-20 Minuten.

Strukturieren

Beim Strukturieren der Stichpunkte ist, anders als in der Moderationsmethode, Anonymität eher unwichtig, meistens sogar unerwünscht. Einerseits dient die Kritikphase als Vorbereitung der Phantasieentwicklung, soll also Hemmungen überwinden helfen statt Schutzräume anzubieten. Andererseits kommen hierarchisch strukturierte Gruppen in der Zukunftswerkstatt nicht so häufig vor. Für den Umgang mit ihnen ist oft die Moderationsmethode besser geeignet.

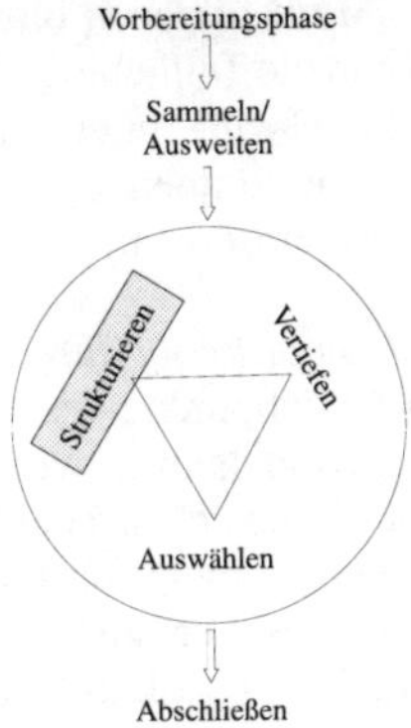

Die Auswahl der Verfahren hängt davon ab, wieviel Zeit sie benötigen, ob zugleich eine Auslese aus den Stichpunkten getroffen werden soll, wie stark die Gruppe aktiviert werden soll und welche Weiterbearbeitung geplant ist.

1. Strukturieren im Plenum mit Hilfe der Moderatoren

Beschreibung

Dies ist die gleiche Technik wie in der Moderationsmethode. Die Moderatoren legen oder hängen nach den Anweisungen der Autoren und/oder der Gruppe die passenden Nennungen zusammen. Wurde nicht auf Blättern, sondern auf großen Bögen gesammelt, so lassen sie vorher einige Teilnehmer die Stichpunkte ausschneiden oder -reißen. Gerade wenn alle gemeinsam auf einer Papierbahn gesammelt haben ergibt sich nach dem Sortieren ein sehr anregendes Bild: sie sind verschieden geformt, verschieden groß, verschiedenfarbig...

Vorselektion

Da nicht die kleinen Kärtchen der Pinwand-Moderation verwendet werden, können schon vor dem Sortieren einzelne Aspekte gewichtet werden. Wenn etwa mit dem gemeinsamen Sammeln auf der Papierbahn angefangen wurde, können die Teilnehmer zunächst Punkte neben die einzelnen Beiträge kleben. Nur die bewerteten werden dann ausgeschnitten und sortiert. Auch das Strukturieren läßt sich auf diese Art noch beschleunigen: wenn mit den höchstbepunkteten Nennungen begonnen wird, lassen sich die anderen oft leichter zuordnen.

Pro/contra

Vorteil: Moderatoren übernehmen die manuelle Arbeit, Gruppe kann sich auf Inhalte konzentrieren; Nachteile: evtl. geringe Aktivierung, zeitaufwendig, wenn alle Punkte sortiert werden.

Zeitbedarf: 20-30 Sekunden pro Stichpunkt, bei ungeübten Gruppen evtl. deutlich mehr (vgl. S. 40f.).

2. Strukturieren ohne Moderatoren

Wenn die Teilnehmer die Verfahren ohne die Moderatoren durchführen, wird ihnen ihre Selbständigkeit intensiver verdeutlicht, und sie können nach der Veranstaltung die Techniken leichter selbst einsetzen.

2.1 Zuordnung durch die oder mit Hilfe der Schreiber

Beschreibung Die Stichpunkte werden durch ihre Verfasser im Plenum vorgestellt und dann entweder nach den Anweisungen der Gruppe oder nach eigener Entscheidung zugeordnet. Dabei können sofort konkrete Beispiele für die Kritik genannt werden.

Anwendung Dieses Verfahren kann vor allem dann angewendet werden, wenn die Kritik in Paargruppen gesammelt wurde und als Gruppenergebnis präsentiert wird. Andernfalls müßten sich die Teilnehmer durch die Vorstellung ihrer Beiträge so stark exponieren, daß sie möglicherweise in ihren Äußerungen sehr zurückhaltend wären.

Pro/contra Vorteile: alle werden aktiviert, Strukturieren kann mit Vertiefen verbunden werden; Nachteile: nicht immer anwendbar, hoher Zeitaufwand, wenn gleichzeitig Beispiele gesammelt bzw. erzählt werden.

Zeitbedarf: je nach Ausführung; wenn die Stichpunkte in irgendeiner Form erklärt werden jedenfalls länger als bei (1).

2.2 »Wildes« Zuordnen

Beschreibung Die Stichpunkte werden in die Mitte des Raumes gelegt. Alle oder einige Teilnehmer stellen sich dazu und versuchen ohne Anleitung, Ordnung in die Sammlung zu bekommen. Das Verfahren hört sich etwas merkwürdig an, aber es funktioniert.

Pro/contra Vorteile: hohe Aktivierung, macht Spaß, kein zähes Sortieren, da sich alle beteiligten können; wenn nur einige Teilnehmer sortieren, können die anderen inzwischen den Raum umgestalten o.ä.; Nachteil: Überblick muß evtl. danach gesondert hergestellt werden.

Zeitbedarf: abhängig von Menge der Stichpunkte und Größe der Gruppe, relativ niedrig.

2.3 Auswählen, Präzisieren, Gruppieren

Beschreibung Aus der Kritiksammlung wählt jeder Teilnehmer den für ihn wichtigsten Punkt aus. Er schreibt ihn auf ein A4-Blatt, wobei er ihn gleichzeitig noch präzisieren kann. Anschließend klebt er ihn sich auf die Brust und sucht nach anderen Teilnehmern, deren Kritik zu seiner paßt. So entsteht zugleich eine Kleingruppe, die an den Inhalten weiterarbeiten kann.

Vorteil: sehr schnell; Nachteil: vieles geht verloren. *Pro/contra*
Zeitbedarf: ca. 5 Minuten.

Vertiefen

Das reine Sammeln und Strukturieren von Kritik bleibt einerseits inhaltlich oft an der Oberfläche, andererseits hat es noch nicht unbedingt eine nennenswerte kathartische Wirkung. Sofern genügend Zeit vorhanden ist wird die Kritik daher vertieft. »Vertiefen« ist dabei ein relativer Begriff. Inhaltlich gesehen geht es in der Kritikphase ja v.a. darum, eine Arbeitsgrundlage zu schaffen. Daher ist eine wirklich genaue Arbeit meist unnötig.

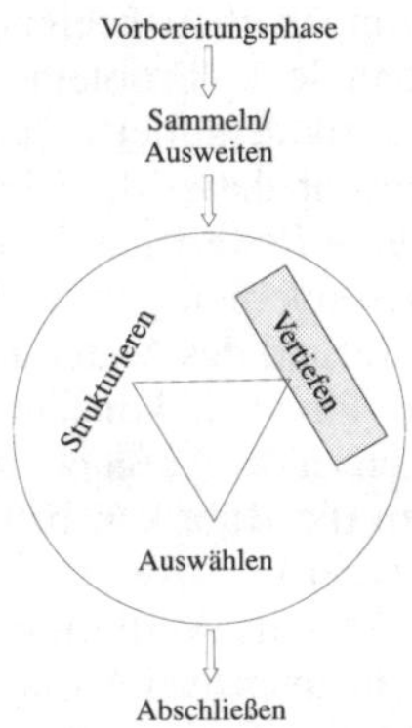

1. Beispiele sammeln
Als ein Standardverfahren kann das Sammeln von konkretisierenden Beispielen zu den Kritikpunkten angesehen werden. Nach der Strukturierung und evtl. auch nach der Auswahl des Wichtigen wird im Plenum ein Beitrag nach dem anderen durchgegangen. Wenn die Teilnehmer Beispiele nennen, die ihnen dazu einfallen, so wird damit einerseits der vielleicht noch nicht ganz klare Stichpunkt verdeutlicht, andererseits können sie auch von ihren persönlichen Erfahrungen erzählen, sie damit loswerden und sich zugleich besser kennenlernen: »Vollgeparkte Gehsteige: wir dachten dabei v.a. an die Autos, an denen man kaum vorbeikommt, die sich mitten auf den Gehsteig stellen. Das andere waren die, die sich direkt an die Straßenkreuzung hinstellen, so daß man gar nicht mehr sieht, wann etwas kommt. Und außerdem stinkt es uns, daß auf der Straße vierspurig gefahren wird und wir auf dem Gehsteig nicht mal mehr zu zweit nebeneinander gehen können.« *Beschreibung*

Vorteile: intensiver Austausch aller, lebendige Konkretisierung, Miterleben des Problemhintergrundes der anderen, Teilnehmer kommen sich näher; Nachteile: hoher Zeitaufwand, führt nicht unbedingt zu einem vertieften Problemverständnis. *Pro/contra*

Zeitbedarf: abhängig von Moderation und Grad der Belastung der Teilnehmer durch die Situation; pro Stichpunkt ca. 2 Minuten mit starken Schwankungen.

2. Vertiefung in Kleingruppen

Beschreibung

Für eine genauere Analyse der Problemstellung ist Kleingruppenarbeit geeignet. Es können z.B. Zusammenhänge verschiedener Problemcluster oder die Facetten einer einzelnen Rubrik detaillierter herausgearbeitet werden. Das Vorgehen entspricht dabei dem in der Moderationsmethode; auch in der Zukunftswerkstatt können Instrumente vorgegeben werden. Eine Besonderheit gibt es allerdings bei der Kleingruppenbildung: da aufgrund des Materials die Beiträge nicht auf so engem Raum, der Pinwand, konzentriert sind, können sich die Teilnehmer einfach zu der Aufgabe stellen, die sie bearbeiten wollen (evtl. müssen die Rubriken bzw. Stichpunkte etwas auseinandergezogen werden).

Pro/contra

Vorteile: Vertiefung von Problemaspekten, genauere Problemsicht, intensiver Austausch, hohe Beteiligung des einzelnen; Nachteile: evtl. eher abstrakter als erfahrungsbezogener Austausch, geringere kathartische Wirkung als Beispiele sammeln, damit auch geringere Erzeugung von Gruppenidentität (bezogen auf Gesamtgruppe).

Zeitbedarf: je nach vorgegebenen Instrumenten 20-40 Minuten zuzüglich 10-15 Minuten pro Kleingruppe für Vorstellung und Ergänzung im Plenum.

Eine derart tiefgehende Behandlung ist in diesem Abschnitt meist noch nicht nötig. Daher wird dieses Verfahren eher in längeren Werkstätten angewandt.

3. Kritikaussagen

Beschreibung

Schließlich gibt es noch die Möglichkeit, Kritikaussagen bilden zu lassen. Auch diese Aufgabe wird normalerweise Paar- oder Kleingruppen übertragen.

Das Formulieren von Aussagen aus Kritikclustern hat die gleiche Funktion wie in der Moderationsmethode (s.S. 43): es bringt Klarheit und eine genau definierte Basis für die Weiterarbeit, auf die jederzeit schnell zurückgegriffen werden kann. Eine nicht unwichtige Nebenfunktion ist wiederum, daß die Mitglieder einer Kleingruppe in intensiven Austausch treten.

Pro/contra

Vorteile: Kritik wird in prägnanten Sätzen zusammengefaßt, Austausch und Diskussionsmöglichkeit in Kleingruppen als Ventil für Redelust und Problemdruck; Nachteil: Zusammenhänge werden nicht erfaßt.

Zeitbedarf: abhängig davon, wieviel in den Kleingruppen diskutiert werden soll, ca. 5-20 Minuten.

Gewichten, Auswählen

1. Auswahl durch Gewichten

Beschreibung

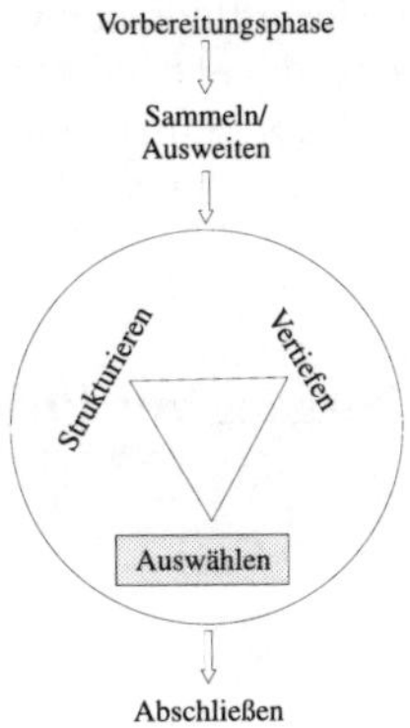

Das Auswählen von Aspekten kann im Prinzip genauso durchgeführt werden wie in der Moderationsmethode. Durch das größere Material entstehen aber zusätzliche Möglichkeiten. Um Zwischenauslesen zu treffen, können statt Clustern auch einzelne Stichpunkte bewertet werden. Beispielsweise können nach dem Sammeln auf einer Papierbahn erst einmal die einzelnen Nennungen bepunktet werden, so daß sich die Menge an Stichpunkten reduziert, die noch sortiert werden müssen. Da es dann allerdings nicht so sehr um ein Bild der Gruppenmeinung als vielmehr um eine Auslese des Wichtigen geht, werden weniger Stimmen vergeben als bei der Mehrpunktfrage in der Moderationsmethode (S. 56): drei bis fünf pro Teilnehmer, je nach Gruppengröße und Anzahl der zu bewertenden und vor allem auszulesenden Stichpunkte.

2. Auswahl ohne Gewichten

Eine Alternative besteht darin, eine Auswahl ohne vorheriges Gewichten zu treffen. Dazu suchen sich einzelne oder Kleingruppen die Beiträge aus, die für sie am wichtigsten sind.

Auswahl in Einzelarbeit

Die Auswahl von Stichpunkten in Einzelarbeit wurde schon bei der Strukturierung (S. 128, 2.3) beschrieben. Wenn die Menge der ausgewählten Punkte noch weiter beschränkt werden soll, können sich auch Zweiergruppen jeweils einen Aspekt heraussuchen.

Auswahl durch Kleingruppenbildung

Bei bereits sortierten Kategorien können die Teilnehmer Kleingruppen bilden, indem sie sich ohne vorherige Bewertung zu den auf dem Boden liegenden oder an der Wand hängenden Clustern stellen, an denen sie weiterarbeiten möchten. Die Moderatoren achten dabei darauf, daß die Gruppengröße passend ist.

Pro/contra

Diese Verfahren haben den Vorteil, daß sie Auswahl und Kleingruppenbildung vereinen. Sie sind schnell, erzeugen Bewegung und sozialen Austausch (wer mit wem?) und werden von den Teilnehmern als schlüssig erlebt. Inhaltlich gesehen sind sie allerdings nicht ganz exakt: es wird kein Bild der Gruppenmeinung hergestellt. Die Auslese wird z.B. bei der zweiten Methode davon beeinflußt, bei welchen Clustern beliebte Teilnehmer stehen, wer weniger oder mehr auf seinen eigenen Interessen beharrt usw. Die Rubriken, die von der Gruppe als die wichtigsten angesehen würden, wenn sie gefragt würde, kommen nicht zwangsläufig in die Auswahl.

Übergang zur Phantasiephase

Begründung

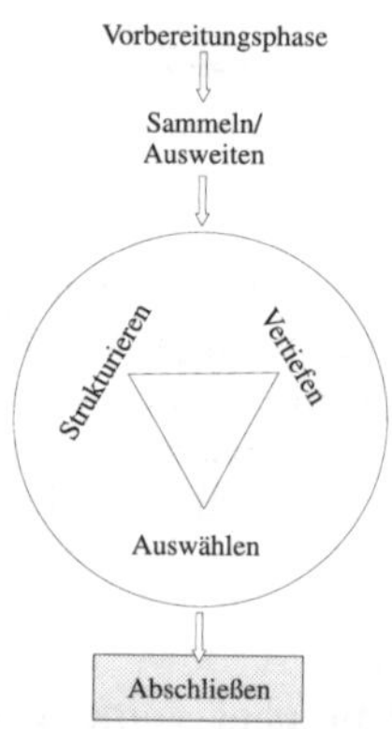

Eine Überleitung zur Phantasiephase kann einerseits unter dem Gesichtspunkt des Erlebnisablaufs der Veranstaltung sinnvoll sein, um keinen Bruch zwischen den Abschnitten zu haben, andererseits aus gruppendynamischen Gründen. Die Kritiksammlung sollte klar als abgeschlossen erlebt werden, so daß sich die Teilnehmer auf ihre Wünsche und Ideen konzentrieren können.

1. Positive Umformulierung

Beschreibung

Der erste Schritt jeder Entwicklung von Gegenvorstellungen ist die Umkehrung der Kritik. Aus der Aussage »In unserer Straße wird die Luft durch Abgase verpestet« könnte etwa »Die Luft in unserer Straße ist rein« werden. Diese Umkehrung kann verbal und nonverbal (in der Phantasiephase, s.S. 150 »Bild malen«) vorgenommen werden. Soll sie verbal sein, so bildet sie den Abschluß der Kritikphase, so daß für die Phantasieentwicklung nicht nochmals auf die Kritik zurückgegriffen werden muß. Sie wird dann, ebenso wie die Kritikaussagen (s.o.), in Paar- oder Kleingruppen formuliert und aufgeschrieben.

Die positive Umformulierung hat den Vorteil, daß damit die Kritik fein säuberlich zusammengepackt und abgeschlossen wird. Es kann allerdings vorkommen, daß die Umkehrung zu eng formuliert wird, so daß Ansätze für die Phantasieentwicklung von vorneherein begrenzt bzw. bestimmte Lösungen vorweggenommen werden. Im obigen Beispiel könnte etwa die Aussage »Durch unsere Straße fahren keine Autos« gebildet werden. Rein rational gesehen wäre sie richtig, sofern die Abgase von Autos kommen. Tatsächlich aber würde sie eine zu starke Einschränkung der Grundlage der Phantasieentwicklung darstellen: die Teilnehmer konzentrieren sich jetzt wahrscheinlich darauf, wie sie die Autos verbannen können. Aspekte der Lebensqualität, die bei »reiner Luft« im Vordergrund hätten stehen können, werden vermutlich ausgeklammert. Gerade dieses Ausweitenkönnen ist aber ein Ziel der Phantasiephase, die Möglichkeit, die Kritik nicht nur zu beseitigen, sondern sie auf ein neues Ziel hin zu überschreiten. Insofern ist es eine – schwierige – Aufgabe der Moderatoren, darauf zu achten, daß die Umkehrungen weit genug gehalten werden.

Zeitbedarf: abhängig davon, wieviel Raum den Kleingruppen für Diskussionen gegeben werden soll, ca. 5-20 Minuten.

2. Symbolische Beseitigung

Beschreibung

Wird die Kritik nicht umgekehrt und soll sie auch in der Phantasiephase nicht mehr ausdrücklich aufgegriffen werden, so kann sie symbolisch beseitigt werden. Wege dazu gibt es viele; sie sind der Phantasie der Moderatoren überlassen und können auch aus der Thematik selbst entstehen.

»Weg damit«

Als Beispiel sei »Weg damit« (nach Müllert/Kuhnt) genannt: Jeder Teilnehmer schreibt auf einen Zettel die für ihn belastendste Kritik. Die Moderatoren nehmen ein leeres Blatt und demonstrieren damit, was zu tun ist. Sie halten es sich vor die Brust, lassen die Teilnehmer einen Kreis bilden und sich die Punkte nochmals genau ansehen. Um Spannung aufzubauen wird der Kreis immer enger gezogen. Schließlich bitten die Moderatoren die Teilnehmer, genau das zu tun, was sie auch machen: sie knüllen ihre Blätter zusammen, rufen »Weg damit« und werfen sie hinter sich.

Mit diesem und ähnlichen Verfahren wird den Teilnehmern vermittelt, daß die Kritik abgeschlossen ist und jetzt hinter ihnen liegt. Zugleich wird die Phantasiephase spielerisch eingeleitet.

4.2.3 Beispiele

Zur Verdeutlichung der Anwendungsmöglichkeiten der beschriebenen Methoden werden zwei Beispielsabläufe für die Kritikphase dargestellt. Der erste ist auf eine Kurzwerkstatt über einen halben Tag ausgelegt, der zweite für eine Wochenendwerkstatt. Die Beispiele werden in den anderen Phasen aufgegriffen und fortgesetzt.

Halbtägige Werkstatt

1. Beispiel: Eine Gruppe von 20 Psychologiestudenten, die sich auf diese Weise mit dem Thema »Beziehungen« auseinandersetzen wollen. Sie kennen sich bereits. Die Phase dauert ca. 45 Minuten

- ❒ Einführung in die Kritikphase durch die Moderatoren: worum geht es? – Regeln
- ❒ Kritik sammeln auf einer Papierbahn, die auf den Boden geklebt ist. In der Mitte steht das Thema und »Kritik«. Die Teilnehmer sitzen bzw. knien um das Papier herum, schreiben ihre Beiträge selbst auf und rufen sie dabei den anderen zu.
- ❒ Wenn das Sammeln beendet ist, stehen die Teilnehmer auf und schauen sich noch einmal an, was alles zusammengetragen wurde. Dann schreibt sich jeder auf ein DIN A4-Blatt den Punkt heraus, den er für die Weiterbearbeitung als wichtigsten ansieht. Die Kritiken können beim Herausschreiben konkretisiert werden.
- ❒ Die Teilnehmer halten sich ihren Zettel vor die Brust und suchen nach anderen, die inhaltlich dazupassen. Auf diese Weise bilden sie Kleingruppen. Die Moderatoren achten darauf, daß nicht zuviel in einer Gruppe zusammengefaßt wird, bitten evtl. darum, die Aufgliederung feiner vorzunehmen.
- ❒ In den Kleingruppen überlegen die Teilnehmer, was ihre gemeinsame Kritik ist. Diese drehen sie um, so daß sich eine Aussage ergibt, die den entgegengesetzten, schönen Zustand beschreibt. Sie schreiben diese Aussage auf ein großes Blatt Papier (DIN A2) und hängen sie mit Klebeband an die Wand. Zwischen den Plakaten wird dabei Platz gelassen, so daß klar getrennte Ausgangspunkte für die Phantasiephase entstehen. Unter ihnen können sich z.B. später Kleingruppen zusammenfinden.

Kommentar

Diese Kritikphase ist äußerst kurz und kann nicht mehr leisten, als das Thema anzureißen. Wichtig ist, daß für die Kleingruppenarbeit ausreichend Zeit zur Verfügung gestellt wird. Es geht darin nicht nur um die Formulierung, sondern sie stellt auch die Möglichkeit zu einem kurzen, aber intensiven Austausch dar, in dem etwas Frust über das sehr knappe und diskussionslose Vorgehen aufgefangen werden kann.

Wenn in einer Gruppe ein hoher Leidensdruck besteht, so kann es sein, daß mit diesem knappen Vorgehen erst der Appetit auf

Kritisieren angeregt wird. Der kathartische Prozeß ist dann nicht abgeschlossen und wird evtl. die Phantasiephase beeinträchtigen.

Wochenend-werkstatt

2. Beispiel: 20 Mitarbeiter von Bürgerinitiativen aus verschiedenen Orten. Sie kennen sich nicht und treffen sich Freitag nachmittag bis Sonntag mittag in einer Tagungsstätte, um sich mit Möglichkeiten politischer Beteiligung auseinanderzusetzen.

Vor Beginn der Kritikphase, die gut drei Stunden (zzgl. Pause) dauert, haben sie bereits gemeinsam Kaffee getrunken und sich in einer Vorstellungsrunde bekanntgemacht.

- Einführung in die Kritikphase durch die Moderatoren: worum geht es? – Regeln
- Ein vorher erstelltes Plakat mit Facetten des Themas wird durchgegangen (vgl. S. 120).
- Die Teilnehmer gehen paarweise zusammen, wobei sich die Partner möglichst wenig kennen sollten. Jedes Paar bekommt drei DIN A4-Blätter, auf die jeweils ein Kritikpunkt geschrieben werden soll.
- Die Kritik der Kleinstgruppen wird von ihnen im Plenum vorgestellt. Dabei ordnen sie die Beiträge gleich an der Wand, indem sie sie mit Klebeband passend zu den vorher schon präsentierten Stichpunkten hängen. Sie erläutern ihre Kritikpunkte anhand von Beispielen, die von den Zuhörern ergänzt werden können.
- Für die entstandenen Rubriken suchen Zweiergruppen grobe Oberbegriffe, die den Inhalt kennzeichnen, schreiben sie auf ein A3- oder A2-Blatt und hängen sie dazu.
- Die Rubriken werden nach ihrer Wichtigkeit mit einer Mehrpunktfrage bewertet.
- Zu den hochgepunkteten Clustern bilden sich Kleingruppen durch Dazustellen. Sie vertiefen die Kritik, indem sie den Oberbegriff der Kategorie in die Mitte eines großen Blattes schreiben. Seine wichtigen Aspekte werden außenherum geschrieben, deren Unteraspekte wiederum um die Aspekte gruppiert (Netz, s.S. 24). Dabei können Kritikpunkte ergänzt werden, die in der Sammlung noch fehlen.
- Die Ergebnisse werden im Plenum vorgestellt, wichtige fehlende Punkte ergänzt.
- »Weg damit«.

Kommentar

In diesem Ablauf wird viel Gewicht auf die Analyse der belastenden Situation gelegt. Die Teilnehmer werden stark aktiviert. Wichtig ist jetzt eine längere Pause im Übergang zur Phantasiephase (in diesem Fall die Nacht), evtl. auch eine besondere Einstimmung vor der Weiterarbeit. Die Kritik kann die Teilnehmer sonst noch so sehr beschäftigen, daß sie in der Entwicklung von Utopien gehemmt werden.

4.2.4 Anmerkungen

In dem Ansatz, zunächst schlagwortartig ausschließlich Kritik zu sammeln, ohne sie zu diskutieren, sind einige Schwierigkeiten zu bedenken, die methodisch aufgefangen werden müssen.

Ungerechtfertigte Kritik

Als erstes ist zu nennen, daß das »Auskotzen« nicht unbedingt der Realität gerecht wird. Da alles gesammelt und nichts diskutiert wird, bleiben »objektiv« ungerechtfertigte Kritiken ebenso stehen wie Ressentiments. Tatsächlich stellen diese Äusserungen aber kein besonderes Problem dar: durch Gruppenauswahlverfahren werden die wichtigen Kritikpunkte bzw. -kategorien für die Weiterarbeit herausgefiltert. Die kathartische Wirkung des Alles-Sagen-Könnens wird erlebt, hat aber kaum negative Folgen auf der Sachebene. Psychologisch gesehen eröffnet sie eher die Möglichkeit für eine sachbezogene Fortführung.

Kritik gesellschaftlich beeinflußt

Eine zweite Schwierigkeit ergibt sich v.a. bei Themen, die öffentlich stark diskutiert werden. Denkweisen und Kritikpunkte sind gesellschaftlich vermittelt bzw. vorgeprägt. Dadurch kann sich Betroffenheit teilweise stärker an Informationen aus zweiter oder dritter Hand festmachen (der Regenwald wird abgeholzt) als an konkreter eigener Erfahrung, an die man sich vielleicht auch schon gewöhnt hat (die Stadtluft ist miserabel). Das reale Erleben kann somit zurücktreten hinter die Wiedergabe von gehörten Argumenten und Schlagwörtern. Auch können einzelne Problembereiche ausgeblendet werden, die in der öffentlichen Diskussion nicht thematisiert werden.

Ausblenden von Teilbereichen und Abrücken von der eigenen Erfahrung sind zwei unterschiedliche Punkte, die von den Moderatoren behandelt werden sollten. Die Erfahrungen der Teilnehmer verknüpfen sie mit der geäußerten Kritik, indem sie zu den Stichpunkten nach dem Sammeln, dem Strukturieren oder nach der Auswahl konkrete Beispiele suchen lassen und dabei v.a. solche Nennungen fördern, die aus dem (Alltags-)Leben stammen. Ausgeblendete Problemfelder können angesprochen werden, wenn den Moderatoren auffällt, daß wichtige Bereiche nicht genannt werden. Dazu müssen sie allerdings einerseits Wissen zum behandelten Thema besitzen, andererseits mit solchen Eingriffen sehr vorsichtig umgehen, da sie eine inhaltliche Beeinflussung der Gruppe darstellen. Diese Möglichkeit sollte nur angewendet werden, wenn sie unbedingt nötig ist. Blinde Flecken können sich auch durchaus in der Phantasiephase ganz von selbst auffüllen.

Ambivalenz: das Gute im Schlechten

Das dritte Problem der Kritikphase besteht in der häufig vorhandenen Ambivalenz gegenüber einer kritisierten Situation. Man leidet unter ihr, profitiert aber zugleich davon, oft ohne es zu merken. Deutlich wird das etwa am Beispiel eines Mitarbeiters einer Bürgerinitiative, der sehr viel Arbeit auf sich nimmt und sich zugleich darüber beklagt, daß die anderen nichts oder sehr wenig tun. Sein hoher Aufwand ist für ihn einerseits eine Belastung, andererseits kann er sich dafür auch von den anderen bewundern lassen und erhält hohes Ansehen in der Gruppe.

Ambivalenz heißt keineswegs, daß die Kritik ungültig oder verlogen ist. Der Kritikpunkt an sich ist ja richtig. Es kann allerdings passieren, daß Vorteile, deren man sich nicht bewußt ist, neue Lösungen verhindern. Insofern ist diese Widersprüchlichkeit für die Zukunftswerkstatt durchaus bedeutsam.

Oft löst sich das Problem von selbst, wenn die Teilnehmer in der Phantasie- und Realisierungsphase Gegenvorstellungen entwickeln. Es könnten etwa Lösungen entworfen werden, in denen das Geltungsbedürfnis mit dem Wunsch nach Arbeitsentlastung verbunden wird. Eine andere Möglichkeit besteht darin, in der Realisierungsphase, wenn die Umsetzung von Wünschen und Ideen aus der Phantasiephase geplant wird, die Vorteile einer kritisierten Situation zu thematisieren. Die Frage »Was hält uns/andere in der Situation?« kann einen wichtigen Bestandteil der Analyse von Umsetzungsmöglichkeiten ausmachen.

4.3 Die Utopie- oder Phantasiephase

Ziele

Als Antithese zur Kritik werden in der Utopiephase die Wünsche der Teilnehmer gesammelt und, wenn genügend Zeit vorhanden ist, strukturiert und zu utopischen Entwürfen verdichtet. Damit werden Zielvorstellungen für eine bessere Zukunft entworfen. Diese Vorstellungen sollen nicht in den realen Gegebenheiten gefangen bleiben, sondern über rein problembezogene Lösungsansätze hinausgehen. Es geht nicht nur darum, Reparaturmöglichkeiten für kritisierte Zustände zu entwickeln. Stattdessen wird nach Utopien gesucht, nach Idealvorstellungen. Von dort aus werden später Lösungen für Probleme abgeleitet, Lösungen, die nicht nur irgendwie wirken, sondern auf ein bestimmtes Ziel hinführen sollen.

In der Utopiephase werden zwei Absichten verfolgt: inhaltlich sollen Ziele definiert werden, die die Ausgangsbasis für die Realisierungsphase bilden, gruppendynamisch wird eine hohe Identifikation mit der Gruppe und dem Werkstattergebnis angestrebt. Ein erwünschter Nebeneffekt ist eine gewisse Selbsterfahrung der Teilnehmer durch die ungewohnt intensive Auseinandersetzung mit den eigenen Wunschvorstellungen.

– Inhaltlich: Zielfindung

In der Zukunftswerkstatt wird die Beseitigung oder Verhinderung unangenehmer Situationen nicht mit Zielen gleichgesetzt. Ziele sind mehr: die Verneinung eines Zustands enthält nur wenig von dem, was stattdessen sein soll. Die Leitfrage der Phantasiephase lautet: Wie wäre es, wenn alles ganz toll wäre? Allerdings wird sie den Teilnehmern nicht in dieser »nüchternen« Formulierung gestellt. Mit den Worten von Robert Jungk: »Ich gebe Euch alle Macht und alles Geld dieser Welt.«

Da in der Zukunftswerkstatt Themen behandelt werden, die das Leben der Teilnehmer betreffen und diese in Konfliktfällen darin unterstützt werden sollen, ihre eigenen Interessen zu vertreten, bilden die Wünsche der Teilnehmer die Grundlage der Zieldefinition. Für sich allein gesehen genügt das aber noch nicht. Viele Wünsche sind nicht bewußt, in ihren Konsequenzen nicht durchdacht oder lediglich durch Manipulation (Werbung usw.) entstanden. Um mit diesen Schwierigkeiten umzugehen, werden die Äußerungen nicht nur gesammelt. Sie werden auch zueinander in Beziehung gesetzt und weiter ausgesponnen, so daß sich die Teilnehmer immer tiefer mit ihren Vorstellungen auseinandersetzen. Die zunächst isoliert nebeneinanderstehenden Wünsche werden zu utopischen Entwürfen verdichtet, relativ klaren, in sich schlüssigen Bildern von Ausschnitten der gewünschten Zukunft.

Wichtig ist, daß in der Phantasiephase die Realitätsprüfung weitgehend ausgeschaltet ist, die Wünsche spielerisch zusammengetragen werden und »Spinnen« gewissermaßen zur Gruppennorm wird. Dadurch soll verhindert werden, daß Träume von vorneherein durch die Schere im Kopf auf Realitätsniveau zurückamputiert werden. Zunächst einmal geht es um Idealvorstellungen, die durchaus überspitzt sein sollen. Aus ihnen kann viel mehr Orientierung gewonnen werden als aus nüchternen Analysen. Zurückschrauben kann man sie immer noch. Um sich das Prinzip zu verdeutlichen, könnten Sie einmal überlegen, was Sie tun würden, wenn Sie plötzlich 20 Millionen Mark hätten. Malen Sie sich möglichst genau das Leben aus, das Sie führen würden. Denken Sie dann auch daran, daß manche Wünsche vielleicht nur auf den ersten Blick toll aussehen. Was würden Sie wirklich wollen? Und wenn Sie sich einige Zeit mit Ihren Träumen beschäftigt haben, kommen Sie wieder zurück in die Realität. Gibt es nicht so einiges, was Sie jetzt schon zumindest ansatzweise erreichen könnten? Ist das Geld wirklich die Voraussetzung für alles, was Sie sich vorgestellt haben?

– Gruppendynamisch: Identifikation, Gruppenzusammenhalt

Gruppendynamisch gesehen führt das gemeinsame Phantasieren zu einer sehr starken Identifikation mit den Zielvorstellungen. Man geht nicht rational vor, nach Kriterien, die gewissermaßen außerhalb der Teilnehmer liegen, sondern man spürt den eigenen Wünschen nach. Die dadurch geförderte enge Beziehung zu den Ergebnissen stellt eine Kraftquelle für die Umsetzung der Werkstattergebnisse in die Realität dar. Außerdem verstärkt das gemeinsame Phantasieren den Zusammenhalt der Gruppe. Das kann für die Durchsetzung noch bedeutsamer sein als die individuelle Entschlossenheit (vgl.S. 106). Diese Verbundenheit wird durch verschiedene Faktoren gefördert: durch das ungewohnte, gemeinsame, spielerische »Spinnen«, durch die gegenseitige Preisgabe von Wunschvorstellungen, durch das Erleben, gemeinsam mit anderen Wunschbilder zu entwickeln.

Spielregeln

Die Spielregeln sollen das Äußern und Weiterspinnen der Wünsche fördern, indem sie Hemmungen abbauen, die sonst damit verbunden sind, »unrealistischen Blödsinn« zu reden. Sie entsprechen teilweise sinngemäß denen der Kritikphase und können auch mit Verweis auf diese vorgestellt werden: »Keine Diskussion im Plenum«, »Stichwortartig äußern«, »Keine Kritik«, »Keine Realisierungsvorschläge«. Dazu kommt die für die Phantasieentwicklung wichtige Grundannahme »Alles geht«, die die Voraussetzung für die Entwicklung von Utopien ist. Sie kann in der Erklärung z.B. mit unbegrenzten finanziellen Mitteln oder unbegrenzter Macht verdeutlicht werden. Weiter gelten Regeln des Brainstorming, die allgemein für die ungehemmte Entwicklung von Ideen wichtig sind: »Keine Kritik an Äußerungen«, »Quantität geht vor Qualität«, »Unsinnige Ideen sind erwünscht«, »Ideenklau ist erwünscht«. Welche dieser Regeln tatsächlich vorgestellt und visualisiert werden und welche weiteren Maximen dazugenommen werden, ist von Werkstatt zu Werkstatt zu entscheiden.

Moderatoren

Auch die Moderatoren verhalten sich sinngemäß wie in der Kritikphase. Sie achten auf die Einhaltung der Zeitvorgaben und der Regeln. Besonders wichtig ist, daß sie jede Form von abwertenden Kommentaren, Killerphrasen oder Diskussionsversuchen zu geäußerten Wünschen unterbinden. Sie versuchen im Gegenteil, möglichst große Freiräume für die Gedanken zu schaffen. Bei Bedarf heizen sie deswegen auch die Ideenentwicklung an

(Methoden s.u.). Sogar der Bezug zum Thema der Werkstatt ist in der Utopiephase nur ein »Soll«, während er in den anderen Abschnitten ein »Muß« ist.

4.3.1 Ablauf

Informationsfluß

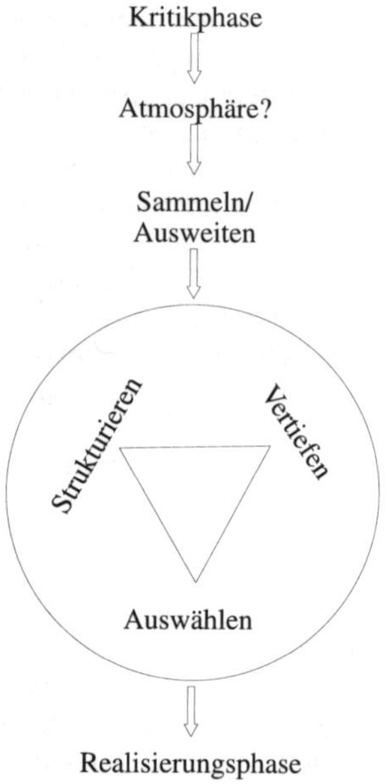

Der Informationsfluß in der Utopiephase entspricht im Prinzip dem der Kritikphase. Allerdings sind einige Besonderheiten zu beachten. Wenn man Utopien herausarbeiten will, steht man zunächst vor zwei Problemen: Erstens sind die eigenen Idealvorstellungen für die einzelnen Teilnehmer kaum auf Anhieb klar. Kaum jemand macht sich ständig Gedanken über seine Wünsche und analysiert noch dazu, ob sie widerspruchsfrei sind und sich mit denen anderer Menschen vereinbaren ließen. Zweitens geht es in der Zukunftswerkstatt nicht um einzelne Teilnehmer, sondern um die ganze Gruppe. Es gibt auch in weitgehend interessenshomogenen Gruppen eine Vielfalt sich widersprechender Wünsche, aus denen irgendwie gemeinsame Entwürfe entstehen müssen.

Diese Widersprüchlichkeit bleibt oft verborgen, solange Schlagwörter benutzt werden. Schlagwörter werden von verschiedenen Menschen unterschiedlich interpretiert, so daß auf den zweiten Blick Meinungsunterschiede bestehen, wo vorher alle einmütig zu sein schienen. Versucht man, sie mit Bedeutung zu füllen, erkennt man nicht nur Konflikte mit den Vorstellungen anderer, sondern auch innerhalb der eigenen Wünsche. Probieren Sie es einmal mit den drei berühmten Idealen »Freiheit, Gleichheit, Brüderlichkeit«!

In der Phantasiephase werden normalerweise erst einmal Wünsche der Teilnehmer in Form möglichst konkreter Zustandsbeschreibungen einer idealen Zukunft gesammelt. Indem die einzelnen Stichpunkte sortiert und die Cluster gewichtet werden, kristallisieren sich Schwerpunkte in den Vorstellungen der Gruppe heraus. Es entsteht eine allgemeine Orientierung. Wenn möglich werden die wichtigsten Cluster weiter ausgearbeitet, d.h. zu utopischen Entwürfen verdichtet. Damit sollen einerseits Widersprüche herausgefiltert werden, die in den Clustern enthalten sind, andererseits bekommen die Teilnehmer Gelegenheit, sich tiefer mit ihren vorher geäußerten Wünschen auseinanderzusetzen. Im Prinzip wird also mit einem Wechsel aus induktivem und deduktivem Vorgehen gearbeitet (vgl. auch S. 40). Einzelne Wünsche werden nach ihrer Zusammengehörigkeit geordnet. Die daraus entstehenden Wunsch-Kategorien ermöglichen es, ein Bild der Gruppen-Wünsche zu bekommen. Und diese grob erkennbaren Gruppen-Wünsche, die in den Details noch unvollständig, ungenau und widersprüchlich sind, werden zu in sich einigermaßen schlüssigen kompletten utopischen Entwürfen ausgebaut.

In einer Zukunftswerkstatt zum Thema »Verkehr in Nürnberg« ging es in der Phantasiephase u.a. um das Zurückdrängen des motorisierten Individualverkehrs. Dabei wurden z.B. folgende Wünsche gesammelt:

- Autofreie Altstadt
- Mautgebühr für Innenstadt
- Sondersteuer für Führerscheinbesitzer
- Führerscheinmindestalter 35 Jahre
- Rammrecht für Straßenbahnen gegen Falschparker
- Verkehrswidrig geparkte Autos dürfen vor Ort zerlegt werden
- Parken im Innenstadtbereich nur mit ÖPNV-Fahrkarte
- Recht von Anwohnern, Verkehr zu blockieren
- Benzinpreise im Raum Nürnberg verdoppeln
- Autoverbot für Politiker
- Betriebe LKW-Besteuern
- Schild an Baustelle: Autofahrer aussteigen und schieben

Ausgehend von diesen Wünschen könnte jetzt eine Collage gestaltet werden. So würde aus den isoliert nebeneinanderstehenden Stichpunkten ein geschlossenes Bild.

Im Beispiel zeigt sich eine in der Phantasiephase häufig vorkommende Verschränkung von Zielen (was soll sein?) und Mitteln (wie kommen wir da hin?). Insbesondere in Werkstätten, in denen die Teilnehmer von einem gegebenen Zustand stark betroffen sind, sind die Mittel (Zerlegen von Autos) meist präsenter als Zielvorstellungen: Man hat schon oft davon geträumt, was man gerne tun würde. In diesem Fall kann es sinnvoll sein, statt der Ziele zunächst die Mittel in den Vordergrund treten zu lassen. Dadurch entsteht gewissermaßen ein zweiter kathartischer Schub, und die Zielentwicklung gelingt später umso leichter.

Planung des Erlebnisablaufs

Das Vorgehen in der Phantasiephase muß besonders darauf ausgerichtet werden, die Teilnehmer zur Phantasieentwicklung anzuregen, so daß sie sich so weit wie möglich von den Beschränkungen der Realität lösen. Da der damit verbundene Realismus-Verzicht für die meisten ein sehr ungewohntes Verhalten ist, können nicht auf Anhieb die phantastischsten Ideen zu idealen Zukünften entwickelt werden. In der Gruppe muß nach und nach eine Atmosphäre entstehen, die kreatives Spinnen fördert. Grundvoraussetzung dafür ist eine gewisse Angstfreiheit in der Gruppe, die sich in der Kritikphase bereits weitgehend entwickelt haben sollte. Diese Basis wird Schritt für Schritt ausgebaut. Dafür werden meist zwei Ansätze verwendet. Erstens kann vor dem eigentlichen Arbeitsbeginn versucht werden, mit entsprechenden Methoden (s.u.) eine spielerische, gelöste Stimmung herzustellen. Zweitens kann die Abfolge der Methoden so geplant werden, daß die Phantasieentwicklung zunehmend gefördert wird und evtl. vorhandene Hemmungen in immer höherem Maße abgebaut werden. Das kann erreicht werden, indem die Erlebnisqualität der Methoden, ihr spielerischer Anteil, mit der Zeit gesteigert wird. Solange es um eine Steigerung der Phantasie geht, wird man z.B. kaum ein Bild malen lassen, wenn die Teilnehmer zuvor ihre Wünsche schon in einem Theaterstück ausgedrückt haben.

4.3.2 Methoden

Die Techniken des Sammelns, Strukturierens und Auswählens können aus der Kritikphase übertragen werden. Dazu kommt hier allerdings eine Vielzahl von Methoden, die der Phantasieentwicklung dienen. Bei ihrem Einsatz sind drei grundlegende Regeln zu beachten:

Methodenwahl

- ❒ Die Methoden müssen zu den Moderatoren passen. Gerade bei ungewohnten Vorgehensweisen, die von der Gruppe eine gewisse Risikobereitschaft und Überwindung verlangen, müssen die Moderatoren voll hinter dem Verfahren stehen. Sind sie selbst nicht davon überzeugt, so überträgt sich ihre Unsicherheit auf die Teilnehmer und der Arbeitsschritt wird voraussichtlich mißlingen.
- ❒ Die Methoden müssen zur Gruppe passen. Das bedeutet einerseits, daß von den Teilnehmern nichts zu Außergewöhnliches verlangt werden darf: In einer Studentengruppe mag gegenseitiges Schminken und Verkleiden zum Auftakt der Phase angehen, bei den Mitgliedern eines Stadtrates nicht. Anderer-

seits bezieht sich diese Forderung auf einen gezielten Methodeneinsatz im Hinblick auf die Charakteristika der Gruppe: Haben sich die Teilnehmer bisher sehr stark auf abstrakte Äußerungen versteift und sich Konkretisierungen verweigert, so macht es wenig Sinn, in einem Brainstorming auf phantasievolle, konkret formulierte Wünsche zu hoffen. Einfacher ist es dann, in Kleingruppen Bilder malen zu lassen, die die Wünsche ausdrücken, und damit die sprachliche Ebene vorerst zu umgehen.

- Die Methoden müssen zum Thema passen. Geht es z.B. um Beziehungen, so kann eine Pantomime angebracht sein, geht es um die Ausgestaltung eines Wohngebietes ist ein Bild evtl. eher sinnvoll.

Aufgabe der Methoden

Die Methoden sind darauf ausgerichtet, den Teilnehmern zu helfen, ihre eigenen Wünsche zu finden und zu äußern. Fragt man einfach nach wünschbaren Zuständen, so bleiben die Beiträge zum großen Teil an die real gegebenen Bedingungen gebunden: Kritikpunkte werden umgedreht, Wünsche genannt, die man schon viele Male anderen gegenüber geäußert oder von diesen gehört hat. Sehr stark ist auch die Wirkung von sozialen und gesellschaftlichen Einflüssen, von Freunden, Nachbarn, Zeitungen, Fernsehen und Werbung.

Denkschemata

Diesen unwillkürlichen Selbstbeschränkungen liegen Denkschemata zugrunde, die sich im Verlauf des Lebens in der Auseinandersetzung mit der Umwelt herausbilden. Man kann sie sich als eine hügelige Flußlandschaft vorstellen, in der sich über Jahrhunderte und Jahrtausende bestimmte Wege herausgebildet haben, die das Wasser nimmt. Dabei gibt es Hauptströme, Bäche und auch meist trockene Rinnen, die nur zu bestimmten Zeiten Wasser führen. Diese Landschaft bleibt nicht immer so: sie reagiert auf neue Anforderungen, verändert sich.

Unser Denken versucht ebenfalls zunächst, Bahnen zu nehmen, die sich als sinnvoll und zweckmäßig erwiesen haben. In der Phantasiephase geht es aber darum, stereotype Vorstellungen über das, was möglich und realistisch ist, zu überwinden. Die Methoden zielen also darauf ab, die eingefahrenen Bahnen des Denkens zu verlassen und ab und zu einmal das Wasser über einen Hügel fließen zu lassen. Möglichst viele mögliche und unmögliche Wege sollen erkundet werden.

Erweiterung der Vorstellungswelt

Um diese Erweiterung der Vorstellungswelt zu erreichen, wird häufig an vier Prinzipien angesetzt: Assoziation, Analogie, Überspitzung und dem vorübergehenden Umgehen sprachlicher Strukturen.

– Assoziationen

Das Prinzip »Assoziation« setzt auf die Erweiterung des Vorstellungsbereiches durch das freie Fließenlassen der Gedanken und die Anregung durch andere Teilnehmer. Dabei sollen Ideen nicht vor dem Aussprechen auf ihren Gehalt überprüft werden: die »Realitätsschere« im Kopf soll ausgeschaltet sein. Das bekannteste Beispiel für die Anwendung dieses Prinzips ist das Brainstorming.

– Analogien

Analogien haben die Anregung und Ausweitung der Vorstellungen durch die Verbindung zweier Sachverhalte zum Ziel, die zunächst nichts miteinander zu tun haben. Das Prinzip wurde z.B. oben zur Verdeutlichung der Denkschemata angewendet. Es können aber auch Personen mit Gegenständen verknüpft werden: Wenn es um die Gestaltung eines Platzes geht, könnte eine Diskussion zwischen der Straße, dem Baum, der Wiese und der Straßenlaterne geführt werden. Die Auswertung dieses Gesprächs kann zu neuen Sichtweisen führen.

– Überspitzungen

Überspitzungen verfremden vertraute Sachverhalte. Sie sind ein Grundprinzip der Phantasiephase, in der durch spielerische Übertreibungen das Bekannte verfremdet, neue Perspektiven gewonnen und so die bisherigen Erfahrungshorizonte erweitert werden.

– Umgehen sprachlicher Strukturen

Durch das Umgehen sprachlicher Strukturen soll ermöglicht werden, aus eingefahrenen Bahnen auszubrechen, die durch den üblichen Sprachgebrauch sowie die zur Verfügung stehende Syntax und Semantik vorgeprägt sind: ein Bild sagt mehr als tausend Worte.

Diese vier Prinzipien sind der Hintergrund der Methodenauswahl.

Phantasieatmosphäre schaffen	Rundgeschichte
	Phantasiereise
	Bewegungsspiele
	Verkleiden, Schminken
Ausweiten: Sammeln	Brainstorming
	Bild malen
Strukturieren	Ordnen aller Punkte oder einer Auswahl
Vertiefen	Einstieg: Phantasieentwicklung fördern
	Geschichte
	Collage
	Theater, Pantomime, Standbild
Gewichten, Auswählen	wie in Kritikphase; auf Kriterium achten!

Phantasieatmosphäre

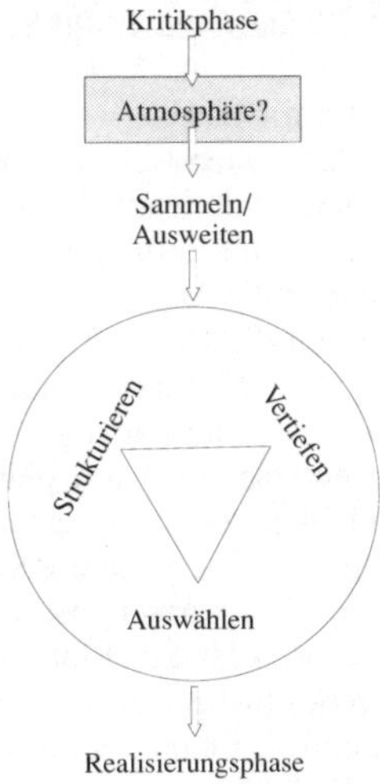

Phantasieatmosphäre zu schaffen ist kein Muß, kann aber den Einstieg in die Phase beschleunigen. Dabei geht es darum, eine spielerische, gelöste Stimmung zu erreichen. Den Teilnehmern soll erleichtert werden, sich einerseits von den Schranken der Realität, andererseits von üblichen Kommunikationsformen zu lösen, die rational betont und von Vorsicht bestimmt sind (»Was werden wohl die anderen über das denken, was ich sagen möchte?«).

1. Rundgeschichte

Bei einer Rundgeschichte stehen oder sitzen die Teilnehmer im Kreis. Einer nach dem anderen erzählt einen Ausschnitt aus einer künftigen Realität: »Ich habe viel mehr Zeit für mich selbst, da die Kinder unbeaufsichtigt draußen spielen können. In unserer Straße fahren nämlich keine Autos mehr« – »Als bei uns damals die Straße geschlossen wurde, haben wir uns entschlossen, einen großen Teil des Bodens für Gemüseanbau zu verwenden. Bei Kartoffeln sind wir inzwischen fast Selbstversorger« – ... *Beschreibung*

Ein Vorteil dieses Verfahrens ist, daß die Moderatoren von Beginn der Phase an Überspitzungen fördern können, indem sie während der Rundgeschichte immer wieder dazu auffordern. So ergibt sich für die Teilnehmer eine Orientierung über die Art der Ideenentwicklung. Wenn das Thema der Rundgeschichte mit dem Werkstatthema zusammenhängt, entwickeln sich auch schon erste Gedanken, auf die später zurückgegriffen werden kann. Dabei darf aber noch nicht mitgeschrieben werden: die Rundgeschichte ist ein Einstiegsspiel. *Pro/contra*

Der Nachteil dieser Methode ist, daß sie ein Stück weit das voraussetzt, was sie erzeugen will: eine gelöste, spielerische Atmosphäre. Ist diese noch nicht gegeben, so kann eine Rundgeschichte von manchen Teilnehmern eher belastend erlebt werden: man weiß, daß man demnächst an die Reihe kommt, hat aber noch nichts zu sagen. Man wird durch witzige Ideen der anderen unter Druck gesetzt, etwas Vergleichbares zu produzieren. Schließlich kann man den anderen gar nicht mehr richtig zuhören, sondern ist nur noch krampfhaft damit beschäftigt, phantasievoll zu sein.

Zeitbedarf: ca. 10-20 Sekunden pro Beitrag.

2. Phantasiereise

Beschreibung

Die Phantasiereise setzt nicht auf äußere Aktivierung der Teilnehmer, sondern auf Vorstellungsvermögen und Abheben von der Realität. Die Teilnehmer setzen oder legen sich bequem hin, schließen die Augen und gehen in ihrer Vorstellung auf eine Reise, durch die sie die Moderatoren führen. Diese Reise kann auf das Thema hinführen, muß es aber nicht.

– Ohne Themenbezug

Hat sie keinen Bezug zur Zukunftswerkstatt, so dient sie dazu, eine entspannte Atmosphäre zu schaffen und so Hemmungen abzubauen. Sie kann dann z.B. im Seminarraum beginnen, die Teilnehmer über mehrere Stationen zu einem warmen Sandstrand führen, dort verweilen und schließlich wieder ins Seminar zurückkehren lassen. Eine andere Möglichkeit ist das Wiedererleben des bisherigen Tagesablaufes seit dem Aufwachen mit besonderer Betonung der angenehmen Erlebnisse.

– Mit Themenbezug

Soll die Phantasiereise direkt zum Thema hinführen, so kann sie z.B. in die Zukunft oder auf einen anderen Planeten führen (vgl. S. 154). Die Teilnehmer werden langsam in eine Situation geleitet, von der aus sie ihre Ideen entwickeln sollen. Sie könnten z.B. mit einer Zeitmaschine in die Zukunft reisen, so daß sie später berichten können, wie ihr Problem in hundert Jahren gelöst sein wird.

Durchführung

Eine Phantasiereise sollte nur angeboten werden, wenn sie ein Moderator selbst schon erlebt hat. Dabei sollten einige Punkte beachtet werden:

- Die meisten Menschen stellen sich die Reise bildlich vor, können sie regelrecht sehen. Die Reise sollte daher auch visualisierbar sein.

  Das gleiche gilt auch umgekehrt: viele Menschen können nicht einfach Bilder erzeugen, sondern folgen der Reise abstrakt. Dies sollte vorher angesprochen werden, so daß sie sich nicht ständig darüber ärgern, daß sie sich etwas vorstellen sollten und es nicht können.
- Der Vortrag sollte langsam und ruhig sein und Pausen enthalten. Die Teilnehmer brauchen Zeit.
- Die Reise sollte an einem realen Zeitpunkt und Ort beginnen, evtl. da, wo man gerade ist. Sie sollte keine abrupten Brüche enthalten und einen klar erkennbaren, vorbereiteten Schluß besitzen.
- Die »Reiseleitung« sollte nicht zu streng führen; die Teilnehmer müssen Platz für ihre eigene Ausgestaltung haben. An-

fangs können immer wieder Möglichkeiten angeboten werden, aus denen sie sich etwas aussuchen können: »In der Ferne seht Ihr eine Treppe. Das kann eine Wendeltreppe sein, eine Strickleiter, eine spanische Treppe, was Euch gefällt«. Später werden die Beispiele weggelassen.

Pro/contra

Eine Phantasiereise ist ein sehr wirkungsvolles Mittel, wenn die Teilnehmer auf etwas Neues eingestimmt werden und das Bisherige hinter sich lassen sollen. In kurzer Zeit (10 bis 15 Minuten) kann eine Atmosphäre geschaffen werden, die die Ideenentwicklung erleichtert. Allerdings kann auch Schwung aus der Werkstatt genommen werden.

3. Bewegungsspiele

Den gegenteiligen Ansatz verfolgen Bewegungsspiele. Sie setzen nicht auf Ruhe, sondern auf Auflockerung durch körperliche Aktivität. Sie erhalten oder erzeugen Schwung, allerdings versetzen sie die Teilnehmer nicht schon an einen Ort oder in eine Zeit, aus der heraus die Utopien entwickelt werden können.

Gordischer Knoten

Ein Beispiel dafür ist der »Gordische Knoten«. Die Teilnehmer stellen sich eng zusammen und fassen sich durcheinander an den Händen, wobei sie darauf achten, daß sie nicht beide Hände demselben Mitspieler geben. Der entstandene Knoten wird dann entwirrt ohne sich loszulassen, also indem man über die Arme anderer steigt, darunter durchkriecht usw.

Anwendungsgrenzen

Bei Bewegungsspielen, mit denen Körperkontakt verbunden ist, werden sehr stark Hemmschwellen abgebaut. Wenn man andere berührt ist das normalerweise ein Zeichen für Vertrautheit; umgekehrt schafft es diese auch. Zugleich ist dadurch eine Grenze gegeben: ist sich die Gruppe noch zu fremd oder aus anderen Gründen distanziert, so kann Körperkontakt eine Überforderung darstellen. Das gleiche gilt, in geringerem Maße, auch für spielerische Bewegung allgemein.

4. Verkleiden und Schminken

Schließlich können sich die Teilnehmer noch verkleiden und/oder schminken.

Pro/contra

Das hat den Vorteil, daß die Einstimmung in die Phantasiephase nicht auf einen kurzen, abgeschlossenen Zeitraum begrenzt wird, sondern erhalten wird und sichtbar bleibt. Auch wird es durch die Verkleidung leichter, aus Alltagsrollen auszubrechen und die Utopiephase als Zeit der unbegrenzten Möglichkeiten zu erleben. Als Nachteile wären zu nennen, daß Schminken nicht in jeder Gruppe und nicht in jeder Situation angewendet werden kann.

Es setzt eine lockere, spielerische Atmosphäre voraus. Das Verfahren kann sonst als sehr befremdend erlebt werden.

Vorüberlegungen

Grundsätzlich ist zu der Einstimmung auf die Phantasiephase zu sagen, daß sie sorgfältig auf die Gruppe und das Thema abgestimmt werden sollte. Werden spielerische und ungewöhnliche Verhaltensweisen stark betont, so kann der Einstieg in die Phase sehr aktivierend und anregend sein – wenn es gut geht. Es kann auch passieren, daß Menschen dabei das Gefühl haben, nicht ernst genommen zu werden, daß sie die Verbindung zu ihrem Anliegen nicht sehen. Sie können leicht in eine Konkurrenzsituation getrieben werden (wer ist der Phantasievollste?). Außerdem besteht die Gefahr, daß die Phase nach einem rasanten Einstieg abflacht, daß das anfangs eingeschlagene spielerische Niveau nicht gehalten werden kann und Erwartungen enttäuscht werden, die dadurch geweckt wurden. Gerade in längeren Werkstätten ist es oft sinnvoller, eine lockere und phantasievolle Atmosphäre aus der Zusammenstellung der Arbeitsschritte wachsen zu lassen.

Ausweiten

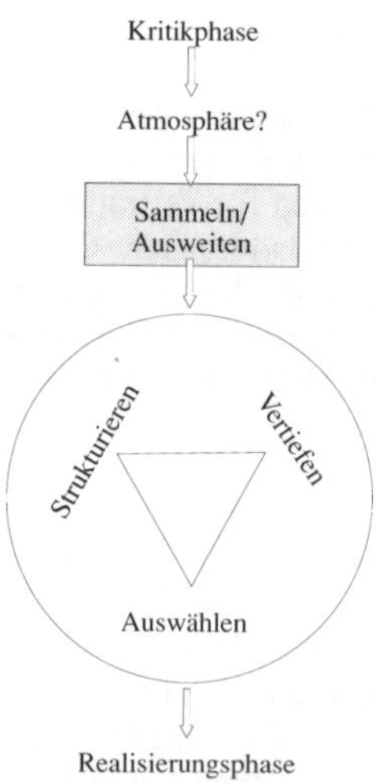

Im ersten inhaltlichen Arbeitsschritt geht es darum, eine Basis für die Ausarbeitung von Utopien zusammenzustellen, also erst einmal Wünsche wild durcheinander zu sammeln. Dafür werden zwei Methoden, Brainstorming und Malen, vorgestellt, die ebensogut später zum Vertiefen verwendet werden können. Im Gegensatz zu den dort aufgeführten Verfahren sind sie aber auch dazu geeignet, einen ersten Aufriß zu erstellen.

Beschreibung

1. Brainstorming

Das Brainstorming und seine Regeln wurden bereits vorgestellt (S. 74). Auf Zuruf werden Wünsche gesammelt und mitgeschrieben. Dabei wird darauf gesetzt, daß viele Wünsche zusamengetragen werden und sich die Teilnehmer gegenseitig anregen, so daß sie sich nach und nach von der Realität lösen können. Das Brainstorming wird meist in Kleingruppen durchgeführt, kann je nach Situation aber auch im Plenum abgehalten werden. Ausgangspunkt ist dabei meistens die schon positiv umformulierte Kritik.

– Kleingruppen

In Kleingruppen zu fünf bis neun Teilnehmern sind ausreichend Ressourcen für die gegenseitige Anregung gegeben, und die Beteiligung der einzelnen ist intensiver als im Plenum. Mehrere Punkte können parallel bearbeitet werden, so daß Zeit gespart wird. Wird das gleiche Thema von mehreren Gruppen behandelt, so decken die Beiträge wahrscheinlich einen breiteren Bereich ab als bei einem Brainstorming im Plenum, da sich der Prozeß der Ideensamlung in jeder der Gruppen anders entwikkeln kann.

Zur Durchführung sollten vor Beginn der Kleingruppenarbeit die Rollen des Schreibers und des Regelwächters verteilt werden, so daß organisatorische Fragen nicht später die Phantasieentwicklung stören.

Zeitbedarf: einschließlich der Kleingruppenbildung können etwa 15-25 Minuten gerechnet werden.

– Plenum

Im Plenum sinkt die Beteiligung der einzelnen an der Ideenfindung und die Bandbreite der zusammengetragenen Gedanken. Andererseits können die Moderatoren Überspitzungen und unrealistische Wünsche fördern bzw. fordern. Außerdem kann Plenumsarbeit die Identifikation der einzelnen mit der Gesamtgruppe erhöhen: alle zusammen entwickeln ihre Wunschvorstellungen. Schließlich kann sie in sehr kurzen Werkstätten aus Zeitgründen die einzige Möglichkeit darstellen, da die Aufteilung in Kleingruppen und das Zusammenführen ihrer Ergebnisse evtl. zu lange dauert, insbesondere wenn nur ein oder zwei Themen behandelt werden.

Zeitbedarf: 10-20 Minuten pro Kategorie.

Begründung Brainstorming

Der Sinn eines Brainstormings als Grundlage für die Vertiefung liegt neben der ausführlichen Sammlung von Wünschen darin, daß bei den Teilnehmern schon Ideen vorhanden sind, die sie für gut halten, die daher ausgesprochen und den anderen mitgeteilt werden müssen, bevor eine weitere Suche möglich ist. Das gilt insbesondere in Situationen, von denen die Teilnehmer stark betroffen sind, wenn erst einmal Ideen für Maßnahmen »abgeladen« werden sollen (s.S. 141). Zweitens ist ein Brainstorming meistens kein herausragendes Erlebnis, d.h. daß spielerische Elemente, die im weiteren Verlauf eingeführt werden, emotional als Steigerungen erlebt werden. Die Lust an der Arbeit flacht also nicht so leicht ab.

2. Bild malen

Beschreibung

Eine Alternative zum Brainstorming ist das Malen von Bildern auf DIN A1-Bögen in Kleingruppen zu maximal fünf Teilnehmern. Ausgangspunkt kann bei diesem Verfahren auch das nicht umgedrehte Kritikergebnis sein. Dargestellt wird aber in jedem Fall die positiv gewendete Situation, also das, was sich die Teilnehmer wünschen.

Auswertung

Für die Weiterarbeit müssen die Bilder in sprachlich formulierte Ideen übersetzt werden. Dazu gibt es zwei Möglichkeiten, deren Prinzip auch auf andere nonverbale Darstellungsmethoden übertragen werden kann:

– Galerie

❒ Die »Galerie«: die Bilder werden aufgehängt, aber zunächst nicht vorgestellt. Die Teilnehmer laufen im Raum herum, sehen sich die Bilder an, die die anderen Kleingruppen gestaltet haben und hängen auf A4- oder A5-Blättern die Wünsche daneben, die ihnen beim Betrachten einfallen. Das können sowohl Gedanken sein, die in dem Bild offensichtlich enthalten sind, als auch solche, zu denen es beim Betrachten anregt. Das eigene Gemälde bleibt dabei außer Betracht.
Erst wenn das Auswerten der fremden Bilder abgeschlossen ist, stellen die Maler ihre Werke vor und ergänzen enthaltene, aber noch nicht ausformulierte Gedanken. Durch diese verzögerte Präsentation soll die Vielfalt der möglichen Interpretationen erhalten bleiben, die eingeschränkt würde, wenn die Bilder sofort erklärt würden. So wird eine größere Bandbreite von Vorstellungen gewonnen, als sie die Maler ursprünglich hatten.

– Brainstorming

❒ Brainstorming zu den Bildern: zu jedem Gemälde wird ein Brainstorming im Plenum abgehalten und mitgeschrieben. Auch hier sind die Künstler selbst zunächst ruhig und ergänzen erst später die Gedanken der anderen.

– Verbindungen suchen

In beiden Fällen ist es interessant, nicht nur die einzelnen Darstellungen auszuwerten, sondern auch Verbindungen zwischen ihnen suchen zu lassen.

Pro/contra Bild und Brainstorming

Gegenüber einem Brainstorming ist das Malen von Bildern als Einstieg in die Phantasieentwicklung langsamer: für das Gestalten müssen 15 bis 25 Minuten gerechnet werden, dazu kommt das Herausziehen der Wünsche und die Vorstellung der Werke. Ein weiterer Nachteil ist, daß die Teilnehmer ihre schon vorhandenen Ideen nicht verbal »abladen« können. Schließlich bekommt man nicht so intensiv die Gedanken der anderen mit wie bei einem Brainstorming im Plenum.

Dem stehen mehrere Vorteile gegenüber. Schon im ersten Schritt der Phase wird verhältnismäßig tief und konkret in ein

Thema eingestiegen. Es gibt beim Malen keine Möglichkeit, abstrakt zu bleiben oder sich auf Schlagwörter zurückzuziehen. Während des Zeichnens entwickelt sich meist eine wesentlich genauere Vorstellung dessen, was man sich wünscht als beim Aufzählen von Begriffen. Auch bei der Rückübersetzung der Bilder auf die sprachliche Ebene ist die Anregung der Phantasie durch die Darstellungen oft größer als bei einem reinen Brainstorming. Das heißt nicht, daß mehr Beiträge kommen; es kommen andere, konkreter auf künftige Zustände bezogene. Die Bandbreite der Aspekte, die in einem Brainstorming ohne vorheriges Malen erzielt wird, wird möglicherweise nicht erreicht, da die Denkrichtung schon durch das Bild vorstrukturiert ist. Allerdings gibt es ja mehrere Bilder.

Anwendungsgebiete – Bild

Aus diesen Vor- und Nachteilen des Bildes ergeben sich zwei Anwendungsschwerpunkte. Bilder sind einerseits sinnvoll, wenn die Gruppe dazu tendiert, abstrakt zu bleiben und auf eine konkretere Ebene gebracht werden soll. Andererseits geht beim Malen das Sammeln schon mit einer vertieften Auseinandersetzung mit Aspekten des Themas einher. Das kann besonders in sehr kurzen Werkstätten bedeutsam werden, wenn nur ein Arbeitsschritt möglich ist. Durch die intensive Einbeziehung der Teilnehmer ist die Identifikation der einzelnen mit ihrem Utopie-Ergebnis dann wahrscheinlich höher als nach einem Brainstorming.

– Brainstorming

Andererseits kann ein Brainstorming besser geeignet sein, wenn eine breite Grundlage für die weitere Vertiefung hergestellt werden soll. Außerdem ist in sehr kurzen Werkstätten die Identifikation der einzelnen mit der Gruppe nach einem gemeinsamen Brainstorming im Plenum wahrscheinlich höher als nach dem Malen von Bildern in Kleingruppen.

Beschreibung

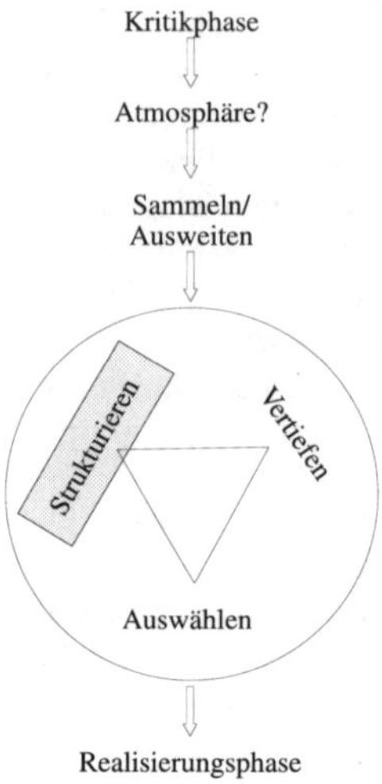

Strukturieren

Die Strukturierung der gesammelten Wünsche zielt darauf ab, die Vielzahl der einzelnen Ideen zu ordnen, so daß sich Zielkategorien ergeben. Diese können weiter vertieft und zu utopischen Entwürfen ausgearbeitet werden.

Das Vorgehen bei der Strukturierung gleicht dem in der Kritikphase. Auch hier können alle Stichpunkte oder vorher ausgewählte Teile geordnet werden, und die Kategorisierung kann sowohl durch Kleingruppenbildung bei gleichzeitiger Auslese, als auch im Plenum durchgeführt werden. Die Strukturierung im Plenum hat normalerweise Vorrang, weil möglichst viele Punkte für die Weiterarbeit genutzt werden sollen.

Begründung

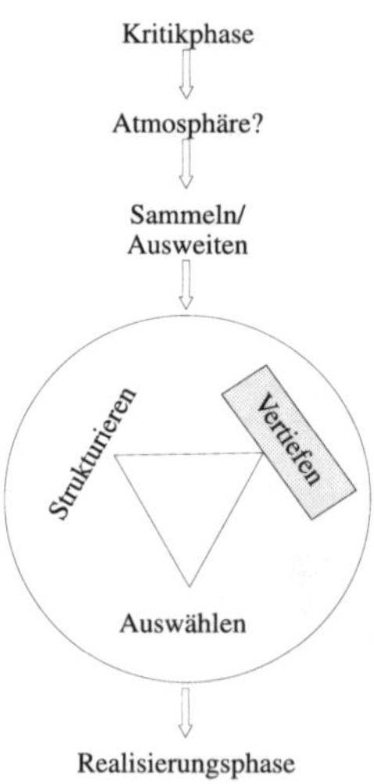

Vertiefen

Bei der Sammlung, insbesondere beim Brainstorming, stehen die einzelnen Aspekte des Wünschenswerten noch weitgehend unverbunden und teilweise widersprüchlich nebeneinander. Um klare Zielvorstellungen zu erreichen, mit denen sich die Teilnehmer identifizieren, müssen die wesentlichen Aspekte der breiten Ideensammlung ausgearbeitet werden. Dazu beschäftigen sich Kleingruppen intensiv mit je einem Teilbereich, etwa einem Cluster. Diesen Grundstock spinnen sie phantasievoll aus, so daß aus einzelnen Wünschen ein utopischer Entwurf entsteht. Er stellt eine in sich einigermaßen schlüssige Vorstellung von Idealzuständen dar, in der die ursprünglich unverbundenen Wünsche miteinander verknüpft und ergänzt werden (vgl. auch S. 140f.).

Kleingruppenarbeit

Vertiefen ist eine typische Aufgabe für Kleingruppen und wird normalerweise im üblichen Wechsel von Kleingruppenarbeit und Rückkoppelung mit dem Plenum durchgeführt.

– lange Arbeitsphasen möglich

Manche Moderatoren ermöglichen aber in diesem Abschnitt auch sehr lange Kleingruppenphasen, die teilweise über einen ganzen Nachmittag gehen. Das ist v.a. in zwei Situationen sinnvoll:

- in langen Werkstätten, wenn den Teilnehmern eine Pause von dem anstrengenden Wechsel zwischen Plenum und kurzen Kleingruppenphasen gegeben werden soll;
- wenn die Kleingruppen sehr tief in ein Thema eindringen sollen, an dem sie in derselben Zusammensetzung auch in der Realisierungsphase weiterarbeiten werden.

Diese Gruppen können durch die Ernennung von Teilnehmern als Zeit- und Regelwächter unterstützt werden, sowie durch ein Arbeitsblatt, in dem ein Vorschlag oder eine Vorgabe für die Strukturierung der Arbeit, Spielregeln sowie Tips für die Anregung der Phantasieentwicklung (s.u.) enthalten sind. Für die Strukturierung ist eine Einteilung in mehrere Arbeitsschritte mit groben Zeitangaben sinnvoll. Die Kleingruppe könnte etwa mit Rundwünschen (s.u.) beginnen, die Bedeutung der Wünsche für die einzelnen Teilnehmer klären und ein Theaterstück entwerfen, das später dem Plenum vorgespielt wird. Dabei werden größere Schritte mit Ratschlägen für das Vorgehen versehen. So sollte z.B. beim Theaterstück nicht zu lange geredet, sondern schon frühzeitig spielerisch probiert werden.

Im Unterschied zu kurzen Kleingruppenphasen kann die Präsentation hier nur einen sehr kleinen Ausschnitt der Gedanken zeigen, die in der Kleingruppe entwickelt wurden. Daher wird möglichst alles protokolliert. Diese Arbeitsergebnisse werden zwar zunächst nicht vorgestellt, können aber einerseits von der Kleingruppe in der Realisierung aufgegriffen und genutzt werden, andererseits werden sie im Protokoll auch für die anderen sichtbar.

– Moderation in langen Kleingruppenphasen

Bei langen Kleingruppenphasen können die Moderatoren ab und zu nachsehen, wie die Arbeit läuft. Wenn die Gruppe gut zurechtkommt gehen sie sofort wieder, ansonsten können sie mit Ratschlägen weiterhelfen. In diesem Fall enthält das Arbeitsblatt für die Gruppe keine Tips zur Phantasieanregung. Die Moderatoren können aber die Gruppen auch über längere Zeit alleine lassen, sie damit auf sich selbst stellen und zwingen, ihre Schwierigkeiten selbst zu lösen. Bei einer dreistündigen Arbeitsphase, die nach dem Kaffee beginnt, könnten sie die ersten 20 Minuten noch erreichbar sein, dann gehen und erst kurz vor dem Abendessen wiederkommen. Ihre Abwesenheit muß natürlich angekündigt sein.

1. Einstieg

Zum Einstieg in die Vertiefung können Methoden angeboten werden, die die Phantasieentwicklung fördern sollen. Sie können nicht nur in Kleingruppen, sondern ebenso im Plenum eingesetzt werden. Auch sind sie nicht auf die Vertiefung beschränkt, sondern können schon beim Sammeln hilfreich sein. In längeren Werkstätten ist es aber oft sinnvoll, die phantasieanregende Distanzierung von der Realität erst mit der Zeit zu steigern, um den Teilnehmern nicht zu große Sprünge in ihrer Wahrnehmung und ihrem Verhalten zuzumuten, sondern sie langsam in die Phase hineinwachsen zu lassen.

Um die Phantasie anzuregen, kann die Realität über die Veränderung von Ort und/oder Zeit verfremdet werden. Eine andere Möglichkeit stellen Analogien dar, d.h. hier die Suche nach Zusammenhängen zwischen dem Thema und einem Gegenstand oder einem Wort, das eigentlich nichts damit zu tun hat. Schließlich wird noch das Rundwünschen vorgestellt, das das Ideenfeld mit Hilfe von Assoziationen erweitern soll.

1.1 Verfremdung in Ort und Zeit

Für die Verfremdung in Ort und Zeit gibt es viele Möglichkeiten:

- die Teilnehmer können sich mit einer Zeitreisemaschine ins Jahr 2050 versetzen, schauen, auf welche Art ihr Problem inzwischen gelöst wurde und ihre Beobachtungen sammeln; Anwendung z.B. als Ausgangsbasis eines Brainstormings, kann in einer Phantasiereise vorbereitet werden;
- die Teilnehmer leben im Jahr 2050 und sollen Zeitreisenden von 1990 als Führer erzählen und/oder zeigen, was inzwischen passiert ist. Ebenso kann auch ein »historisches« Theaterstück aufgeführt werden: Szenen aus den letzten 100 Jahren; Anwendung z.B. in Kleingruppenarbeit, wenn die Ergebnisse später den »ahnungslosen« Nichtmitgliedern dieser Kleingruppe präsentiert werden sollen;
- Außerirdische laden die Teilnehmer ein, sich auf ihrem Planeten umzusehen, auf dem es früher mal die gleichen Probleme gab. Dabei kann zuerst einmal von den Teilnehmern mündlich gesammelt werden, wie denn der Planet und seine Bewohner

überhaupt aussehen; Anwendung je nach Ausgestaltung wie oben;

- während einer Kleingruppenphase oder einem Brainstorming kann, je nach Ausgangsbasis, die Verfremdung weitergetrieben werden. So kann z.B. einer Kleingruppe aus dem Jahr 2050 klargemacht werden, daß ihre Mitglieder dann selbstverständlich andere Berufe haben als heute und damit ganz andere Sichtweisen verbunden sind. Auch der Ort, an dem sie leben, kann geändert werden.

1.2 Verfremdung durch Analogien

Eine andere Möglichkeit, Impulse zu geben, besteht darin, auf einen Gegenstand oder ein Wort hinzuweisen und die Teilnehmer nach Verbindungen zu ihrem Thema suchen zu lassen. Wenn bei einem Brainstorming die Äußerungen nur noch zäh kommen, können die Moderatoren die Teilnehmer z.B. auffordern, sich zu überlegen, was sie in Bezug auf ihr Thema von einem Lederhandschuh lernen können. Das irritiert kurzzeitig sehr stark, reichert dann aber den Ideenfluß an, weil aus irgendwelchen Eigenschaften des Handschuhs neue Perspektiven für die eigene Aufgabe gewonnen werden können.

1.3 Rundwünschen

Beschreibung

Das Rundwünschen kann v.a. in langen Kleingruppenphasen als Vorverfahren für die eigentliche Vertiefung benutzt werden. Jeder nimmt sich ein DIN A4-Blatt, schreibt »Ich wünsche mir...« und darunter nach einem Spiegelstrich seinen Hauptwunsch. Dabei kann er sich auf etwas beziehen, was schon ausdrücklich in einer Rubrik enthalten ist, die die Kleingruppe vertieft, er kann aber auch etwas aufschreiben, was ihm erst dazu eingefallen

> *Ich wünsche mir...*
>
> - *daß Autos nur noch auf ihren abmarkierten Plätzen parken*
> - *daß auf dem Gehsteig immer mindestens drei Leute nebeneinander gehen können*
> - *daß überhaupt keine Autos mehr die Fußgänger stören. Stattdessen sollte viel Grün und Platz zum Sitzen da sein.*
> - *daß die Fahrbahn höchstens ein Drittel des Raumes zwischen zwei Häuserzeilen einnimmt*
> - *daß von diesem Drittel die Hälfte für Fahrräder reserviert wird*

ist (deduktives Vorgehen, s.S. 40). Wenn alle fertig sind, werden die Blätter im Uhrzeigersinn an den jeweiligen Nachbarn weitergegeben. Dieser sieht sich an, was schon auf dem Zettel steht und notiert darunter einen eigenen Wunsch, zu dem er durch das Vorhergehende angeregt wird. Das geht solange weiter, bis die Blätter einmal im Kreis herum sind. Auf diese Weise entsteht aus einer evtl. noch sehr knappen Arbeitsgrundlage eine schon recht facettenreiche Sammlung der Wünsche der Teilnehmer, die sich zugleich intensiv mit ihrem Thema auseinandersetzen. Im Anschluß können die Wünsche vorgelesen und über sie gesprochen werden. Eine Auslese ist normalerweise nicht nötig. Wenn etwa ausgehend vom Rundwünschen eine Collage gestaltet werden soll, müssen nicht einige wenige Ideen ausgewählt werden. Alles Gewünschte und Besprochene dient als Hintergrund.

Zeitbedarf: abhängig davon, wie lange über die Wünsche gesprochen werden soll, ca. 15-40 Minuten.

2. Geschichte erfinden

Beschreibung Als relativ einfache Form des Vertiefens bietet sich das Erfinden von Geschichten an, die Auszüge einer künftigen Realität darstellen. Ist der Ausgangspunkt eine begrenzte Anzahl von Wünschen, z.B. nach der Auslese eines Stichpunktes pro Teilnehmer und nachfolgender Kleingruppenbildung, so soll in der Geschichte jeder Wunsch vorkommen. Bei der Übernahme von großen Kategorien kann sie dagegen frei gestaltet werden.

Auswertung Die Geschichte wird von der Kleingruppe auf ein bis zwei A1-Bögen geschrieben. Bei der Vorstellung im Plenum werden die Blätter ausgelegt, von einem Gruppenmitglied vorgelesen und dann zugedeckt. Die Moderatoren sammeln auf Zuruf die in der Geschichte enthaltenen Gedanken, wobei die Autoren zunächst schweigen. Erst wenn von den anderen nichts mehr kommt ergänzen sie die fehlenden Inhalte. Auf diese Weise kommen durch die Auswertung im Plenum neue Facetten zum Vorschein. Die Zuhörer können sich nicht an Interpretationen der Autoren halten, sondern müssen auf ihr eigenes Verständnis der Geschichte zurückgreifen. Dabei können sie auch nicht nochmals nachlesen; der Text ist ja nicht mehr sichtbar. Jeder ist auf sein Gedächtnis angewiesen, auf seine ganz besondere Wahrnehmung der Geschichte vor seinem persönlichen Hintergrund.

Wirkungen Durch eine Geschichte werden isoliert nebeneinanderstehende Wünsche in Verbindung gesetzt und als utopischer Entwurf ausformuliert. So wird eine größere Klarheit über den Inhalt der Stichpunkte gewonnen. Wesentliche neue Sichtweisen oder Erkenntnisse über Zusammenhänge erschließen sich aber bei diesem

Vorgehen selten. Die rein sprachliche Form der Vertiefung bietet nur wenig Anregung für die Teilnehmer.

Anwendung

Die Methode ist sinnvoll, wenn es darum geht, in kurzer Zeit eine vertiefte Auseinandersetzung mit den bzw. mit einigen gesammelten Wünschen zu erreichen. Sie kann z.B. als letzte Kleingruppenphase einer kurzen Phantasiephase verwendet werden. Wichtig ist, daß die Moderatoren eine klare Zielvorgabe stellen: es soll weder eine realistische, noch eine übertrieben verrückte, zusammenhanglose Geschichte erzählt werden. Es geht darum, vorhandene Wünsche phantasievoll auszuspinnen und miteinander zu verbinden.

Zeitbedarf: ca. 15-25 Minuten zuzüglich der Vorstellung im Plenum.

3. Collage erstellen

Beschreibung – Unterschied zu Bild

Eine zweite Möglichkeit der Vertiefung ist das Erstellen von Collagen. Es ähnelt sehr stark dem Malen von Bildern, das in der Vertiefung ebenfalls eingesetzt werden kann. Der Unterschied liegt im Prozeß des Herstellens. Während bei einem Bild einfach gemalt wird, was einem einfällt, wird bei der Collage viel mehr probiert. Dazu wird schon vorgegebenes Material verwendet, so daß die eigenen Gedanken zusätzlich angeregt werden. Durch die gewissermaßen umständlichere Gestaltung tauchen viele neue Aspekte auf, die die Phantasieentwicklung unterstützen.

Anwendung

Die Collage kann fast immer eingesetzt werden, wenn eine bildliche Darstellung sinnvoll ist. Voraussetzung ist ausreichend Zeit und einiges an Material: alte Zeitschriften, Kataloge, Scheren, Kleber.

Zeitbedarf: ca. 45-60 Minuten.

4. Theater, Pantomime, Standbild

Beschreibung, Wirkung

Schließlich lassen sich noch die Möglichkeiten des Theaterspielens (Rollenspiel), der Pantomime oder des Standbilds (die Darsteller nehmen bestimmte Haltungen zueinander ein und bewegen sich dann nicht mehr; lebende Skulptur) nutzen. Sie haben gemein, daß sie über körperlichen Ausdruck arbeiten. Bei der Vorbereitung einer Szene in einer Kleingruppe bewirkt das eine sehr intensive Auseinandersetzung mit dem Thema. Da Szenen probiert und nicht nur durchdacht werden, kommen viele Facetten zum Vorschein, die sonst kaum erkannt würden. So können noch mehr neue Erkenntnisse entstehen als bei der Collage. Zugleich werden die Spieler durch körperliche Haltungen und erlebte Interaktionen emotional stark einbezogen und identifizieren sich mit den Inhalten, die sie darstellen.

Unterschiede Vom Theater über die Pantomime zum Standbild werden die Ausdrucksmöglichkeiten immer weiter reduziert. Zuerst werden die Möglichkeiten der Sprache, dann die der Bewegung genommen. Interessanterweise verringert sich damit nicht die Aussagekraft einer Darstellung, sondern sie steigt im Gegenteil sogar an. Das liegt daran, daß immer höhere Verdichtungen der Botschaften notwendig werden. In einem Standbild gewinnen kleinste Feinheiten der Haltung oder der Stellung der Darbietenden zueinander eine große Bedeutung, während diese Nuancen in einem fünfminütigem Theaterstück in der Menge der Eindrücke verlorengehen. Je reduzierter die Darstellungsmöglichkeiten sind, desto genauer müssen sich die Akteure mit ihnen auseinandersetzen, desto mehr ihren Eindrücken nachspüren und desto tiefer dringen sie in ihr Thema ein. Das gleiche gilt für die Zuschauer: Feinheiten und leiseste Zusammenhänge werden intensiv wahrgenommen. Die Interpretationsmöglichkeiten, damit die Möglichkeiten der gegenseitigen Anregung, steigen an, da die Akteure ihre Botschaft nicht mehr so genau umreißen können.

Erarbeitung Die Chancen dieser Darstellungsformen werden in der Kleingruppenarbeit am besten genutzt, wenn die Mitglieder frühzeitig anfangen zu proben. Lange Diskussionen sind unnötig; im Vordergrund steht das Motto »Der Weg entsteht beim Gehen«. Die Moderatoren sollten darauf ausdrücklich hinweisen.

Auswertung Die Auswertung der Präsentationen im Plenum erfolgt im Prinzip genauso wie bei einer Geschichte. Zuerst rufen die Zuschauer den mitschreibenden Moderatoren die Wünsche und Gedanken zu, die sie in der Darbietung gesehen haben, dann ergänzen die Schauspieler das, was ihnen noch fehlt.

Eine Ausnahme kann dabei das Standbild bieten, das auch in der Psychotherapie angewendet wird und eine hohe Eigendynamik entwickeln kann. Bei Themen, von denen die Akteure sehr betroffen sind, werden durch die Darstellung u.U. starke Emotionen ausgelöst, die nicht durch Bewegung ausagiert werden können. In diesem Fall sollten die Darsteller ausnahmsweise selbst das erste Wort haben und sagen können, wie sie sich gefühlt haben.

Anwendung Theater und Pantomime lassen sich in weiten Bereichen einsetzen, das Standbild ist eher für Themen aus dem psychologischen Bereich geeignet. Im Normalfall muß für so intensive Darstellungsformen aber schon einige Vorarbeit geleistet sein, insbesondere in Bezug auf die Atmosphäre in der Gruppe. In einer Kurzwerkstatt lassen sich diese Methoden nur selten anwenden, obwohl die Dauer der Kleingruppenphase selbst nicht besonders hoch ist.

Zeitbedarf: 30-50 Minuten.

Gewichten, Auswählen

Auswahlkriterium beachten

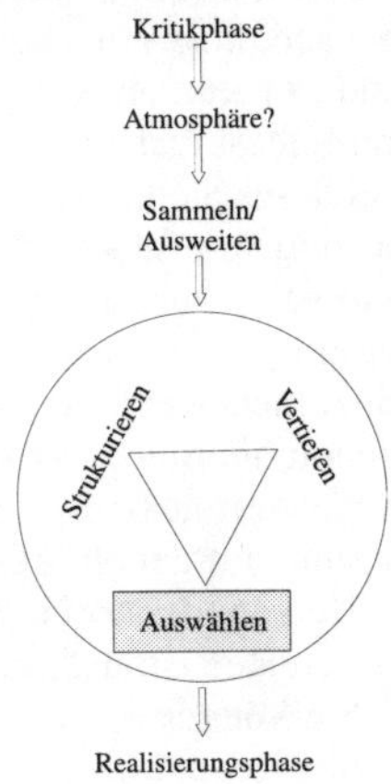

Methodisch gesehen gibt es beim Gewichten und Auswählen von Stichpunkten oder Clustern keine Unterschiede zur Kritikphase. Es muß aber sehr auf das Kriterium geachtet werden, nach dem die Teilnehmer bewerten sollen. Wenn nach dem »Wichtigsten« gefragt wird, tritt, insbesondere in kurzen Phantasiephasen, sofort das Realitätsbewußtsein in Aktion. Realitätsnahe Wünsche werden hoch gewertet, die anderen mehr oder weniger als spielerisches Beiwerk abgetan.

In der Utopiephase soll aber ja gerade die Kraft der Träume und der Phantasie genutzt werden. Daher werden, natürlich in Abhängigkeit von den Anforderungen der Situation, die schönsten, phantastischsten Ideen gesucht, die die Teilnehmer selbst vielleicht noch gar nicht verstehen, die sie aber faszinieren (z.B. »Winterschlaf« in einer Phantasiephase zur ökologisch verträglichen Gestaltung von Arbeit).

Übergang zur Realisierungsphase

Ein besonderer Übergang, wie etwa von der Kritik- zur Utopiephase, ist an dieser Stelle nicht nötig. Beim Abschluß der Phantasiephase ergibt sich aber ein besonderes Problem, das in der Planung und in der Moderation berücksichtigt werden muß.

Möglichkeiten der Ideenauswahl

Die Ergebnisse der Utopiephase können auf drei Wegen in die Realisierungsphase übertragen werden:

- ❒ alle gesammelten Ideen (bzw. die der letzten Vertiefungsphase) werden rubriziert, dann werden die interessantesten Cluster ausgesucht, um an ihnen weiterzuarbeiten;
- ❒ aus allen Ideen wird durch Punkten eine relativ breite Vorauswahl getroffen, die dann geordnet und evtl. nochmals ausgewählt wird;
- ❒ statt einer breiten Auswahl durch Punkten wird eine engere durch das Herausgreifen einzelner faszinierender Ideen durch die Teilnehmer getroffen.

Sicherheitsbedürfnis

V.a. unerfahrene Teilnehmer können sich oft nicht vorstellen, wie aus ihren Hirngespinsten etwas Umsetzbares entstehen soll.

Daraus resultiert eine Suche nach Sicherheit, nach vertrauten, kleinen, handhabbaren Zielen. Besonders stark ist dieses Sicherheitsbedürfnis in zwei Situationen: bei hohem Umsetzungsdruck und vor kurzen Realisierungsphasen. In beiden Fällen herrscht ein hohes Verlangen nach schnellem Praxisbezug.

Dieses Sicherheitsbedürfnis fällt bei der ersten Alternative nicht besonders ins Gewicht, da in allen Clustern realitätsnahe ebenso wie »abgehobene« Stichpunkte enthalten sind. Bei den anderen Möglichkeiten wird aber erst einmal eine Vorauswahl aus den einzelnen Ideen getroffen. Dabei kann eine starke Tendenz bestehen, realitätsnahe Ideen auszuwählen und die phantastischen Gedanken auszusortieren, die jedoch im Sinne einer Zielorientierung am gehaltvollsten sind.

Moderatoren

Den Moderatoren stehen zwei Möglichkeiten zur Verfügung, diesen Realismusdrang zu bekämpfen:

– Verbaler Hinweis

❒ Sie können ausdrücklich auf die Aufgabe der Teilnehmer und die Realismusgefahr hinweisen. Damit versuchen sie, den Sicherheitsdrang bewußt zu machen und so die Möglichkeit seiner Überwindung zu schaffen:
»Es geht jetzt darum, die interessantesten und faszinierendsten Gedanken auszuwählen, um in der nächsten Phase zu überlegen, wie sie auf die Realität übertragen werden können. Das ist jetzt eine etwas kritische Situation. Im allgemeinen gibt es hier eine Tendenz, einigermaßen realitätsnahe Gedanken auszuwählen, weil ja allmählich das Ende der Werkstatt naht und wir noch recht weit von der Realisierung entfernt zu sein scheinen. Die Umsetzung der Ideen kommt aber erst in den nächsten Schritten dran. Im Moment geht es darum, die faszinierendsten und spannendsten Ideen auszuwählen, die Ihr vielleicht noch gar nicht versteht, wo Ihr euch fragt, was denn da überhaupt dahintersteckt. Aus denen kann später am meisten Gehalt gezogen werden.«

– Auswahl durch Kleingruppen

❒ Sollen die faszinierenden Ideen ohne Punkten herausgesucht werden, also durch eine direkte Auswahl der Teilnehmer, so lassen die Moderatoren die Auslese in Kleingruppen durchführen. Damit machen sie sich ein Phänomen zunutze, das als »Risikoschub« bezeichnet wird: Gruppen tendieren dazu, riskantere Entscheidungen zu treffen als einzelne Menschen.
Praktisch sinnvoll sind hier Dreier- oder Zweiergruppen. Bei größeren Gruppen reduziert sich die Zahl der Kleingruppen insgesamt (z.B. bei 20 Teilnehmern sieben Dreiergruppen gegenüber vier Fünfergruppen). Das ist insofern unerwünscht, als in Gruppen auch ein »konservativer Schub« möglich ist. Er tritt zwar seltener auf als der Risikoschub, aber die Gefahr

besteht, und bei wenigen Gruppen fällt eine konservative Entscheidung stärker ins Gewicht.
Die Dreiergruppe nutzt den Risikoschub und verteilt die Auswahl auf mehrere unabhängige Einheiten, so daß eine hohe Wahrscheinlichkeit besteht, daß die faszinierendsten Ideen erfaßt werden. Pro Gruppe können zwei bis drei Punkte ausgewählt werden.
Bei einer Paargruppe ist zwar die Wirkung des Risikoschubs fragwürdig, aber ihre Mitglieder können sich gegenseitig im Hinblick auf die vorgegebene Norm »Faszinierendes« überwachen. Zudem wird eine noch breitere Vielfalt als mit Dreiergruppen erreicht (zehn gegenüber sieben bei 20 Teilnehmern), so daß auch hier die interessanten Ansätze wahrscheinlich erfaßt werden. Ausgesucht werden pro Paar ein bis zwei Stichpunkte.

4.3.3 Beispiele

Die beiden folgenden Abläufe sind Fortsetzungen der Beispiele aus der Kritikphase.

Halbtägige Werkstatt

1. Beispiel (Dauer ca. 45 Minuten bei 20 Teilnehmern)
- ❒ Einführung in die Phantasiephase durch die Moderatoren: worum geht es? – Regeln
- ❒ Phantasiereise auf einen Planeten, auf dem alle das Thema betreffende Probleme gelöst sind. Die Teilnehmer sehen sich die dortigen Lebewesen, ihre Umgebung und ihre Verhaltensweisen an.
- ❒ Brainstorming in Kleingruppen zu den vorher positiv gewendeten Kritiken, Mitschreiben auf A1-Blättern.
- ❒ Als nach knapp 15 Minuten der Ideenfluß nachläßt, geben die Moderatoren einen Tip der besuchten Außerirdischen weiter: die Teilnehmer könnten weiterkommen, wenn sie sich überlegten, was sie von einem Lederhandschuh lernen könnten.
- ❒ Die Ideensammlung wird auf dem Boden ausgelegt und die Teilnehmer sehen sich an, was die anderen Gruppen zusammengetragen haben. Wenn ihnen noch etwas dazu einfällt, schreiben sie ihre Ergänzungen auf A5-Blätter und legen sie dazu.
- ❒ Zweiergruppen schreiben jeweils eine faszinierende Idee heraus, sehen sich um, ob ein anderes Paar das gleiche oder etwas sehr ähnliches gewählt hat und legen evtl. ihre Punkte zusammen.

Kommentar

Die Phantasiereise auf den anderen Planeten und das daraus entstehende Brainstorming können gut angewendet werden, wenn die Gruppe die Methode der Zukunftswerkstatt schon kennt oder vom Thema nicht besonders stark betroffen ist. Problematisch ist dieses Vorgehen in einer Gruppe mit hoher Betroffenheit und hohem Handlungsdruck, v.a. in einer so kurzen Werkstatt. Die Teilnehmer könnten leicht den Eindruck bekommen, daß sie bzw. ihr Problem nicht ernst genommen werden.

Andererseits stellt sich die Frage, ob eine Kurzwerkstatt bei hohem Handlungsdruck überhaupt sinnvoll ist.

Wochenend-werkstatt

2. Beispiel (Dauer ca. dreieinhalb bis vier Stunden)

- ❐ Einführung in die Phantasiephase durch die Moderatoren: worum geht es? – Regeln
- ❐ Vor den Problemdarstellungen, die in der Kritikphase ausgearbeitet wurden, bilden sich Kleingruppen, indem sich die Teilnehmer nach Interesse dazustellen. Die Kleingruppen malen die umgedrehte Kritik, also den Zustand, wie er sein sollte.
- ❐ Die Bilder werden mit der »Galerie« ausgewertet (s.S. 150).
- ❐ Jeder Teilnehmer erhält drei Klebepunkte, mit denen er die faszinierendsten Ideen kennzeichnen soll, ohne zu häufeln. Die Stichpunkte, die zu dem eigenen Bild entstanden sind, dürfen dabei nicht bewertet werden.
- ❐ Die alten Kleingruppen gehen wieder zusammen und suchen sich die fünf interessantesten Stichpunkte, die um ihr Bild hängen. Die Gewichtungen stellen dabei Empfehlungen der anderen dar.
- ❐ Aus den gewählten Stichpunkten entwerfen die Kleingruppen fünf- bis zehnminütige Theaterstücke.
- ❐ Die Szenen werden im Plenum vorgespielt. Die in ihnen enthaltenen Ideen werden danach auf Zuruf auf A4-Blättern festgehalten und abschließend von den Darstellern ergänzt.
- ❐ Die herausgearbeiteten Stichpunkte werden nach dem gleichen Muster wie vorher bepunktet.
- ❐ Alle Blätter, die mindestens zwei oder drei Punkte erhalten haben, auch die zu den Bildern gesammelten, werden zusammengetragen und nach inhaltlicher Zusammengehörigkeit sortiert. Durch die Auslese soll die Menge der in der Realisierungsphase zu verarbeitenden Stichpunkte auf etwa 30 bis 40 gesenkt werden. Es können aber auch niedriger bepunktete Ideen übernommen werden, wenn sie einzelnen Teilnehmern wichtig sind.

❒ In Zweiergruppen werden Oberbegriffe für die entstandenen Cluster gesucht und auf A2- oder A3-Blätter geschrieben.

Kommentar

Gegenüber den verbal orientierten Methoden in der Kritikphase wird hier das spielerische Element mit nonverbalen Methoden betont. Dadurch wird verhältnismäßig langes konzentriertes Arbeiten möglich.

4.4 Die Realisierungs- oder Verwirklichungsphase

Bedeutung

Die Realisierungsphase ist entscheidend für Erfolg oder Mißerfolg der Zukunftswerkstatt. Gelingt der Abschnitt, so entsteht ein Zukunftsentwurf, scheitert er, wird die Werkstatt im Nachhinein leicht als nette, aber inhaltlich nicht besonders sinnvolle Spielerei erlebt.

Ziele

Auf der Basis der Kritik- und der Phantasieergebnisse wird das Gesamtergebnis der Werkstatt erarbeitet. Die Art des Resultats hängt dabei von der Aufgabenstellung und der Absicht der Teilnehmer ab, die sich möglicherweise während der Veranstaltung erst entwickelt bzw. sich in deren Verlauf verändert. Im Grunde gibt es drei Ergebnisformen:

– Erkenntnisse sichern

❒ Erkenntnisse und ihre Folgen werden herausgearbeitet. Das ist ein typischer Abschluß für Werkstätten zur Durchdringung eines Themas ohne direkten Handlungsbezug. Beispielsweise könnten in einer Zukunftswerkstatt zum Thema »Beziehungen« die Teilnehmer neue Perspektiven und Orientierungen für ihr eigenes Verhalten gewinnen.

– Forderungen aufstellen

❒ Forderungen werden aufgestellt. Verhaltenserwartungen an andere werden formuliert und begründet, z.B. an den Stadtrat oder die Betriebsleitung.

– Projekte erarbeiten

❒ Projekte werden erarbeitet und mehr oder weniger genau in ihrer Umsetzung geplant. Die Gruppe setzt sich ein Ziel, das sie durch eigene Arbeit erreichen möchte. Dabei kann es um Inhalte gehen, die weitgehend innerhalb der eigenen Handlungsmöglichkeiten liegen (z.B. Eröffnung eines Naturkostladens), es kann aber auch die Durchsetzung gegenüber anderen Interessengruppen dazukommen (z.B. massive Verkehrsberuhigung im Stadtteil). Die Grenze zum Aufstellen von Forderungen ist fließend.

In der Verwirklichungsphase ist eine realistische Zielformulierung und die Planung der Umsetzung notwendig. Sie entspricht insofern weitgehend der Themenbearbeitung und Maßnahmenplanung in der Moderationsmethode. Ebenso wie dort steht jetzt die rationale, sachliche Arbeit im Vordergrund.

Psychische Ausgangssituation

Die Spielregeln und die Verhaltensweisen der Moderatoren sind einerseits durch die Ziele der Werkstatt, andererseits durch eine besondere emotionale Verfassung der Teilnehmer bedingt. Sie neigen an dieser Stelle oft zu extremen Stimmungen, zu Euphorie oder Resignation. Das kann zu einer völligen Über- oder Unterschätzung der eigenen Möglichkeiten führen und muß daher berücksichtigt werden. Die Ursachen dieser Verfassung liegen im Erlebnisablauf der Veranstaltung:

- In der bisherigen Werkstatt wurde kein Wert auf eine ausgeglichene Stimmung gelegt. Es wurden im Gegenteil sowohl in der Kritik-, als auch in der Phantasiephase Emotionen genutzt, um bestimmte inhaltliche und gruppendynamische Effekte zu erzielen. Latent bleiben diese Stimmungen vorhanden: die Bedrücktheit, wenn sich in der Kritikphase ein Berg von Problemen häuft, die gleichzeitige kathartische Wirkung des gemeinsamen »Motzens«, später die spielerisch gelöste bis euphorische Atmosphäre in der Utopiephase. Es passiert leicht, daß sich die Teilnehmer vor einer schwierigen sachlichen Arbeit in diese Stimmungen zurückflüchten und entweder resignieren (nach dem Motto: »Es geht halt nicht, daher brauch' ich mich auch gar nicht bemühen«) oder im spielerischen Träumen haften bleiben und irreale, überzogene Zielvorstellungen entwickeln, die aufgrund ihrer Unerfüllbarkeit später zu Resignation führen.
- Die Gefahr überoptimistischer bzw. resignativer Stimmungen wird verstärkt durch den Kontrast zwischen den Höhenflügen der Phantasiephase und der in der Realisierungsphase geforderten Sachlichkeit. Die Versuchung, in den Wolken zu bleiben statt auf den Boden zurückzukommen, ist groß. Ebenso kann der Sturz zu hart ausfallen, so daß lediglich der Schmerz über das nicht Erfüllbare bleibt.
- Der im bisherigen Verlauf entstandene Gruppenzusammenhalt kann zur Vernachlässigung der kritischen Prüfung von Vorschlägen führen. Man will das angenehme Gefühl in der Gruppe nicht durch »unwichtiges« Überdenken, etwa von Umsetzungsmöglichkeiten, gefährden.
- Zu berücksichtigen ist auch, daß die Teilnehmer schon eine lange und anstrengende Arbeitszeit hinter sich haben. Je nach dem bisherigen Verlauf der Werkstatt kann Erschöpfung zu emotionaler Labilität beitragen.
- Schließlich kann der Realismusdrang, der im Übergang von der Phantasiephase schon angesprochen wurde, zu einer Unterschätzung der eigenen Möglichkeiten beitragen.

Moderatoren

Die Möglichkeit des Auftretens dieser Schwierigkeiten müssen die Moderatoren in der Realisierungsphase berücksichtigen. Sie können die Gefahren ansprechen, einerseits allgemein zu Beginn der Phase, andererseits situativ, wenn sie den Eindruck haben, daß es notwendig wird. Sie wählen die Methoden so aus, daß eine möglichst »weiche Landung« stattfindet, wobei sie zugleich in ihrer Anwendung äußerst konsequent sind, um einen klaren Leitfaden für die Teilnehmer zu geben. Sie achten auf konkretes Arbeiten und klären schwammige, nichtssagende Formulierungen, die durch ihre breiten Interpretationsmöglichkeiten Selbstüberschätzung ebenso wie Resignation Tür und Tor öffnen. Sie achten besonders darauf, daß keine Killerphrasen auftreten, und sie ermutigen die phantasievolle Suche nach Lösungsmöglichkeiten, so daß nicht vorschnell Ziele verworfen werden, die realisierbar wären.

Spielregeln

Die Spielregeln, die den Gruppenprozeß in diesem Abschnitt unterstützen, sind hochgradig von der Situation abhängig. Oft sind die folgenden Maximen sinnvoll:

- »Am Thema arbeiten« ist nicht so selbstverständlich wie es scheint. Der enge Themenbezug war in der Phantasiephase nur ein »Soll«, jetzt ist er wieder ein »Muß«, da es ja um Problemlösungen hinsichtlich des Themas geht.
- »Praktisch und konkret werden« ist ebenfalls vor dem Hintergrund der vorhergehenden Phantasiephase gesondert zu erwähnen. Dies gilt insbesondere in Gruppen mit einem geringen Grad an Betroffenheit; bei ihnen ist die Versuchung groß, einfach »weiterzuspielen«.
- »Keine Killerphrasen« ist zwar schon bekannt, kann aber gut in Verbindung mit der Resignationsgefahr noch einmal erwähnt werden.

4.4.1 Ablauf

Der Ablauf der Realisierungsphase ist durch ihre Ausgangsbedingungen und ihre Ziele bestimmt. Als Grundlagen stehen die Themenformulierung der gesamten Werkstatt sowie die Ergebnisse der Kritik- und der Phantasiephase zur Verfügung. Als Resultat der Veranstaltung können die Ergebnisse gesichert, Forderungen an andere aufgestellt oder Projekte zur eigenen Umsetzung entworfen werden.

Die Art der gewünschten Endergebnisse ergibt sich oft erst während der Werkstatt bzw. in der Verwirklichungsphase. Aus zunächst unverbindlichen Werkstätten können Projekte entstehen, wenn die Teilnehmer merken, daß sich Handlungsmöglichkeiten und -notwendigkeiten ergeben.

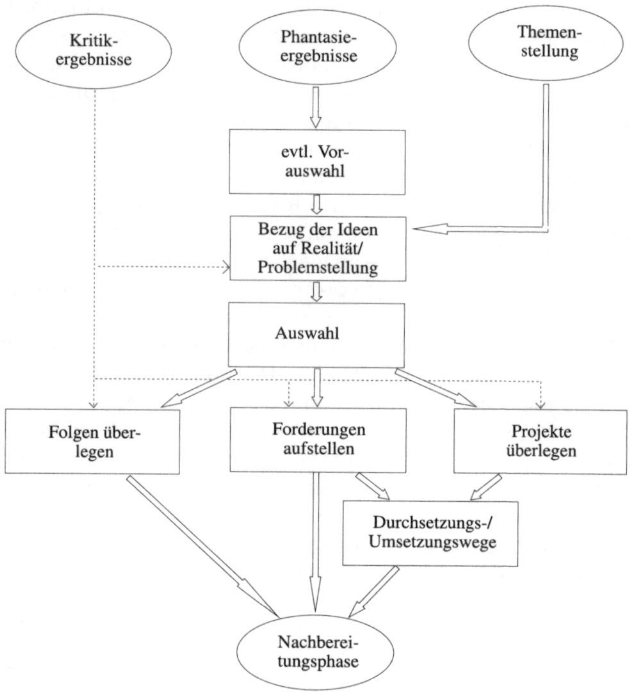

Phantasie-ergebnisse, Vorauswahl

Die zunächst wichtigste Arbeitsgrundlage sind die Ergebnisse der Utopiephase, in denen ja die angestrebten Idealzustände enthalten sind. Wenn möglich werden sie komplett in die Realisierungsphase übernommen. Wenn jedoch ganze Cluster das Resultat der Phantasiephase sind und die Zeit knapp ist, kann eine Vorauswahl getroffen werden, wobei nicht die Realisierbarkeit, sondern das Interesse, die Wichtigkeit oder Dringlichkeit der Ideen als Kriterium verwendet wird, je nach den Anforderungen der Situation.

Bezug auf Realität/ Problemstellung

Der Bezug der Ideen auf die Realität bzw. die Problemstellung ist eine Besonderheit der Zukunftswerkstatt. Notwendig wird dieser Schritt durch die phantastische Art der Ergebnisse der Utopiephase: Was macht man in einer Zukunftswerkstatt zur Gestaltung der eigenen Straße mit dem Stichwort »Regenbogenstraße«?

Um den Bezug zur Problemstellung herzustellen, werden die Phantasieergebnisse auf ihre Bedeutung hinsichtlich des Themas der Werkstatt untersucht. In einem zweiten Schritt kann auch die Verbindung zu den Ergebnissen der Kritikphase hergestellt werden, um zu überprüfen, inwieweit die jetzt gefundenen Ziele und Ansätze noch mit den ursprünglich herausgearbeiteten Problemen verbunden sind.

Der Vorrang der Verknüpfung mit der Themenstellung ergibt sich daraus, daß sich die Gewichte, die einzelnen Aspekten der Situation zugemessen werden, im Laufe der Werkstatt verschieben können. Dürften die Teilnehmer nur im Hinblick auf die Kritikergebnisse arbeiten, so würde ihr Spielraum unnötig eingeschränkt und die Entwicklung der Werkstatt vernachlässigt.

Auswahl

Aus den herausgefilterten Zielsetzungen wird wiederum eine Auswahl für die vertiefende Behandlung getroffen. Die Auslesekriterien hängen dabei von dem beabsichtigten Ergebnis ab. Für das Herausarbeiten von Ergebnissen der Zukunftswerkstatt könnte nach den interessantesten Perspektiven gefragt werden, bei der Aufstellung von Forderungen nach den wichtigsten und/oder dringlichsten Punkten. Beim Entwerfen von Projekten könnte im Vordergrund stehen, was die Teilnehmer in Angriff nehmen möchten.

Ergebnisorientierung

Im letzten Schritt der Realisierungsphase geht es darum, aus den ausgewählten konkretisierten Ideen Ergebnisse zu erarbeiten, deren Art je nach Werkstatt verschieden ausfällt (s.S. 163). In diesem Abschnitt zeigen sich sehr hohe Ähnlichkeiten zur Moderationsmethode. Insofern sind Methoden und Planung weitgehend übertragbar.

4.4.2 Methoden und Planung

Da Methoden und Planung weitgehend aus der Moderationsmethode übernommen werden können, werden hier nur wenige neue Verfahren vorgestellt. Eine Ausnahme bildet der Bezug der Phantasieergebnisse auf die Realität. Dieses spezifische Problem der Zukunftswerkstatt wird ausführlicher behandelt.

Im Abschnitt über die Ergebnisorientierung wird zusätzlich zur Methodendarstellung auf die Planung eingegangen.

Vorauswahl	möglichst wenig aussortieren
Realitätsbezug herstellen	Übersetzungen, Näherungen
	Kleingruppenarbeit
Gewichtung/ Auswahl	Gewichtung im Plenum, Auswahl durch Umsetzende
	PMI-Schema
Ergebnisorientierung	Brief an sich selbst
	Formulierung von Forderungen
	Netz, Vier-Felder-Tafel, Tätigkeitskatalog s. Moderationsmethode
	Dreieck

Vorauswahl

Die Methoden und die Kriterien, die zur Auswahl von Teilen zur Weiterbearbeitung angewendet werden können, sind bekannt (s.S. 166). Zu beachten sind aber zwei Punkte.

Erstens geht es bei der Vorauswahl darum, ein Ideenfeld einzuschränken, das in der zur Verfügung stehenden Zeit nicht bewältigt werden kann. Sie ist nur nötig, wenn Cluster aus der Phantasiephase übernommen werden, und sie sollte auch dann nur durchgeführt werden, wenn sie absolut unerläßlich ist. Vorher wurden schließlich, vielleicht stundenlang, Idealvorstellungen entworfen. Müssen sie jetzt auf wenige Gedanken reduziert werden, so stellt das eine enorme Einschränkung dar, die von den Teilnehmern auch so empfunden wird.

Als zweiter Punkt ist bei der Vorauswahl zu beachten, daß sie im Plenum durchgeführt wird. Alle sind von den Einschränkungen betroffen, daher müssen alle darüber entscheiden.

Realitätsbezug herstellen

Absicht und Vorgehen

Die Verbindung der Ergebnisse der Phantasiephase mit der Realität ist das wesentliche Merkmal, das die Zukunftswerkstatt in der Verwirklichungsphase von der Moderationsmethode unterscheidet. Das Ergebnis des Schrittes sollen greifbare, wenn auch noch nicht exakt ausformulierte Ziele darstellen, auf deren Basis dann z.B. Projekte zur Problemlösung entworfen werden können. Grob ausgedrückt werden dabei die Wunschvorstellungen auf ihre Bedeutung hinsichtlich der Themenstellung der Werkstatt abgeklopft, u.U. auch hinsichtlich der in der Kritikphase erfolgten Problemdefinition. Zugleich wird untersucht, inwieweit es schon Ansätze in der Realität gibt, in denen Teile der Vorstellungen verwirklicht sind. Diese Ansätze können einerseits für die Konkretisierung hilfreich sein, andererseits bereits Hinweise auf Umsetzungsmöglichkeiten geben. Noch nicht gesucht wird allerdings nach der Realisierung im konkreten Fall.

Art der Ideen

Die übernommenen Ideen können in drei Kategorien unterteilt werden, wobei die Grenzen in der Praxis natürlich fließend sind. Diesen Kategorien können zwei Verfahren der Übertragung zugeschrieben werden:

Kategorie	Beispiel	Frageart	Fragebeispiel
Konkret	»Grünflächen, die in die Straße ragen«	Näherung; Ziel: Beispiele und Ansätze dafür in der Realität finden, evtl. auch aus ganz anderen Bereichen	»Könnt Ihr Beispiele sagen, wo das schon umgesetzt ist?«
Als Ziel weitgehend verständlich	»Kettensäge für falsch parkende Autos«		»Wo gibt's das schon, massive Maßnahmen gegen Falschparker?«
Faszinierend, aber inhaltlich unklar	»Regenbogenstraße«	Übersetzung; Ziel: Interpretation des Stichpunktes	»Was steckt (in Bezug auf …) hinter diesem Gedanken einer ›Regenbogenstraße‹?«

Die zwei Verfahren, Näherung und Übersetzung (nach Müllert/Kuhnt o.J., S.53f.), werden im folgenden genauer dargestellt. Zeitlich gesehen stehen in einer Moderation die Übersetzungen vor den Näherungen, da Näherungen erst auf der Basis der bereits übersetzten Ideen gefunden werden können.

Ist in einer sehr kurzen Werkstatt nicht genug Zeit, beide Verfahren anzuwenden, so werden oft nur Näherungen gesucht. Man verläßt sich dann darauf, daß Beispiele die unklaren Punkte ausreichend umschreiben können.

1. Übersetzungen

Suche nach Bedeutungen

Gerade wenn aus der Utopiephase nur wenige Ideen in die Realisierungsphase mitgenommen werden können, sind die Ideen wichtig, die die Teilnehmer vielleicht selbst noch nicht verstehen, die aber eine große Faszination ausüben. Diese Gedanken stellen oft Bilder dar, in denen wesentliche Zielvorstellungen enthalten sind. Daher wird auf ihre Interpretation besonderer Wert gelegt.

Teilbar, aber mehr als die Summe der Teile

Wenn man nachfragt, was sich im Hinblick auf die Gestaltung einer Straße hinter dem Begriff »Regenbogenstraße« verbirgt, könnten als Stichpunkte z.B. genannt werden: »farbenfroh«, »Regenbogen als Zeichen des Friedens, also gute Nachbarschaft«, »vielfarbig, d.h. verschiedene Kulturen leben neben- und miteinander«. Das Schlagwort »Regenbogenstraße« kann also gedeutet und mit Inhalt gefüllt werden. Dabei bleibt es aber selbst erhalten, d.h. es enthält immer noch ein bißchen mehr als das Herausinterpretierte, behält seine Wirkung als Symbol für einen gewünschten Zustand oder Prozeß. Es kann das Motto einer Aktion, eines Projekts abgeben.

2. Näherungen

Suche nach Ansätzen

»Näherungen« sind im Sinne von Annäherung an die Umsetzung zu verstehen. Zu zumindest im Grunde verständlichen Stichpunkten werden Beispiele gesucht, in denen diese Wünsche schon – ansatzweise – realisiert sind. Im Fall der »Grünflächen« oder auch des rabiaten Vorgehens gegen Falschparker können Vorbilder genannt werden, die einzelnen Gruppenmitgliedern bekannt sind: die Straßenanlage in der Nachbargemeinde oder das reichliche Verwenden von Radklammern in einer Stadt in den Niederlanden. Bei Gedanken, bei denen nicht so einfach auf schon Realisiertes zurückgegriffen werden kann, können Analogien aus anderen Gebieten gesucht werden. Man könnte z.B. nach Vorbildern aus dem Tierreich suchen.

Moderatoren

Bei den Punkten, die nicht konkret, aber als Ziel verständlich sind, können die Moderatoren in ihrer Frage an die Gruppe Umformulierungen vornehmen, die die Absicht des Gedankens ausdrücken (s. Beispiel). Es muß also nicht immer die Gruppe gefragt werden, wie die Idee gemeint sein könnte. Allerdings muß darauf geachtet werden, daß die Moderatoren nicht zuviel interpretieren; der Übergang der verständlichen zu den inhaltlich unklaren Aussagen ist fließend. Im Zweifelsfall wird die Formulierung der Teilnehmer wörtlich wiederholt und dann nach Beispielen gefragt, so daß die Interpretation zusammen mit der Konkretisierung geschieht. Übersetzungen sollten nicht zu schnell eingesetzt werden. Sie werden leicht flach und nichtssagend, wenn der zugrundeliegende Gedanke noch zu klar ist.

Visualisierung

Die Visualisierung der Näherungen und Übersetzungen geschieht meistens auf A1-Blättern, die zu den entsprechenden Clustern bzw. Ideen gelegt werden. Sie bleiben auch weiter mit den Gedanken verbunden, aus denen heraus sie entwickelt wurden, d.h. die gefundenen Ansätze werden nicht etwa nochmals sortiert und ausgewählt. Im Zentrum der Arbeit stehen die Gedanken, die aus der Phantasiephase übernommen wurden, nicht ihre Konkretisierungen. Diese sind nur erste Ansätze für Mittel, mit denen die entwickelten Ziele realisiert werden können.

Realitätsbezug im Plenum

Übersetzungen und Näherungen werden grundsätzlich im Plenum vorgenommen. Es gibt mehrere Gründe dafür, nicht die Zeitersparnis der Kleingruppenarbeit zu nutzen:

- das Finden von Ansätzen bzw. Beispielen zur Realisierung macht Mut und bietet Anregungen für die Weiterarbeit;
- im Hinblick auf notwendige Entscheidungen, was umgesetzt werden soll, wird eine gemeinsame Ausgangsbasis hergestellt;
- um die Beispiele zu finden ist oft das Wissen aller Teilnehmer nötig;
- die Moderatoren können in einer kritischen Gruppensituation (s.S. 164) die Stimmung in der Gruppe erleben und evtl. eingreifen.

Moderatoren

Die Moderatoren achten in diesem Abschnitt darauf, sich sehr konsequent zu verhalten, d.h. sie fragen bei den Näherungen so lange nach, bis tatsächlich konkrete Beispiele genannt werden und verweigern die Annahme von Schlagworten. Einerseits brauchen die Teilnehmer in dem Erleben der für sie ungewohnten Methoden eine klare Orientierung darüber, was von ihnen erwartet wird, andererseits unterstützt die Festigkeit des Moderatorenverhaltens die spätere Arbeit an der konkreten Umsetzung. Unklarheit an dieser Stelle würde dem Hängenbleiben der Teilnehmer in den Wolken der Phantasie zumindest nicht entgegensteuern. Wichtig ist als Hintergrund für dieses Moderatorenverhalten allerdings, daß vorher erklärt wird, wann welche Fragen mit welcher Absicht gestellt werden. Konsequentes Verhalten kann hier leicht als unangenehm autoritär erlebt werden, wenn die Absicht der Verfahrensweisen nicht nachvollzogen werden kann.

Zeitbedarf: ca. 2 bis 3 Minuten pro Stichpunkt.

Kleingruppenarbeit

Alternativ zu dem relativ zeitaufwendigen Verfahren der Übersetzungen und Näherungen können Ideen auch direkt von Kleingruppen untersucht werden. Dazu können sie sich etwa aus einem Cluster die Gedanken aussuchen, die sie für bedeutsam halten, und sie mit Hilfe eines vorgegebenen Schemas bearbeiten.

Ideen	Realisierungs-möglichkeiten	vorhandene Ansätze

Pro/contra

Dieser Ansatz hat zwei Vorteile gegenüber dem vorher beschriebenen Vorgehen im Plenum. Er ist schneller, und die Kleingruppe arbeitet sich von Anfang an in ein Thema ein, das sie später fortsetzen kann.

Dem stehen allerdings Nachteile gegenüber. Erstens sind in Kleingruppen oft einfach nicht genug Ressourcen gegeben, um die Ideen auf Realisierungsmöglichkeiten untersuchen zu können. Das Wissen um schon vorhandene Ansätze ist geringer als in der Plenumsrunde. Zweitens werden Ideen möglicherweise vorschnell verworfen. Sie erscheinen unrealistisch, also müht man sich erst gar nicht mit ihnen ab. Die »Regenbogenstraße« ginge hier wahrscheinlich unter. Die Moderatoren können das nicht verhindern, da sie bei Kleingruppenarbeit keine Eingriffsmöglichkeiten haben. Sie können also weder unangebrachter Euphorie noch übertriebenem Realismus entgegenwirken. Die Kleingruppen sind auf sich gestellt.

Gewichten, Auswählen

Gewichtung Plenum, Auswahl Arbeitsgruppe

Die Gewichtung der Ansätze, die jetzt vertieft werden sollen, erfolgt im Plenum (Kriterien s.S. 167), ihre endgültige Auswahl normalerweise jedoch über Kleingruppenbildung. Im Plenum soll zunächst gemeinsam eine Orientierung über das Wesentliche hergestellt werden. Für die konkrete Arbeit, gerade wenn es später um die Umsetzung von Ergebnissen gehen soll, ist aber hohes Engagement der Beteiligten nötig, d.h. sie müssen sich ohne

Vorschriften durch die Gesamtgruppe selbst heraussuchen können, was sie interessiert.

Auswahlmöglichkeiten nach Werkstattziel

Methodisch gesehen ergeben sich daraus leichte Unterschiede je nach dem weiteren Vorgehen in der Werkstatt. Steht an dieser Stelle schon fest, daß das Werkstattziel darin besteht, Folgen herauszuarbeiten oder Forderungen zu formulieren, ohne sich für deren Durchsetzung zu engagieren, so kann die Gewichtung der Ideen durch das Plenum als Vorgabe angesehen werden. Die Auswahlmöglichkeiten für die Kleingruppen beschränken sich dann tatsächlich auf die höchstbepunkteten Ansätze. Besteht dagegen zumindest die Möglichkeit, daß die Teilnehmer sich später für die Verwirklichung ihrer Gedanken einsetzen werden, so wird mehr Spielraum für ihre Auswahl gelassen.

Als Beispiel: Bei zwanzig Teilnehmern und zehn Ideen bzw. Clustern ergibt das Punkten die folgende Verteilung: 14, 12, 12, 10, 9, 7, 7, 4, 3, 2. Sollen jetzt ausschließlich Forderungen aufgestellt werden, so kann die Kleingruppenbildung auf die ersten fünf Ansätze beschränkt werden, also bis einschließlich des Gedankens, der neun Punkte bekam. Ist das Ergebnis aber noch offen, so werden lediglich die drei letzten Ideen ausgeklammert (vier Punkte und weniger), so daß sich eine breitere Palette an Arbeitsmöglichkeiten ergibt.

Genauere Überprüfung

In die Auswahl kann auch die genauere Betrachtung einiger Ansätze einbezogen werden. So können etwa nach der Gewichtung die Ideen nochmals überprüft werden, die in die engere Auswahl gekommen sind, so daß in der weiteren Arbeit nur die vielversprechendsten behandelt werden.

PMI-Schema

Für diese Überprüfung kann das PMI-Schema verwendet werden, eine Form der Vier-Felder-Tafel.

Vorschlag		
Plus	Minus	Interessant
Zusammenfassende Bewertung, Ausblick		

In die Spalten »Plus«, »Minus« und »Interessant« werden in Kleingruppenarbeit Folgen eingetragen, die auftreten könnten, wenn eine Idee umgesetzt würde:

- Plus: erwünschte Folgen;
- Minus: unerwünschte Folgen und unbeabsichtigte Nebenwirkungen;
- Interessant: Wirkungen, bei denen nicht klar ist, wie sie zu bewerten sind, außerdem interessante Aspekte und Fragen, die in der Kleingruppenarbeit aufgeworfen werden.

Die Kategorie »Zusammenfassende Bewertung, Ausblick«, die auch weggelassen werden kann, dient zu einem Resümee und zu Verbesserungsvorschlägen.

Ergebnisorientierung

In diesem Abschnitt werden die Früchte der vorhergegangenen Arbeit geerntet: das Ergebnis der Werkstatt entsteht. Da verschiedene Arten von Ergebnissen möglich sind, ist die Planung dieses Schrittes stark situationsabhängig.

Die Ähnlichkeiten zur Vorgehensweise in der Moderationsmethode sind an dieser Stelle sehr hoch. Insofern können auch die in der Moderationsmethode vorgestellten Instrumente übernommen werden, z.B. das Netz, die Vier-Felder-Tafel und der Tätigkeitskatalog. Hier werden nur noch wenige neue Verfahren vorgestellt.

1. Werkstätten zur Durchdringung eines Themas: Folgen überlegen

Ziele

Geht es in einer Zukunftswerkstatt nicht um die Planung von Handlungsmöglichkeiten, sondern »nur« um das Durchdringen eines Themas auf eine ungewöhnliche Art, so wird an dieser Stelle versucht, die Erkenntnisse bzw. Folgen aus der Kritik- und der Phantasiephase herauszuarbeiten. Leitfragen könnten etwa sein:

- Was ist neu an unseren Ideen?
- Welche neuen Perspektiven können gewonnen werden?
- Welche Bedeutung könnten die bisherigen Ergebnisse für ... haben?
- In welcher Richtung könnten wir jetzt weiterarbeiten?
- Was nehme ich persönlich mit?

Methoden

Methodisch gesehen kann auf das Instrumentarium der Moderationsmethode zurückgegriffen werden. Beispielsweise können auf einer Liste neue Perspektiven festgehalten, mit einem Netz Facetten einer Fragestellung und deren Zusammenhänge dargestellt oder in einer Vier-Felder-Tafel alte und neue Ansichten sowie die Konsequenzen aus diesem Wandel präsentiert werden.

– Brief an sich selbst

Wenn die Teilnehmer aus der Werkstatt persönliche Erkenntnisse ziehen wollen, z.B. beim Thema »Beziehungen«, kann jeder seine eigenen Konsequenzen am Schluß schriftlich festhalten. Eine Möglichkeit dazu ist ein Brief an sich selbst, in dem unter Bezug auf die Vergangenheit Verhaltenserwartungen für die Zukunft formuliert werden, evtl. mit genauen Festlegungen, was bis wann zu tun ist.

Eine weniger aufwendige Alternative ist, daß sich jeder Teilnehmer in fünf Minuten das Wichtigste aufschreibt, das er aus der Werkstatt mitnimmt. Um dabei die Anonymität konsequent zu wahren und zu vermeiden, daß einzelne demonstrativ nichts aufschreiben (»Bei mir klappt ohnehin schon alles«), kann der Hinweis eingeflochten werden, daß sowohl inhaltliche Ergebnisse, als auch erlebte Methoden notiert werden können. Das wäre z.B. beim oben genannten Thema »Beziehungen« sinnvoll: man muß dann nicht unbedingt zugeben, daß man für den eigenen Umgang mit anderen noch einiges zu lernen hat. Selbstverständlich bleiben die Ergebnisse privat, werden den anderen nicht mehr vorgestellt.

Der Sinn des schriftlichen Festhaltens von Konsequenzen liegt darin, daß sie einerseits nicht vergessen werden und andererseits wahrscheinlicher umgesetzt werden. Das schlichte Aufschreiben bewirkt, psychologisch gesehen, einen höheren Verpflichtungsgrad. Es beinhaltet gewissermaßen den Sprung vom unverbindlichen »Das könnte ich mal probieren« zum »Das will ich tun«. Der Brief an sich selbst enthält dabei wegen der ausführlicheren Auseinandersetzung mit dem eigenen Verhalten eine etwas größere Verpflichtung als das Aufschreiben der wichtigsten persönlichen Erfahrungen.

2. Die Werkstatt mit Außenwirkung: Forderungen und Projekte

Unterschiede Forderungen/Projekte

Ist eine Werkstatt klar auf Wirkungen nach außen gerichtet, so werden in diesem Schritt Forderungen formuliert oder Projekte entworfen. Zwischen Forderungen und Projekten bestehen drei Unterschiede:

- Projekte werden von den Teilnehmern selbst umgesetzt. Forderungen beschreiben Zielzustände, die erreicht werden sollen. Sie können an bestimmte Adressaten (z.B. den Stadtrat) gerichtet sein, müssen aber nicht. Der Übergang ist fließend: Sollen Forderungen nicht nur aufgestellt, sondern auch verwirklicht werden, so muß man evtl. für ihre Durchsetzung arbeiten (eine Kampagne für die Verkehrsberuhigung im Stadtteil). Außerdem können Forderungen in Projekte übergehen, wenn die Teilnehmer die Umsetzung selbst in die Hand nehmen können und wollen (aus der Forderung nach Verkehrsberuhigung entsteht u.a. das Projekt, einen kleinen Tante-Emma-Laden aufzumachen, der von den Teilnehmern betreut wird, um den Einkaufsverkehr zu reduzieren).

- ❒ Bei Forderungen kann die Zukunftswerkstatt im Grunde enden, wenn sie formuliert, evtl. begründet und weitergegeben sind. Projekte dagegen erfordern Planung. In der Werkstatt sollten zumindest die Grundzüge ihrer Umsetzung entworfen werden. Auch geht die Veranstaltung bei ihnen in eine »permanente Werkstatt« über, d.h. die Teilnehmer arbeiten nach dem Ende der Veranstaltung weiter zusammen.
- ❒ Wenn die Forderungen ebenfalls durchgesetzt werden sollen, besteht dennoch ein Unterschied zu Projekten: bei der Durchsetzung von Forderungen kommt es im Normalfall in größerem Ausmaß auf die Berücksichtigung vorhandener Interessen- und Machtverhältnisse an.

Gemeinsamkeit

Gemeinsam ist Forderungen und Projekten in jedem Fall, daß exakte und konkrete Zielformulierungen ausgearbeitet werden müssen, so daß eine eindeutige gemeinsame Grundlage für die Umsetzung besteht.

Vorgehen

In vielen Werkstätten steht nicht von vorneherein fest, ob sich die Teilnehmer für die Umsetzung ihrer Ergebnisse engagieren wollen. Auch in der Realisierungsphase ist das noch nicht unbedingt abzusehen. Oft wird die Einsatzbereitschaft erst deutlich, wenn schon Handlungsmöglichkeiten sichtbar sind. Im Hinblick auf das Vorgehen ist es daher oft sinnvoll, erst einmal Forderungen aufstellen zu lassen, wobei die Adressaten unbestimmt bleiben können. Danach können die Teilnehmer immer noch entscheiden, ob und in welcher Form sie daran weiterarbeiten möchten. Sie können mit einer Begründung der Forderungen und der Ausarbeitung für einen bestimmten Adressaten fortsetzen, sie können Durchsetzungsschritte erarbeiten, oder sie können sich entschließen, ihre Forderungen selbst umzusetzen, also ein Projekt zu starten.

2.1 Formulierung von Forderungen

Kleingruppenarbeit

Forderungen werden normalerweise in Kleingruppen formuliert. Die Teilnehmer ordnen sich Clustern bzw. einzelnen Ideen zu, einigen sich dann in der Kleingruppe auf wesentliche Aspekte und formulieren diese in Forderungen aus. Abhängig von der

Situation kann es sinnvoll sein, je eine lang-, mittel- und kurzfristige Forderung festzuhalten. So bleibt einerseits der weitreichende Entwurf bestehen, andererseits ergeben sich Perspektiven, die schnelle und konkrete Handlungsmöglichkeiten bieten.

Wirkungen berücksichtigen

Ein Teil des Arbeitsauftrages an die Gruppe kann darin bestehen, sich über positive wie auch negative Folgen der Erfüllung der Forderungen klar zu werden. Damit soll zumindest ansatzweise der Gefahr entgegengewirkt werden, daß Ideen grundsätzlich als gut angesehen werden, ohne an ihre möglichen Auswirkungen zu denken.

Begründen

Eine etwas weitergehende Möglichkeit besteht darin, die Forderungen, nach der Rückkoppelung mit dem Plenum, ausführlich schriftlich zu begründen, so daß sie in dieser Form an ihre Adressaten gerichtet bzw. an die Öffentlichkeit gebracht werden können.

2.2 Entwurf von Durchsetzungs- bzw. Umsetzungswegen

Die Planung der Durchsetzung von Forderungen oder der Umsetzung von Projekten ist Aufgabe von Kleingruppen in Rückkoppelung mit dem Plenum. Durch- und Umsetzung werden hier gemeinsam besprochen, da sie sich in ihren Arbeitsschritten im Prinzip gleichen. Lediglich die Gewichtung einzelner Schritte ist, je nach Situation, unterschiedlich.

Die vier Schritte, die im folgenden vorgestellt werden, können in der Praxis nur in längeren Zukunftswerkstätten getrennt umgesetzt werden. Die Darstellung ist idealisiert. Ihr Sinn liegt darin, ein Schema zu präsentieren, anhand dessen je nach Werkstatt eingeschätzt werden kann, welche Teile zusammengefaßt, gekürzt oder auch weggelassen werden können und welche Folgen eine mögliche Kürzung hätte.

1. Situationsanalyse

Der erste Schritt besteht in der Analyse der real gegebenen Situation im Hinblick auf die Zielsetzungen, die in der Werkstatt formuliert wurden. Die negativen und positiven Aspekte der Situation, immer bezüglich der Zieldefinition, werden zusammengestellt, so daß ein möglichst klares und für die Teilnehmer einheitliches Bild der Ausgangslage entsteht, an der die später zu planenden Maßnahmen ansetzen müssen. Bei den negativen Aspekten kann überlegt werden, welche Vorteile sie für die Kritisierenden bieten (vgl. S. 137).

– Methoden

Geeignete Methoden für die Situationsanalyse sind z.B. das Netz oder die Vier-Felder-Tafel.

2. Analyse der Interessens- und Machtverhältnisse

Im zweiten Schritt wird die Situationsanalyse erweitert durch die Betrachtung der bestehenden Interessens- und Machtkonstellationen. Es geht darum, wer durch irgendein Interesse an der

Situation beteiligt ist, welche Beteiligten welche Interessen haben und wie in dieser Konstellation Macht verteilt ist. Dabei können als Beteiligte ebenso Individuen wie Organisationen genannt werden.

– Methoden

Als Hilfsmittel kann dazu etwa ein Dreieck verwendet werden:

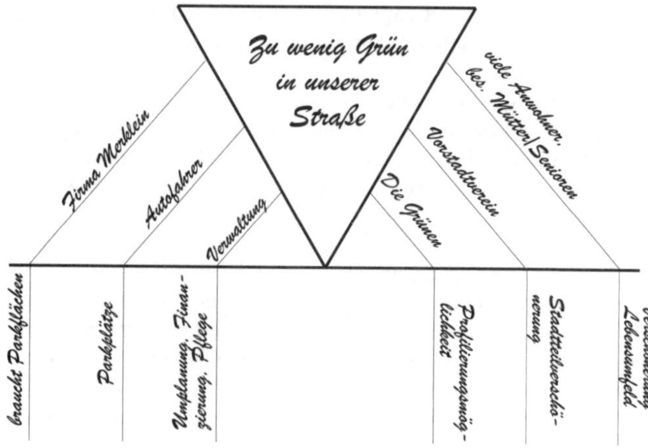

In diesem Bild wird die bestehende Situation als ein Dreieck dargestellt, das auf der Spitze steht und zu kippen droht. Auf beiden Seiten wird es von Interessengruppen gehalten. Manche versuchen, die Balance zu stören, indem sie das Dreieck auf ihre Seite ziehen, andere möchten den Status quo aufrechterhalten. Können die Kräfte der eigenen Seite verstärkt bzw. die der anderen geschwächt werden, so kann die Situation geändert werden.

Das Bild kann ergänzt werden durch die zusätzliche Beschreibung von Macht, die die einzelnen Beteiligten einsetzen oder einsetzen können. Außerdem kann es sinnvoll sein, unter dem Dreieck bisher indifferente Gruppierungen anzuführen, die für Änderungsversuche bedeutsam werden könnten. Es müssen ja nicht unbedingt bestehende Kräfte beeinflußt werden, ebensogut können neue hinzugefügt werden.

3. Wege zum Ziel erarbeiten

Ist die bestehende Situation ausreichend betrachtet, geht es im dritten Schritt um das Erarbeiten von Wegen zur Realisierung der eigenen Ziele. Dazu müssen drei Fragen geklärt werden:

- ❐ Wo bieten sich in der bestehenden Situation Ansatzpunkte zur Veränderung?
- ❐ Welche Zwischenziele müssen erreicht werden, um dem Ziel näherzukommen?

❒ Welche Mittel können eingesetzt werden, um die Zwischenziele zu erreichen?

Die Ansatzpunkte ergeben sich teilweise aus der Interessen- und Machtverteilung, teilweise können auch in bereits vorhandenen positiven Aspekten der Situation Möglichkeiten zur Weiterentwicklung gefunden werden. Von diesem Ausgangspunkt aus können dann Schritte geplant werden, die das Endziel näherbringen. Zwischenziele sind im Normalfall notwendig, weil sich selten alles auf einen Schlag erreichen läßt. Das Vorgehen muß sich also an einzelnen Schritten orientieren, die nicht zuletzt Erfolgskontrolle und Erfolgserlebnisse ermöglichen (vgl. auch S. 105). Im Idealfall werden dabei, ebenso wie bei den Mitteln zum Erreichen der Zwischenziele, mehrere Alternativen nebeneinandergestellt, um den praktikabelsten Weg auswählen zu können und dennoch bei Bedarf Ersatzlösungen parat zu haben. Bei der Suche nach Mitteln, mit denen Ziele erreicht werden sollen, geht es allerdings nicht nur um Alternativen, sondern auch um den gleichzeitigen Einsatz verschiedener Möglichkeiten: Um mehr Bäume in die Straße zu bekommen, kann man gleichzeitig den Vorstadtverein, das Gartenbauamt, einen Stadtrat aus der Gegend und die Zeitung um Unterstützung angehen.

– Methoden

Zur optischen Unterstützung dieses Arbeitssschrittes kann manchmal ein Zeitpfeil verwendet werden. Links wird die reale Situation angeschrieben, rechts die gewünschte, dazwischen die Zwischenschritte mit den dazugehörigen Mitteln:

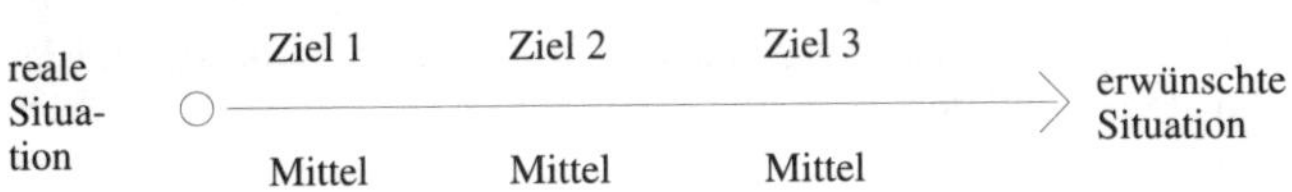

Meistens ist aber diese Form der Darstellung nicht sinnvoll. Es ist selten, daß die Schritte der Umsetzung zeitlich voneinander zu trennen sind und aufeinander aufbauen. Wenn etwa mehr Grün in eine Straße gebracht werden soll, können Anwohner dazu gebracht werden, sich mit der Situation in der Straße auseinanderzusetzen, Hinterhöfe zusammengelegt und begrünt, Parkplätze überflüssig gemacht bzw. platzsparend angeordnet, Teile der Straße in Grünflächen verwandelt werden usw. Die einzelnen Möglichkeiten bauen dabei nicht zwangsläufig aufeinander auf. Stattdessen stehen sie teilweise untereinander in Wechselwirkung, etwa das Zugehen auf andere Anwohner und die Verringerung des Parkplatzbedarfs.

Wollte man Darstellungsmethoden für die Beziehungen zwischen Teilzielen vorgeben, so müßten verhältnismäßig komplizierte Schemata gewählt werden. Normalerweise ist es daher besser, die Form der Präsentation den ausarbeitenden Kleingruppen zu überlassen.

4. Festlegen konkreter Schritte

Der letzte Schritt im Entwurf von Umsetzungswegen ist die Maßnahmenplanung, d.h. die genaue Festlegung von Tätigkeiten, die in Angriff genommen werden. Sie findet normalerweise im Plenum statt. In Kleingruppen werden Maßnahmen höchstens dann beschlossen, wenn sich die Teilnehmer schon vorher eindeutig auf bestimmte Interessensgebiete festgelegt haben, wenn also schon klar ist, daß A, B und C ein Straßenfest organisieren, während D, E und F die Bildung von Einkaufsgemeinschaften in die Hand nehmen.

– Methoden

Ebenso wie in der Moderationsmethode wird für die Maßnahmenfestlegung der Tätigkeitskatalog (s.S. 68) verwendet. Mit den Fragen »Was?« (wird getan), »Wer?« (tut es), »Bis wann?« (tut er es), evtl. »Mit wem?« (zusammen) und »An wen?« (wird über das Ergebnis berichtet) werden Verantwortlichkeiten und Zeitrahmen vereinbart.

Ein besonderer Übergang zur Nachbereitungsphase ist nicht notwendig.

4.4.3 Beispiele

Die Beispiele setzen an den schon in der Kritik- und Phantasiephase verwendeten an.

Halbtägige Werkstatt

1. Beispiel (Dauer ca. eineinviertel Stunden)

- ❐ Einführung in die Realisierungsphase durch die Moderatoren: worum geht es? – Regeln
- ❐ Zu den auf dem Boden liegenden Ideen werden kurz Übersetzungen und Näherungen gesammelt und auf A1-Blättern mitgeschrieben.
- ❐ Die Teilnehmer stellen sich zu den Ideen und Übersetzungen bzw. Näherungen, mit deren Realisierungsmöglichkeiten sie sich weiter beschäftigen möchten. Sie bilden auf diese Weise Kleingruppen.
- ❐ Die Kleingruppen greifen sich ein oder zwei interessante Aspekte ihrer Idee heraus, überlegen sich Verwirklichungsmöglichkeiten und stellen diese auf einem A1-Blatt dar.
- ❐ Die Ergebnisse werden im Plenum kurz vorgestellt und diskutiert.

- ❒ Nach den Präsentationen nimmt sich jeder Teilnehmer ein Blatt, setzt sich etwas getrennt von den anderen und schreibt sich das auf, was für ihn in der Veranstaltung wichtig oder bemerkenswert war, sei es inhaltlich oder methodisch.

Kommentar

Diese Realisierungsphase ist sehr knapp gehalten und dient, wie auch am Abschluß zu erkennen ist, nur dazu, den Teilnehmern beim Durchdringen einer Fragestellung (Beziehungen) Hilfestellung zu geben. In Kurzwerkstätten über einen halben Tag ist aber auch kaum mehr zu leisten.

Wochenendwerkstatt

2. Beispiel (Dauer ca. fünf Stunden ohne Pausen, Beginn nachmittags nach der Kaffeepause)

- ❒ Einführung in die Realisierungsphase durch die Moderatoren: worum geht es? – Regeln
- ❒ Zu den aus der Phantasiephase übernommenen Stichpunkten werden Übersetzungen und Näherungen gesucht.
- ❒ Die Cluster werden danach gewichtet, wie hoch das Interesse der Teilnehmer an einer weiteren Beschäftigung mit ihnen ist. Die Punktmenge wird entsprechend der Moderationsmethode bestimmt, da sich ein Bild der Gruppenmeinung ergeben, nicht eine Auslese getroffen werden soll (s.S. 56, 131).
- ❒ Durch Dazustellen bilden die Teilnehmer Kleingruppen, die sich damit beschäftigen, wie ihre Ideen verwirklicht werden könnten. Sie bekommen den Auftrag, ihre Ansätze möglichst genau auszugestalten und für die anderen darzustellen. Sie haben dafür den Rest des Abends beliebig Zeit.
- ❒ Pause über Nacht.
- ❒ Darstellung der von den Kleingruppen erarbeiteten Projekte, ausführliche Diskussionsmöglichkeiten im Plenum.

Kommentar

Bei der Kleingruppenbildung zum Entwerfen der Projekte wäre es auch möglich, die Teilnehmer regional zusammengehen und sie erst dann ihre gemeinsamen Interessen suchen zu lassen. Das wäre dann sinnvoll, wenn Handlungsorientierung im Vordergrund stünde, diejenigen, die nahe zusammen wohnten, hätten dann an ein und demselben Projekt gearbeitet. In jedem Fall ist, auch bei dem oben angegebenen Ablauf, in der Nachbereitungsphase Adressenaustausch wichtig. So können sich auch nachträglich noch Interessierte zusammenfinden, die einen Ansatz verwirklichen möchten.

Obwohl relativ viel Zeit zur Verfügung stand, wurde in dieser Realisierungsphase nur eine Kleingruppenphase geplant. Der lange Plenumsteil am Schluß diente dazu, den Teilnehmern nochmals Gelegenheit zu geben, sich in Bezug auf das Thema besser kennenzulernen und evtl. Interessengemeinschaften für Umsetzungsversuche zu finden. Das relativ offene Diskutieren-lassen bietet dafür andere Gelegenheiten als der klar strukturierte Ablauf der vorhergehenden Phasen.

4.5 Die Nachbereitungsphase

Zur Nachbereitungsphase gehören der Abschluß der Veranstaltung, die organisatorische Nachbereitung, das Erstellen eines Protokolls und evtl. die Umsetzung der Ergebnisse der Werkstatt.

Abschluß und Organisatorisches

Für den Abschluß der Veranstaltung gilt im Prinzip das gleiche wie in der Moderationsmethode (s.S. 68). Daher wird er hier ebensowenig weiter besprochen, wie die organisatorischen »Aufräumarbeiten«, die sich nicht von beliebigen anderen Seminaren unterscheiden.

Eine organisatorische Besonderheit der Zukunftswerkstatt ist allerdings der Adressenaustausch der Teilnehmer. Wenn diese nicht ohnehin in das Protokoll (s.u.) aufgenommen werden, sollten sich die Moderatoren um den Austausch der Anschriften bemühen. So können später Kontakte wieder aufgenommen werden, etwa wenn einzelne Teilnehmer verzögert Interesse an der Umsetzung von Projekten aus der Werkstatt bekommen.

Protokoll – Ergebnisdokumentation

Wenn irgend möglich sollte ein Protokoll der Werkstatt erstellt werden. Als Ergebnisdokumentation kann es die Grundlage einer sofortigen oder auch erst später erfolgenden Umsetzung von Projekten aus der Werkstatt bilden. Erkenntnisse werden über längere Zeit hinweg festgehalten, und Außenstehende können sich umfassend informieren. Außerdem sind im Protokoll Ansätze enthalten, die in der Werkstatt zwar angesprochen, jedoch aufgrund von Ausleseprozessen nicht weiter verfolgt wurden. Ideen, die zunächst nicht zum Zuge kamen, können so später aufgegriffen und weiter verfolgt werden.

– Prozeßdokumentation

Zugleich enthält ein Protokoll den Prozeß der Werkstatt. Das hat einerseits einen psychologischen Aspekt: es stellt ein Dokument gemeinsamen und konstruktiven Arbeitens dar. Andererseits kann es als Grundlage für eigene Versuche von Teilnehmern dienen, die sich weiter mit der Methode beschäftigen und sie auch mit anderen Menschen ausprobieren möchten. Nicht zuletzt können im Rahmen einer permanenten Werkstatt, also der Umsetzung von Projekten, im Protokoll dokumentierte Methoden eingesetzt werden, um die Arbeit in schwierigen Situationen zu strukturieren.

Das Protokoll sollte ein möglichst plastisches Bild der Werkstatt vermitteln. Dazu enthält es: *– Inhalt*

- ❐ die Arbeitsergebnisse, d.h. mindestens das, was visualisiert wurde. Zusätzlich können Inhalte von Erläuterungen oder Diskussionen enthalten sein, etwa zu Kleingruppenpräsentationen;
- ❐ Informationen über den Arbeitsprozeß, d.h. einen Ablaufplan. Auch die Anordnung der Arbeitsergebnisse sollte den Ablauf widerspiegeln;
- ❐ Bilder der Visualisate, der Teilnehmer bei dem »Werken« und evtl. des Arbeitsumfeldes, so daß etwas aus der Atmosphäre der Veranstaltung festgehalten wird;
- ❐ eine Adressenliste (s.o.).

– Protoll-erstellung

Das Protokoll wird am einfachsten erstellt, indem alle Plakate bzw. Blätter abfotografiert und kopiert werden. So kann mit wenig Aufwand und sehr schnell die komplette Dokumentation erstellt werden. Allerdings ist das Kopieren der Fotos oft schwierig bis unmöglich, da die Kontraste auf den Bildern nicht stark genug sind. Ein weiterer Nachteil ist, daß das Protokoll nach einiger Zeit unverständlich werden kann. Es sind eben nur die visualisierten Ergebnisse enthalten. Erläuterungen, die Verbindungen zwischen einzelnen Darstellungen bzw. Arbeitsschritten schaffen würden, fehlen.

Dem ersten Problem, der schlechten Qualität bei der Vervielfältigung, läßt sich abhelfen, indem die visualisierten Stichpunkte abgetippt, mit einigen oder allen Fotos ergänzt und dann kopiert werden. Das Abschreiben kann sowohl während der Werkstatt, als auch nachträglich geschehen.

Eine ausführliche Variante, die allerdings auch viel Arbeit macht, ist ein normales Simultanprotokoll, das durch die Stichpunkte und Fotos (zweite Variante) ergänzt wird. Abschnittsweise protokollieren einzelne Teilnehmer (vorher Reihenfolge festlegen!) das gesamte Geschehen in der Werkstatt mit und tippen ihr Teilprotokoll. Die Moderatoren fügen anschließend die Teile zusammen, ergänzen sie durch Fotos und den Ablaufplan. Alternativ können auch die Moderatoren im Nachhinein anhand der Visualisate ein Gedächtnisprotokoll erstellen. Dabei geht allerdings viel Inhalt verloren, und der Aufwand ist für die Moderatoren sehr hoch. In beiden Fällen ist die Dokumentation noch nach längerer Zeit und auch für Außenstehende gut zu lesen. Schwierigkeiten können dadurch entstehen, daß Teilprotokolle sehr lange auf sich warten lassen bzw. gar nicht erstellt werden. Auch fließen Wertungen in das Protokoll ein.

Permanente Werkstatt

Soll im Anschluß an die Zukunftswerkstatt ein Projekt verwirklicht bzw. Forderungen durchgesetzt werden, so entsteht eine

»permanente Werkstatt«, eine Weiterführung der Veranstaltung. Das kann direkt im Anschluß geschehen, die Ergebnisse können zunächst aber auch einige Zeit ruhen. Engagement der Teilnehmer für die Umsetzung der Resultate ist dann wahrscheinlich, wenn sie von der zugrundeliegenden Problematik stark betroffen sind bzw. werden.

– Handlungsplan

Welches Vorgehen beim Durchsetzen eines Projektes sinnvoll ist, hängt von den jeweiligen Umständen ab und läßt sich kaum verallgemeinern. Wichtig ist grundsätzlich die sorgfältige Beschaffung aller relevanten Informationen und das ebenso sorgfältige Aufstellen eines Handlungsplanes, in dem Ziele, Zwischenziele und Mittel zusammengetragen sind (zum Vorgehen und unterstützenden Methoden vgl. S. 177–180). An diesen Handlungsplan sollte man sich bei der Verwirklichung möglichst eng halten. Allerdings besteht dabei die Gefahr, daß man sich verrennt und Mittel oder Teilschritte als so wichtig ansieht, daß man das eigentliche Ziel aus den Augen verliert. Man muß flexibel sein, sich nicht krampfhaft an einen einmal aufgestellten Plan klammern, aber ebensowenig beim ersten kleinen Hindernis alles umwerfen und neue Wege suchen. Übrigens sollte man in der Umsetzung nicht nur Mißerfolge, sondern auch Erfolge reflektieren (s.S. 106). Das hilft einerseits gegen unnötige Schwarzmalerei, andererseits können sich bestimmte Vorgehensweisen als erfolgversprechend herauskristallisieren.

– Öffentlichkeitsarbeit

Bereits bei den Zielen der Zukunftswerkstatt wurden einige Punkte erwähnt, die längerfristiges Engagement fördern (S. 104ff.). Ganz besonders zu betonen ist außerdem die Bedeutung von Öffentlichkeitsarbeit, also z.B. die Zusammenarbeit mit Zeitungen. Erstens kann sich eine Gruppe auf diese Weise öffentliche Unterstützung holen, zweitens wirken öffentlich dokumentierte Erfolge sowohl auf andere Interessierte, als auch stimmungshebend auf die Gruppe zurück, drittens enthält die Einbeziehung der Öffentlichkeit eine recht wirksame Selbstverpflichtung für die Mitglieder der Gruppe: sie zeigen, daß sie etwas erreichen wollen und können dann nicht mehr so leicht zurück.

Wirkungen von Zukunftswerkstätten

Die Auswirkungen einer Zukunftswerkstatt hängen sehr stark von dem Rahmen ab, in den sie eingebettet ist. Da bisher vor allem die greifbaren Resultate betont wurden, sollen hier noch einmal andere Effekte von Zukunftswerkstätten aufgelistet werden, deren Kenntnis z.B. für den Einsatz der Methode in der politischen Bildung bedeutsam ist. Die Aufstellung ist zitiert nach Lechler (1992, S. 36f.) in Anlehnung an Jungk/Müllert (1989, S. 144f.).

»a) Bereich Sozialität/praktizierte Demokratie

- Menschen aus unterschiedlichsten Erfahrungs- und Lebensbereichen kommen miteinander ins Gespräch;
- gegenseitiges Verstehen wird gefördert, persönliches Sich-Kennenlernen;
- man/frau wird sich der eigenen Situation, der Lebensumstände bewußt;
- eine andere Einstellung zur eigenen Tätigkeit entsteht;
- die Grenzen des eigenen Wollens werden erkannt;
- tiefergehende, intensivere Auseinandersetzungen mit drängenden Fragen kommen zustande;
- eine Politisierung findet statt;
- ein Gruppengefühl entwickelt sich, Isolation wird durchbrochen;
- das freundlich-harmonische Miteinander-Umgehen, das Sich-Öffnen-Können, das Sich-Wohlfühlen bei einer zielgerichteten Tätigkeit kann therapeutisch wirken;
- das Finden von Gemeinsamkeiten statt des Austragens von Kontroversen prägt die Arbeit;
- durch das ›Zusammenwerken‹, durch die vielfältigen Abstimmungs-, Einigungs- und Auswahlprozesse wird demokratisches Verhalten geübt;
- ein Gruppenkonsens wird erarbeitet;
- die Stimmung und der Enthusiasmus in der Gruppe beflügeln, reißen mit;
- das Erlebnis, etwas gemeinsam erdacht und entwickelt zu haben, stärkt Hoffnungen;
- das Engagement, etwas zu unternehmen, wird geweckt.

b) Bereich Innovation/soziale Phantasie

- oft überraschend wird die Kraft von Wunsch- und Phantasiefähigkeit wiederentdeckt;
- die zeitweilige Freiheit zum Blödeln, Spinnen, Phantasieren und Fabulieren stimuliert auch über die Zukunftswerkstatt hinaus – Utopie-Lust (gelegentlich bis zur Euphorie) entsteht;
- unterdrückte Fähigkeiten und Kräfte kommen zum Vorschein;
- neue Sichtweisen und Möglichkeiten ergeben sich;
- ungewöhnliche, überraschende Problemlösungen werden gefunden.

c) Bereich Ermutigung / Engagement-Bestärkung

- Selbstwertgefühl und Vertrauen in die eigene Kraft werden gestärkt;

❒ Mut zum Engagement und Aktivwerden wächst, es folgen praktische Veränderungen im Alltag.«

Die Wirkungen der Zukunftswerkstatt auf persönlicher Ebene sind ein mit ihr verfolgtes Ziel, daß bisher nicht ausdrücklich herausgestellt wurde. Im Entdecken noch unbekannter Fähigkeiten zeigt sich auch ein wesentlicher Unterschied zur Moderationsmethode, in der die persönlichen Lernerfahrungen keinen so hohen Stellenwert einnehmen.

4.6 Planung einer Zukunftswerkstatt

Die Planung einer Zukunftswerkstatt ist zum Teil durch das Phasenschema vorweggenommen. In einigen Bereichen gilt das gleiche, was zur Planung in der Moderationsmethode angeführt wurde, etwa bei den Anfangs- oder Schlußsituationen, und einige Details wurden schon bei der Darstellung des Ablaufs der Phasen und ihrer Methoden angesprochen. Hier werden deshalb nur noch wenige Aspekte genannt.

Allgemeines

Wichtige allgemeine Kriterien für die Planung sind das Publikum, das Thema und die gewünschte Form des Ergebnisses.

– Publikum

Das Publikum gibt u.a. einen Rahmen für die Methoden vor, die angewendet werden können. Während man bei Studenten zum Anwärmen in der Phantasiephase Verkleiden und Schminken vorschlagen kann, ist dasselbe in einer Veranstaltung mit Hochschullehrern wohl kaum angebracht.

– Thema

Einen weiteren Rahmen steckt evtl. das Thema der Werkstatt ab. Die Darstellungsformen, die durch die Methodenwahl bedingt sind, müssen dem Inhalt angemessen sein. Beispielsweise bietet ein Theaterstück mehr Ausdrucksmöglichkeiten in einer Phantasiephase zum Thema »Beziehungen« als eine Collage. Umgekehrt ist eine Pantomime wohl kaum sinnvoll, wenn es einer Gruppe um den Entwurf einer Bildungskonzeption für eine Volkshochschule geht.

– Ergebnisform

Weiter ist zu überlegen, inwieweit das Ergebnis der Veranstaltung nach außen getragen werden soll. Es kann z.B. wichtig werden, in Kritik- und Phantasiephase zusammenfassende Aussagen zu bilden, um auch diese Zwischenstationen an Außenstehende vermitteln zu können. Das Endergebnis ist ja meist ein Produkt, das durch viele Selektionsprozesse entstanden ist, in dem viele wichtige Zwischenschritte nicht mehr enthalten sind.

Ermüdung – Pausen

In der Planung muß ferner bedacht werden, daß eine Zukunftswerkstatt für die Teilnehmer sehr anstrengend ist. Die Pausen sollten nicht zu knapp bemessen sein. Das gilt v.a. für längere

Werkstätten, etwa ab eineinhalb oder zwei Tagen. Dabei ist zu berücksichtigen, daß die Belastbarkeit im Lauf des Tages abnimmt. Während also morgens 90 oder 100 Minuten Moderation am Stück gut möglich sind, sollten die Pausen nachmittags in kürzeren Abständen folgen.

– Methodenabwechslung, spielerische Methoden

Weitere Möglichkeiten, mit Ermüdungserscheinungen umzugehen bzw. ihnen vorzubeugen, bieten der Methodenwechsel und der Einsatz spielerischer Mittel. In beiden Fällen ist allerdings zuviel des Guten möglich. Auch spielerische Mittel ermüden. Sie lockern vor allem dann auf, wenn sie im Wechsel mit rational orientierten Arbeitsformen angewendet werden. Ebenso kann die Methodenabwechslung übertrieben werden; die Teilnehmer müssen sich schließlich auf jede neue Methode einstellen, und das kostet Kraft. Es ist also z.B. nicht sinnvoll, immer wieder andere Strukturierungs- und Auswahlverfahren einzusetzen, nur um für Abwechslung zu sorgen.

Erlebnisablauf

Der Einsatz spielerischer Mittel ist auch in Bezug auf den Erlebnisablauf der Veranstaltung wichtig. Die Phantasiephase sollte von den Teilnehmern als emotionaler Höhepunkt erlebt werden; hier sollen sie ja am meisten spielerisch und kreativ tätig sein. Die Methoden sollten also bis in die Phantasiephase an Erlebnisqualität gewinnen; es ist kaum sinnvoll, in der Kritikphase Rollenspiele einzusetzen, um die Katharsis möglichst intensiv zu ermöglichen, und dann später in der Utopiephase lediglich auf ein Brainstorming zurückzugreifen. Auch innerhalb der Utopiephase selbst sollte ein Abflachen vermieden werden, solange die Phantasieentwicklung noch gesteigert werden soll (s.S. 142).

Gruppenzusammenhalt

Eng mit dem Erlebnisablauf verknüpft ist die Frage, wie bedeutsam die Identifikation der einzelnen Teilnehmer mit der Gruppe für die spezielle Werkstatt ist. Wenn enger Gruppenzusammenhalt ein wichtiges Ziel der Veranstaltung ist, kann es auch sein, daß in der Methodenwahl Abstriche an der rein sachlichen Effizienz gemacht werden müssen.

– Plenums- und Kleingruppenarbeit

Ein Punkt, auf den grundsätzlich zu achten ist, ist der ausreichende Wechsel zwischen Plenums- und Kleingruppenarbeit. Kleingruppen ermöglichen intensiven Austausch, und manche sehr stark kreativitätsfördernde Methoden sind nur in Verbindung mit Kleingruppen anwendbar. Die Arbeit im Plenum darf aber darüber nicht vernachlässigt werden. Die Teilnehmer sollen sich ja kennenlernen und sich als Gruppe, nicht als Ansammlung von Einzelpersonen oder Kleingruppen begreifen.

– Methodenauswahl

Manche Methoden fördern die Gruppenbildung besonders stark. Es sind im allgemeinen die Methoden, die einen hohen spielerischen Anteil haben und evtl. von den Teilnehmern ein

Stück weit die Bereitschaft verlangen, über ihren eigenen Schatten zu springen, Hemmungen zu überwinden. Das zugrundeliegende Prinzip wurde schon einmal angesprochen (s.S. 147): Vertrauen setzt normalerweise Hemmschwellen herab, und umgekehrt erhöht das Überwinden von Hemmschwellen das Vertrauen in die anderen.

4.7 Beispielsmoderation

Vorgeschichte

Als Beispiel für die Zukunftswerkstatt dient nochmals die Situation, die schon der Beispielsmoderation im ersten Teil zugrundelag (s.S. 80). In einer eintägigen Werkstatt wollen Studenten sich über die unbefriedigende Situation an ihrer Fachhochschule klar werden und Ansätze für eine Verbesserung finden. Anwesend sind 17 Teilnehmer und zwei Moderatoren.

Vorbereitungsphase

8.45 Die Moderatoren empfangen die Teilnehmer, u.a. mit Kaffee und Tee. Sie bitten sie, sich mit Tesakrepp-Streifen Namensschildchen anzufertigen.

– Einstieg

9.15 Die Moderatoren stellen sich kurz vor, sprechen den Sinn der Veranstaltung an und führen anhand eines vorgefertigten Plakates in die Methode und den geplanten Ablauf des Tages ein.

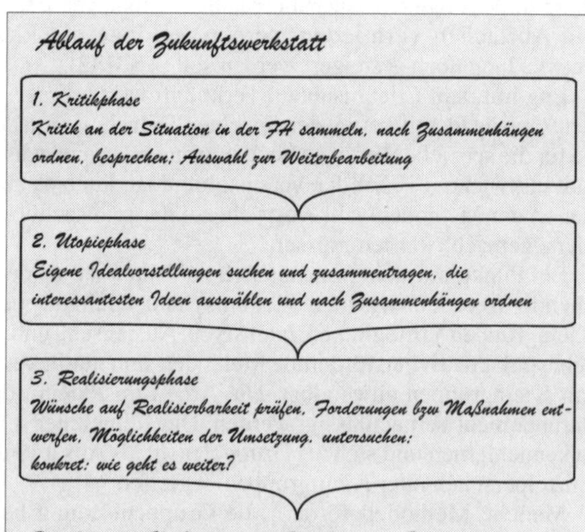

9.25 Zum Einstieg in die Kritikphase wird diese nochmals kurz gesondert erläutert. In das bisher leere Regelplakat werden zwei Regeln aufgenommen und erklärt: *Kritikphase – Einführung*

- Nur Kritik äußern, keine Vorschläge
- Keine Diskussionen im Plenum

9.30 Zur Kritiksammlung werden die Teilnehmer aufgefordert, zu zweit zusammenzugehen, wobei sich die Partner möglichst wenig kennen sollten. Sie sollen sich kurz gegenseitig bekanntmachen und die drei wichtigsten Kritikpunkte zusammentragen, die sie an dem jetztigen Zustand an der Fachhochschule haben. Diese sollen sie einzeln auf A4-Blättern aufschreiben. Dazu wird eine weitere Regel eingeführt: *– Kritiksammlung, Vorstellung*

- Stichpunktartig antworten, groß schreiben.

Da die Teilnehmeranzahl ungerade ist, bildet sich auch eine Dreiergruppe. Diese schreibt vier Antwortzettel.

9.45 Die Kritikpunkte werden im Plenum vorgestellt, mit Beispielen erläutert, die von den anderen ergänzt werden können, und gleichzeitig strukturiert. Die Präsentation wird jeweils von beiden Partnern vorgenommen, die sich zugleich selbst kurz vorstellen. *– Kennenlernen, Vertiefen, Strukturieren*

Die Beispiele werden von den Moderatoren auf A1-Blättern mitgeschrieben. Jeder Rubrik, die beim Sortieren entsteht, wird ein Plakat zugeordnet. Für acht entstandene Cluster gibt es also acht Plakate mit Beispielen.

10.35 Zweiergruppen, die von Nebeneinandersitzenden gebildet werden, schreiben zu den Rubriken Kritikaussagen auf je ein A2-Blatt und legen sie dazu.

10.50 Jeder Teilnehmer bekommt vier Punkte, die er auf die Kategorien verteilt, die ihm die wichtigsten zu sein scheinen. Auf der Basis dieser Bewertung wird eine Auswahl zur Weiterbearbeitung getroffen. Die Gruppe entscheidet im Konsens, daß drei der acht Cluster aussortiert werden können. *– Auswahl zur Weiterbearbeitung*

11.00 Pause

In der Pause werden von den Moderatoren die bisher auf dem Boden ausgelegten Rubriken samt Kritikaussagen und Beispielen mit Tesakrepp zusammengeklebt, so daß sieben Streifen entstehen: oben jeweils die Aussage, dann die Kritikpunkte, unten die Beispiele. Die fünf ausgewählten Cluster werden nebeneinander mit etwas Abstand an eine Wand geklebt, die anderen drei zur Seite gelegt.

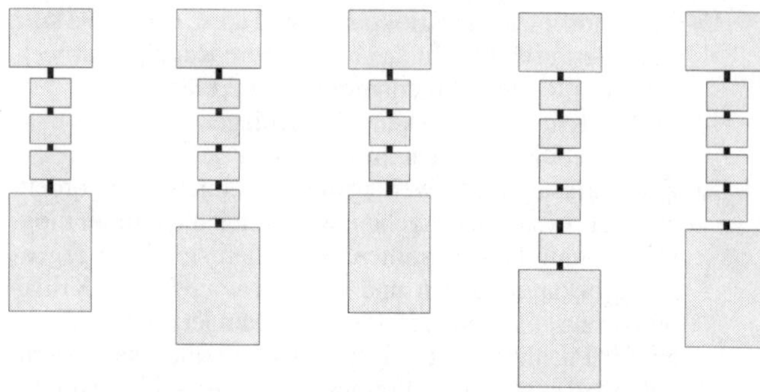

Phantasiephase – Einführung

11.20 Die Moderatoren erläutern die Phantasiephase und führen vier neue Regeln ein:

- Keine Kritik mehr
- Keine Diskussion über Ideen
- Unsinnige Ideen sind erwünscht
- Wir haben unbegrenzte Möglichkeiten – alles geht!

– Anwärmen

11.25 Die Teilnehmer versetzen sich 25 Jahre in die Zukunft. Die Fachhochschule ist völlig anders als heute, kaum mehr wiederzuerkennen. Die Zustände sind traumhaft. Um die Situation Studenten einer anderen Hochschule zu beschreiben, erzählen die Teilnehmer eine Rundgeschichte: einer nach dem anderen beschreibt kurz einen Aspekt der neuen Fachhochschule.

– Ideen sammeln

11.40 Die Moderatoren lassen die Teilnehmer zusammentragen, was in der Rundgeschichte geäußert wurde und schreiben die Ideen auf einer großen Papierbahn mit, die auf dem Boden festgeklebt ist. Als die Beiträge langsamer kommen, lassen sie die Zurufe in ein Brainstorming übergehen: sie fordern auf, auch gleich neue Ideen zu sagen. Um durch das langsame Mitschreiben keine unnötigen Verzögerungen aufkommen zu lassen, notieren teilweise die Teilnehmer mit.

– Auswahl

12.00 Jeder Teilnehmer erhält drei Klebepunkte und bepunktet die faszinierendsten, witzigsten, interessantesten Ideen.

– Sammeln, Vertiefen

12.10 Zu den vorher formulierten Kritikaussagen bilden sich vier Kleingruppen. Sie malen Bilder, in denen die entsprechenden traumhaft schönen Zustände dargestellt sind.

12.35 Die Bilder werden an eine Wand gehängt. Zwischen ihnen wird einiger Platz gelassen. Die Teilnehmer sehen sich die Bilder an, schreiben das, was ihnen dazu einfällt, auf A5-Blätter und hängen sie um die Bilder. Abschließend erklären die Künstler, was sie sich jeweils bei ihrem Bild gedacht haben.

13.00 Mittagspause

14.00 Die Teilnehmer sehen sich die Bilder und die dazugehörigen Stichpunkte nochmals an und ergänzen evtl. noch etwas.

14.05 Die faszinierendsten, witzigsten, interessantesten Ideen aus den Bilder werden bewertet. Jeder bekommt drei Punkte. *– Auswahl*

14.15 Die bepunkteten Ideen aus dem ersten Sammlungsgang werden ausgeschnitten und zusammen mit den bepunkteten Ideen aus den Bildern sortiert. Aus knapp 40 Stichpunkten entstehen neun Cluster. *– Sortieren*

14.45 Zu den Ideen, die mindestens drei Punkte erhalten haben und die nicht schon sehr konkret sind, werden Übersetzungen bzw. Näherungen gesucht. Während ein Moderator fragt, schreibt der andere auf A2-Bögen mit. *Realisierungsphase – Übersetzungen, Näherungen*

15.15 Pause

15.30 Die Rubriken werden bepunktet: Welche Ansätze sind die wichtigsten für eine Verbesserung der Situation an der Fachhochschule? Jeder Teilnehmer verteilt vier Punkte, anschließend werden im Konsens drei Ansätze für die Weiterarbeit ausgeklammert, sechs bleiben übrig. *– Auswahl*

15.40 Die Teilnehmer bilden Kleingruppen, indem sie sich zu den Clustern stellen, die sie vertiefen möchten. Sie erarbeiten auf der Basis ihrer Rubrik je drei Forderungen, eine kurz-, eine mittel- und eine langfristig umzusetzende. Sie visualisieren ihre Forderungen auf A1-Bögen und beschreiben knapp, wie die konkrete Ausgestaltung aussehen könnte. *– Ausarbeitung: Forderungen formulieren*

Die Moderatoren weisen darauf hin, daß jetzt nicht mehr die Alles-geht-Voraussetzung der Phantasiephase gilt. Die Vorschläge sollten im Hinblick auf die Bedingungen der Realität entworfen werden, allerdings durchaus mit dem Mut zu ungewöhnlich erscheinenden Forderungen. Das Regelplakat wird ergänzt:

- ❒ Realitätsbezogen arbeiten
- ❒ In Kleingruppen nicht ausdiskutieren – widerstreitende Ansichten mit Blitz kennzeichnen

16.25 Die vier Kleingruppen präsentieren ihre Ergebnisse, die teilweise kurz von den anderen Teilnehmern ergänzt werden.

Zwischen zwei Präsentationen wird eine kurze Pause geschoben.

– Auswahl 17.15 Mit je drei Punkten bewerten die Studenten, was jetzt von ihnen angepackt werden sollte.

– Abschluß-vereinbarungen 17.25 Die Studenten teilen sich den Projekten zu, an denen sie weiterarbeiten möchten. Sie vereinbaren ein erstes Nachtreffen in zehn Tagen. Vier Teilnehmer erklären sich bereit, bis dahin ein Protokoll der Werkstatt zu erstellen. Die Koordination der weiteren Aktivitäten übernimmt die Studentenvertretung.

Nachbereitungsphase – Abschluß 17.40 In einem Abschlußblitzlicht werden die Veranstaltung und ihre Ergebnisse reflektiert. Die Moderatoren bedanken sich für die Mitarbeit und weisen auf die Gefahr des Schwankens zwischen Euphorie und Resignation hin, die sich nach der gemeinsamen Arbeit mit Gleichgesinnten in der Realität ergibt.

Kommentar

Vorüberlegungen zur Planung

Bei der Planung dieser Werkstatt war zu berücksichtigen, daß die Ergebnisse nicht nur für die Teilnehmer dienen sollten. Sie sollten an die Hochschulleitung, an die Studentenvertretung und möglicherweise an andere Studenten weitergereicht werden. Aus diesem Grunde wurden erstens Kritikaussagen formuliert (10.35), die wesentlich klarer sind als die bloße Auflistung von Kategorien. Zweitens wurde in der Phantasiephase Wert darauf gelegt, möglichst viele Ideen zu sammeln, um Anregungen für später zu erhalten, auch für Nichtteilnehmer. Die tiefgehende Behandlung von Teilausschnitten wurde weitgehend vernachlässigt. Das war in diesem Fall gut möglich, da die Hochschule für die Studenten einigermaßen vertraut ist und daher ein tiefes Hineindenken nicht unbedingt notwendig war. Drittens wurde die Realisierungsphase relativ knapp gehalten. Da von vorneherein klar war, daß die Studentenvertretung Folgeveranstaltungen durchführen würde, konnte mit dem sehr knappen Entwurf von Projekten eine ausreichende Arbeitsgrundlage geschaffen werden, die außerdem in ihrer Form gut an andere zu vermitteln ist.

Im Hinblick auf die einzelnen Methoden sind die Auswahlverfahren sowie die Verwendung der Rundgeschichte und des Brainstormings bemerkenswert.

Auswahlverfahren

Bei den Auswahlverfahren bekamen die Teilnehmer um 10.50 und 15.30 vier Punkte, ansonsten jeweils drei. Mit den Gewichtungen wurden verschiedene Absichten verfolgt. Um 10.50 und 15.30 wurde die Menge der Punkte nach der Formel aus der Moderationsmethode bestimmt (s.S. 56). An diesen Stellen sollte das Punkten ein Bild der Gruppenmeinung ergeben, auf dessen Basis im Konsens über die Weiterarbeit entschieden werden konnte. Anders um 12.00, 14.05 und 17.15: hier ging es um eine Auswahl zur Reduzierung einer großen Menge von Stichpunkten bzw. Vorschlägen. Die Punktverteilung um 12.00, in der Mitte der Phantasiephase, hatte übrigens zwei Nebenfunktionen: Die Teilnehmer sollten sich die Ideen noch einmal ansehen, um sie für das Malen der Bilder als Hintergrund zu haben. Außerdem wurde durch das Punkten eine Norm erneut bewußtgemacht: es geht um faszinierende, witzige, interessante Ideen. Das Auswahlverfahren schuf also auch eine psychologische Basis für den zweiten Sammlungsdurchgang.

Rundgeschichte, Brainstorming

Die Rundgeschichte ist als Einstieg in die Phantasiephase gut zu überlegen. Wenn nicht schon eine einigermaßen vertraute und konkurrenzfreie Stimmung herrscht, kann sie zu einer verkrampften Suche nach witzigen Ideen führen. Hier, mit Studenten, die sich auch schon vor der Veranstaltung wohl zumindest vom Sehen her kannten, kann diese Methode versucht werden. Ihr Vorteil liegt darin, daß die Moderatoren von Anfang an Einfluß auf die Art der Phantasieentwicklung nehmen können, etwa indem sie zu Überspitzungen auffordern. Außerdem bietet das nachträgliche Aufschreiben der schon geäußerten Ideen die Möglichkeit, »zwanglos« ein Brainstorming entstehen zu lassen. Es wird nicht mit dem Vorstellen von Regeln eingeleitet, sondern wächst aus der Situation.

Vergleich der beiden Beispiele

Vergleicht man das Beispiel zur Zukunftswerkstatt mit dem zur Moderationsmethode, so fällt auf, daß wesentlich mehr Gewicht auf Kritik und die Suche nach wünschenswerten Zuständen gelegt wurde. Viel kürzer als in der Moderationsmethode kam dagegen das Ausarbeiten dessen, was jetzt eigentlich getan werden sollte. In der Zukunftswerkstatt wurden gewissermaßen die Fundamente des Endergebnisses stärker betont: In der Kritiksammlung wurde mehr Wert auf Details gelegt (Beispiele), und die Frage, wie es stattdessen denn sein solle, wurde ausführlich behandelt. Im Beispiel der Moderationsmethode wurden dagegen Lösungsmöglichkeiten direkt nach der Kritik zusammengetragen; der Zwischenschritt, erst Ziele zu suchen, wurde ausgelassen. Dahinter steckt die Annahme, daß sich Ziele einerseits schon aus der Benennung von Mißständen ergeben, andererseits die Teilnehmer ohnehin irgendwelche Idealvorstellungen hätten, die dann schon in die Lösungssuche einfließen würden.

Die Zielfrage ist in der beschriebenen Situation sehr wichtig. Es ist zunächst unklar, wohin sich die Fachhochschule entwikkeln soll. Die erste Beispielsmoderation greift an dieser Stelle zu kurz. Andererseits sind die Ergebnisse des ersten Beispiels präsentabler: anstelle einer Reihe utopischer Vorstellungen gibt es dort handfeste Lösungsmöglichkeiten. Im Sinne einer konkreten Handlungsorientierung wurde die Zeit besser genutzt.

Entscheidend für die Wahl der Methode sind die Ansprüche, die die Studentenvertretung an die Ergebnisse stellt. Da in diesem Fall schon feststeht, daß die Studentenvertretung weiterarbeiten will und Helfer dazu sucht, würde ich eine Zukunftswerkstatt vorziehen. Zielphantasie erscheint hier wichtiger als konkrete Handlungsplanungen, die auch in Folgetreffen relativ problemlos abgeleitet werden können. Außerdem ist es bei der Zukunftswerkstatt wahrscheinlicher, daß sich die Teilnehmer für die Verwirklichung ihrer Gedanken einsetzen. Die Identifikation mit den Ergebnissen und mit der Gruppe der Teilnehmer ist höher als in der Moderationsmethode; man hat sich Gedanken darüber gemacht, wie man die Fachhochschule gerne hätte, nicht nur über Möglichkeiten zur Beseitigung von Unannehmlichkeiten.

5. Anwendungsbereiche

Die Anwendungsmöglichkeiten der Zukunftswerkstatt ähneln denen der Moderationsmethode. Die Unterschiede liegen v.a. in Details.

Grundlagen

Die Grundvoraussetzungen der Anwendung sind zunächst gleich. Auch in der Zukunftswerkstatt müssen die Teilnehmer an dem Thema interessiert sein, sie müssen zusammenarbeiten wollen, und sie müssen Handlungsfreiräume haben bzw. sich schaffen können. Im einzelnen gibt es allerdings schon bei diesen Grundlagen Unterschiede. Sie werden unten, im Zusammenhang, ausgeführt.

Ob eine Zukunftswerkstatt in einer gegebenen Situation sinnvoll ist, kann an drei Faktoren überprüft werden: an den (möglichen) Teilnehmern, am Inhalt und an den Rahmenbedingungen.

Teilnehmer – Anzahl, Betroffenheit, Wissen

In Bezug auf die Teilnehmer der Zukunftswerkstatt ist zunächst ihre Anzahl und ihre Betroffenheit durch das Thema bedeutsam. Mit wenigen Teilnehmern, etwa unter zehn, ist eine Zukunftswerkstatt nur sinnvoll, wenn sehr großes persönliches Interesse am Thema besteht. Zusätzlich muß einiges Wissen darüber gegeben sein. Ist die Betroffenheit bzw. das Wissen zu gering, so besitzen die Teilnehmer weder genügend Engagement, noch genügend Ressourcen um sich gegenseitig anzuregen; die Werkstatt wird wahrscheinlich fade und bleibt einigermaßen inhaltsleer. Sind dagegen viele Teilnehmer anwesend, müssen Wissen, Interesse und Engagement des einzelnen nicht so ausgeprägt sein. Viele verschiedene Menschen bedeuten auch viele verschiedene Sichtweisen; die gegenseitige Anregung ist hoch. Ist jemand an einem bestimmten Teilbereich nicht interessiert, so hat er bei parallelen Themenbearbeitungen in mehreren Kleingruppen Auswahlmöglichkeiten. Außerdem kann man sich auch einmal eine Zeitlang zurücknehmen, wenn genügend andere Teilnehmer da sind.

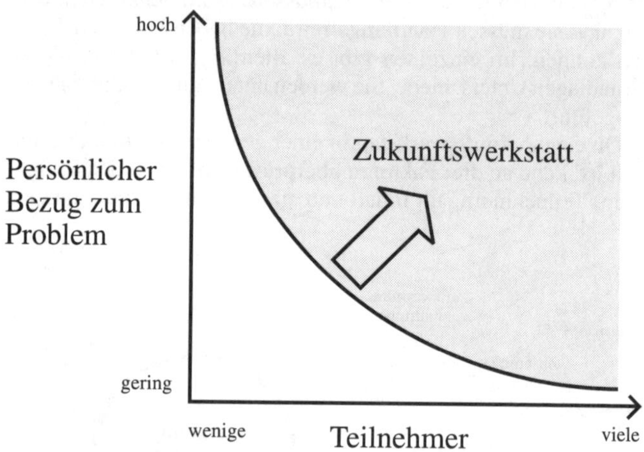

Die persönliche Betroffenheit ist in der Moderationsmethode nicht im gleichen Ausmaß nötig wie in der Zukunftswerkstatt. Das hängt mit Besonderheiten der Fragestellung zusammen (vgl. S. 113f.), vor allem aber ist die Moderationsmethode stärker rational orientiert. Sie ist kaum auf emotionale Dynamik angewiesen, insofern kann sie auch bei wenigen Teilnehmern mit mäßiger Betroffenheit eingesetzt werden.

– Gruppenzusammensetzung

Der zweite wesentliche Aspekt ist die Gruppenzusammensetzung. Die Zukunftswerkstatt ist, im Vergleich zur Moderationsmethode, weniger geeignet, mit Hierarchien und Spannungen in der Gruppe umzugehen.

– Hierarchien

Hierarchien können in der Moderationsmethode einigermaßen umgangen werden, indem anonymitätsbewahrende Techniken eingesetzt werden. Das ist in der Zukunftswerkstatt nicht so gut möglich (vgl. S. 126f.).

– Spannungen

Auch Spannungen in der Gruppe können in der Zukunftswerkstatt schlechter aufgefangen werden, wenn sie ein bestimmtes Maß überschreiten. Im Vergleich zur Moderationsmethode fehlt einerseits die klare, übersichtliche Strukturierung, die sachliche Arbeit fördert, andererseits das ständige Achten auf Transparenz, durch die Interessensgegensätze samt ihren Konsequenzen für die Stimmung offengelegt und besprechbar werden. Stattdessen werden emotional betonte Methoden benutzt. Distanz zum Geschehen, die das Bearbeiten von Spannungen ermöglichen könnte, wird dadurch sehr erschwert. Eine Zukunftswerkstatt läßt sich gut bei unterschiedlichen Meinungen einsetzen, bei gravierenden entgegengesetzten Interessen aber nicht mehr.

– Erwartungshaltungen

Schließlich müssen sich die Teilnehmer noch auf die Arbeitsform Zukunftswerkstatt einlassen können. Schon bei der Moderationsmethode kann die ungewohnte Visualisierung und die Einschränkung der Diskussionsmöglichkeiten zu Skepsis oder Ablehnung führen. Bei der Zukunftswerkstatt kommen die »Schmuddeligkeit« des Materials und der Ablauf hinzu, der nicht dem üblichen logisch-linearen Schema entspricht. Außerdem werden teilweise Methoden angewandt, die von den Teilnehmern eine gewisse Offenheit und Experimentierfreude verlangen. Es ist also zu überlegen, ob der potentielle Teilnehmerkreis für die Methode begeistert werden kann, oder ob die Anwendung der Zukunftswerkstatt eher zu Ablehnung und damit Schwierigkeiten in der inhaltlichen Arbeit führt.

Inhalt

Der Inhalt einer Zukunftswerkstatt ist, per Definition, zukunftsbezogen. Ansonsten umfaßt das Kriterium das Thema der Werkstatt, die angemessene Bearbeitungsstrategie sowie die Form, die die Ergebnisse der Veranstaltung haben sollen.

– Thema
– Bereich

Beim Thema ist zunächst der Bereich zu betrachten, aus dem es stammt. Man kann zwar keine klare Abgrenzung vornehmen, typisch für Zukunftswerkstätten sind aber Themen, die irgendeine soziale Komponente enthalten. Dabei kann es sich um den Umgang mit Computern am Arbeitsplatz handeln, um Möglichkeiten des Zusammenlebens in einem Häuserblock, um die Weiterentwicklung eines Vereines, um Gestaltung von räumlichen oder organisatorischen Strukturen, in denen Menschen leben und/ oder arbeiten usw. In allen Beispielen sind Beziehungen zwischen Menschen oder zwischen Mensch und nichtmenschlicher Umwelt enthalten, und zwar unter dem Gesichtspunkt der menschengerechten Gestaltung dieser Verhältnisse. Thema einer Zukunftswerkstatt wäre also z.B. nicht »Steigerung der Effizienz in der Schraubenfertigung«, wohl aber »Arbeitszufriedenheit in der Schraubenfertigung«.

Die besondere Eignung der Zukunftswerkstatt für »soziale Erfindungen« entsteht aus der hohen Bedeutung der Phantasie für die Ziel- und Lösungsfindung und der persönlichen Betroffenheit bzw. dem Interesse der Teilnehmer. Anhand dieser zwei Bedingungen lassen sich Themen auch außerhalb dieses Bereichs auf ihre Eignung überprüfen. Bei entsprechendem Interesse der Mitarbeiter wäre eine Zukunftswerkstatt etwa ebenso für den Entwurf eines Bildungskonzepts an einer Volkshochschule oder einer Werbekampagne geeignet.

– Konkretisierungsgrad

Der zweite wichtige Punkt beim Thema ist der Konkretisierungsgrad. Je greifbarer und vertrauter ein Thema für die Teilnehmer ist, desto mehr können die Stärken der Zukunftswerkstatt genutzt werden. Optimal sind Themen aus der direkten Lebenswelt der Interessenten. Hier sind Wissen, Interesse, Engagement und Freude am Entwerfen phantastischer Alternativen normalerweise gegeben. Abstraktere Themen, etwa »Lebensstile und Gesellschaft« können behandelt werden, wenn der Bezug zum Leben der Teilnehmer noch herstellbar ist. Dabei ist es meist sinnvoll, die Themen vor dem Einstieg in die Kritikphase zu konkretisieren (vgl. S. 120). Völlig ungeeignet sind abstrakte Inhalte ohne nennenswerte praktische Konsequenzen, z.B »Demokratiemodelle im Vergleich«. Mit der Moderationsmethode könnten diese evtl. behandelt werden, wenn die Teilnehmer ausreichend interessiert sind.

– Zielklarheit

Drittens ist die Weite der Zielvorgabe bedeutsam. Die Gruppe muß eigene Ziele setzen bzw. vorgegebene ausgestalten können. Bei der Steigerung der Effizienz der Schraubenfertigung ist das Ziel völlig klar; das einzige, woran gearbeitet werden kann, ist der Weg. Wenn dagegen die Verbesserung der Wohnqualität im Stadtteil ansteht, ist zwar ein Ziel vorgegeben, es ist aber so allgemein formuliert, daß die Teilnehmer trotzdem freie Hand haben und ihre eigenen Interessen einbringen können.

Hier liegt, sofern man die beiden Methoden unterscheiden will, ein zentraler Unterschied zwischen Zukunftswerkstatt und Moderationsmethode. Die Steigerung der Effizienz der Schraubenfertigung kann durchaus moderiert werden, indem zunächst Kritik am gegebenen Zustand gesammelt, dann kreativ Lösungsmöglichkeiten gesucht und schließlich die konkrete Umsetzung geplant wird. Das würde ich aber nicht als Zukunftswerkstatt bezeichnen: in der »Kreativitätsphase« werden nicht Utopien, phantasievoll entworfene Zukunftsvorstellungen gesucht, sondern lediglich Lösungsmöglichkeiten, die zu einem klar vorgegebenen Ziel führen sollen. Das Kennzeichen der Zukunftswerkstatt ist aber gerade die Auseinandersetzung mit Zukunftsvorstellungen, also mit Zielen.

Weiter ist in Bezug auf den Inhalt die Strategie bedeutsam, mit der er sinnvoll bearbeitet werden kann. Während mit der Moderationsmethode meist logisch, rational vorgegangen wird, setzt die Zukunftswerkstatt auf ein dialektisches Vorgehen, bei dem sehr viel Wert auf Phantasie gelegt wird. Probleme, die am besten logisch-analytisch angegangen werden, sind daher in der Moderationsmethode besser aufgehoben.

– Bearbeitungsstrategie

Schließlich kann es sein, daß die Form der Ergebnisse, der Grad der angestrebten Ausarbeitung, eine Rolle in der Methodenwahl spielt. Das ist v.a. der Fall, wenn nur wenig Zeit zur Verfügung steht. Während in der Zukunftswerkstatt die Problembearbeitung in der Realisierungsphase stattfindet und in den beiden vorhergehenden Abschnitten vorbereitet wird, bietet das geradlinige Vorgehen in der Moderationsmethode mehr Raum für eine genaue Ausarbeitung der Ergebnisse. Die Vorbereitung ist hier kürzer. Zielfragen und Möglichkeiten des Ausagierens von Ärger nehmen einen wesentlich geringeren Stellenwert ein.

– Ergebnisform

Die äußere Situation umfaßt die Handlungsfreiräume, die die Teilnehmer der Werkstatt haben, den Zeitrahmen und die mögliche Einbettung der Methode in einen größeren Rahmen.

Äußere Situation

Handlungsfreiräume für die Teilnehmer müssen in einer Zukunftswerkstatt ebenso gegeben sein wie in der Moderationsmethode. Ein Unterschied besteht allerdings darin, daß die Zukunftswerkstatt eher das Durchsetzen gegen Widerstände fördert, da das Phasenschema auf die Förderung einer hohen Identifikation der Teilnehmer mit dem Ergebnis und der Gruppe ausgelegt ist.

– Handlungsspielraum

Der Zeitbedarf einer Zukunftswerkstatt liegt etwa zwischen einem halben und drei Tagen, wenn auch gelegentlich 90-Minuten-Werkstätten durchgeführt werden. Für eine einigermaßen annehmbare Durchdringung eines Themas und eine erste Handlungsplanung sollte allerdings mindestens ein Tag veranschlagt werden. Kommt es also bei einer kurzen Veranstaltung schon auf greifbare Ergebnisse an, so ist oft die Moderationsmethode besser geeignet (s.o.). Das gilt auch für Inhalte, bei denen das phantasievolle Herangehen der Zukunftswerkstatt sehr angebracht wäre, z.B. bei der Entwicklung eines Konzepts für eine Weiterbildungseinrichtung.

– Zeitrahmen

Je knapper die Zeit ist, desto mehr kommt die hohe Flexibilität der Moderationsmethode zum Tragen, bei der auch mal nur einzelne Elemente eingesetzt werden können, während die Zukunftswerkstatt an ihr Phasenschema gebunden ist.

Zukunftswerkstätten sind nicht ganz in dem Ausmaß in übergreifende Konzepte einzubinden wie die Moderationsmethode

– Einbettung in größere Zusammenhänge

(vgl. S. 91–93). In Großveranstaltungen lassen sie sich tagungsbegleitend oder im Sinne eines Diskussionsmarktes einsetzen. In Planungs- und Veränderungsprozessen können sie stellenweise sinnvoll sein, allerdings müssen den Werkstätten dann reale Konsequenzen folgen. Werden ihre Ergebnisse mißachtet, etwa in der Organisationsentwicklung, so wirkt das noch stärker frustrierend auf die Teilnehmer als bei der Anwendung der Moderationsmethode. Im Rahmen von Bildungsveranstaltungen können Kurzwerkstätten die Auseinandersetzung mit einem Thema sehr intensiv gestalten, sie brauchen aber relativ viel Zeit.

Zusammenfassung

Zukunftswerkstätten können in einem weiten Bereich eingesetzt werden. Im politischen Feld, in der Arbeit mit betroffenen Menschen, die ihre eigene Zukunft thematisieren wollen, sind sie wahrscheinlich eine, wenn nicht die zentrale Methode. Im Ansatz an der Phantasie und der Lebenswelt der Beteiligten, in der gezielten Einbeziehung von Emotionen durch das Phasenschema unterscheiden sie sich von der Moderationsmethode.

In der Praxis sind die Übergänge fließend, wie etwa das Beispiel der Schraubenfertigung zeigt. Insofern sind auch die hier dargestellten Abgrenzungen eher als Denkanstöße zu verstehen, als als klare Trennungen, die in der Praxis einzuhalten sind. Beide Methoden können an die jeweilige Situation angepaßt werden – umso genauer, je besser man ihre Ähnlichkeiten und Unterschiede versteht.

6. Zukunftswerkstatt und Moderationsmethode: Vergleich der Wirkungsgefüge

Die beiden Methoden wurden schon an mehreren Stellen gegenübergestellt (v.a. S. 108–116 und 195–200). Hier sollen sie noch unter dem Aspekt des Wirkungsgefüges verglichen werden. Welche wichtigen methodischen Aspekte wirken wie zusammen, um welche Effekte zu erzielen? Um die Unterschiede möglichst deutlich herauszuarbeiten, werden sie etwas pointiert dargestellt.

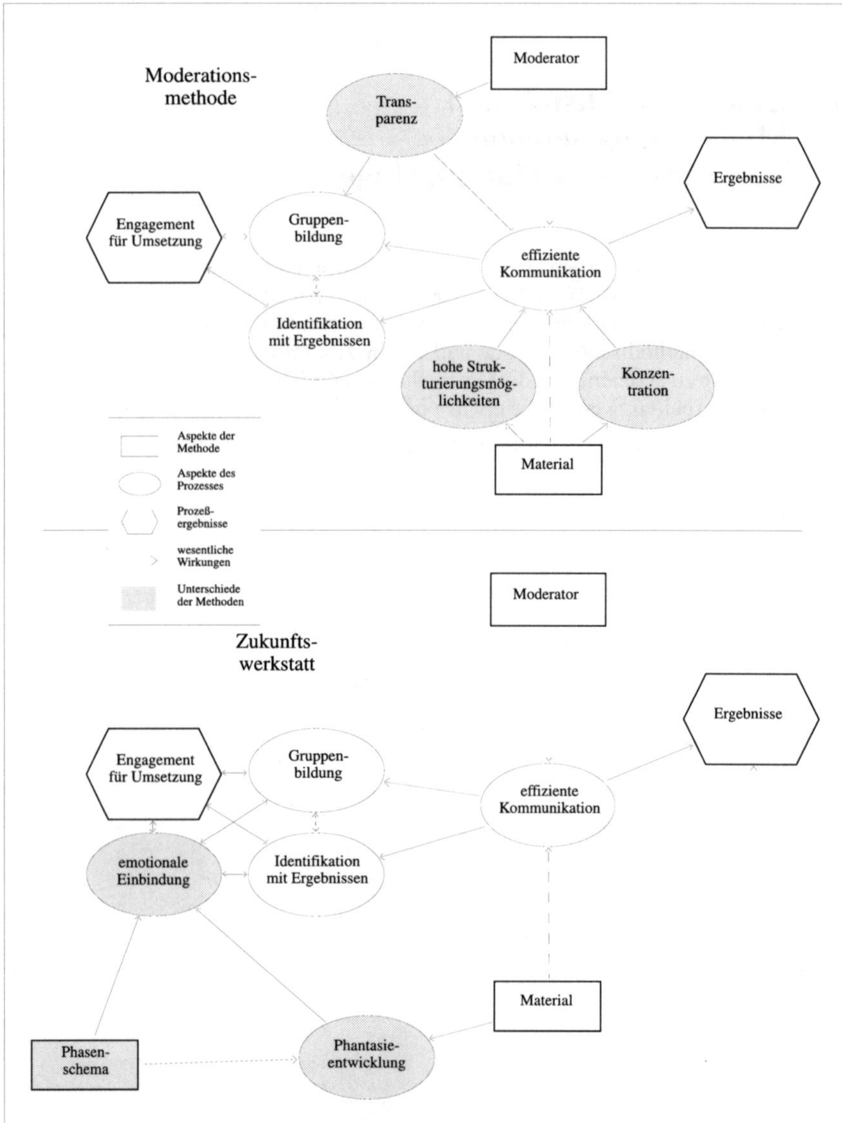

Die Grafiken stellen schematisch die wichtigsten Wirkungen dar, die in den beiden Moderationsformen zum Tragen kommen. Dabei erstrecken sich die Wirkungen zeitlich über die Veranstaltung hinaus bis zur Umsetzung der Ergebnisse.

Grundzüge beider Methoden

Da sich die beiden Bilder stark ähneln, wird als erstes besprochen, inwieweit sich die Wirkungsgefüge gleichen.

– Moderator, Material

Zunächst bewirken in beiden Ansätzen der Moderator und das verwendete Material eine effiziente Kommunikation der Gruppe. Der Moderator plant das Vorgehen über die ganze Veranstaltung und führt die Gruppe durch ihren Meinungsbildungsprozeß. Das Material wirkt entlastend auf das Gedächtnis und bietet Möglichkeiten, Inhalte zu strukturieren.

– Effiziente Kommunikation

Die effiziente Kommunikation ist der Weg, über den die Gruppe das inhaltliche Ergebnis erreicht. Außerdem fördert sie die Gruppenbildung und die Identifikation der Teilnehmer mit den Ergebnissen. Mit »Gruppenbildung« ist hier gemeint, daß sich die Teilnehmer nicht nur als Einzelkämpfer verstehen, sondern sich auch als Teil einer Gruppe erleben, mit der zusammen sie an etwas arbeiten. Effiziente Kommunikation fördert dieses Selbst- und Gruppenverständnis insofern, als sie das Gefühl ermöglicht, zusammen etwas Sinnvolles zu tun und dabei vorwärts zu kommen. Da dabei jeder das einbringen kann, was ihm wichtig ist, können sich die Teilnehmer nicht nur mit der Gruppe, sondern auch mit den Ergebnissen identifizieren.

– Gruppenbildung, Identifikation, Engagement

Ebenfalls in beiden Moderationsformen bestehen Wechselwirkungen zwischen der Gruppenbildung, der Identifikation mit den Ergebnissen und dem Engagement für deren Umsetzung. Fühlt man sich als Teil einer Gruppe, so kann man sich auch einigermaßen mit ihrer Arbeit identifizieren. Umgekehrt gilt dasselbe: Wenn Menschen zusammen etwas erarbeiten und das Ergebnis gut finden, verstehen sie sich auch ein Stück weit als Gemeinschaft. Das gleiche gilt für den Zusammenhang von Engagement und Gruppenbildung. Setzt man sich gemeinsam für etwas ein, so verstärkt das das Zusammengehörigkeitsgefühl. Und umgekehrt: Zusammen mit Gleichgesinnten ist es wesentlich wahrscheinlicher, sich für etwas zu engagieren, als als Einzelgänger. Die dritte Wechselwirkung schließlich besteht zwischen dem Engagement und der Identifikation mit dem Ergebnis. Wenn man etwas für gut hält, kann man sich auch für dessen Verwirklichung einsetzen. Daß es auch umgekehrt geht, ist ein bekannter psychologischer Effekt: Man neigt dazu, sich mit dem zu identifizieren, wofür man sich einsetzt.

Gruppenbildung, die Identifikation der einzelnen mit den Arbeitsergebnissen und Engagement für die Umsetzung dieser Ergebnisse verstärken sich also gegenseitig.

Unterschiede

Geht man von den Gemeinsamkeiten zu den Unterschieden, so zeigt sich, daß in der Moderationsmethode die effiziente Kommunikation eine herausragende Rolle spielt. In der Zukunftswerkstatt werden dagegen die Wirkungen rund um das Engagement für die Umsetzung der Ergebnisse verstärkt. Außerdem kommt die Phantasie als zweite Quelle der Arbeitsergebnisse hinzu.

Moderationsmethode – Transparenz

In der Moderationsmethode versuchen die Moderatoren zu jeder Zeit, die Situation transparent zu halten (s.S. 69). Durch diese Offenheit wird einerseits die Gruppenbildung, andererseits die Kommunikation gefördert. Verständnisbarrieren und Unsicherheiten werden im Interesse eines möglichst effizienten Austausches aus dem Weg geräumt. In der Zukunftswerkstatt ist Transparenz dagegen eher eine Begleiterscheinung (vgl. S. 110f.).

– Strukturierung, Konzentration

Das Material der Moderationsmethode ist durch seine Farben und Formen, seinen geringen Platzbedarf und seine Mobilität äußerst übersichtlich und jederzeit beliebig zu gruppieren. Ganze Tafeln sind ebenso beweglich wie einzelne Karten. Arbeitsinhalte können daher leicht und schnell strukturiert werden, und sie bleiben auch bei großen Informationsmengen übersichtlich. Durch das ansprechende Erscheinungsbild, die klaren, einfachen Formen und die Zusammenfassung von Einheiten auf abgegrenzten Arbeitsflächen (Pinwänden) wird ferner die Konzentration der Teilnehmer gefördert, ein Phänomen, das aus der Montessori-Pädagogik bekannt ist. Strukturierungsmöglichkeiten und Förderung der Konzentration steigern wiederum die Effizienz des Austausches.

Prinzip: Effiziente Kommunikation

Material und Moderator fördern also in der Moderationsmethode auf verschiedenen Wegen die Kommunikation. Deren Optimierung ist das zentrale Prinzip der Moderationsmethode.

Zukunftswerkstatt – Phasenschema

In der Zukunftswerkstatt tritt neben die methodischen Aspekte »Moderator« und »Material« das Phasenschema. Es fördert einerseits die emotionale Einbindung der Teilnehmer in den Arbeitsprozeß, andererseits die Phantasieentwicklung.

– Emotionale Einbindung

Die erhöhte emotionale Einbindung der Teilnehmer intensiviert Gruppenbildung, Identifikation mit den Ergebnissen und Engagement für die Umsetzung. Je mehr man sich in einem Arbeitszusammenhang emotional engagiert, desto mehr fühlt man sich seinen Mitarbeitern verbunden. Das Gemeinschaftsgefühl fördert wiederum die emotionale Einbindung in die Werkstatt. Mit den Ergebnissen identifiziert man sich, weil man emotional an ihrer Erarbeitung beteiligt ist. Umgekehrt steigt die Emotionalität, wenn einem eine Sache wichtig ist. Schließlich engagiert man sich wohl stärker für die Umsetzung von etwas, das man nicht nur abstrakt als sinnvoll betrachtet. Und sofern man sich handelnd für etwas einsetzt, verbindet man sich auch emotional damit.

– Phantasieentwicklung

Die Phantasieentwicklung, die in der Zukunftswerkstatt einen hohen Stellenwert hat, unterstützt diese emotionale Einbindung der Teilnehmer in den Arbeitsprozeß. Ihrerseits wird sie gefördert durch das Phasenschema und das Material. Dessen Strukturierungsmöglichkeiten sind zwar geringer als in der Moderationsmethode, da der Platzbedarf höher ist. Seine gewollte »Schmuddeligkeit« und die breiteren Möglichkeiten, Bewegung in die Moderation einzubeziehen, fördern jedoch Lebendigkeit und Phantasieentwicklung.

Die Ergebnisse werden in der Zukunftswerkstatt wesentlich von der Utopiephase mitgeprägt. Handlungs- oder Lösungsmöglichkeiten werden nicht nur aus Problemen abgeleitet, sondern entstehen zum großen Teil aus der Auseinandersetzung mit Zielen, mit erstrebenswerten Zukunftsvorstellungen.

Zusammenfassung

Zusammenfassend kann man sagen, daß in der Moderationsmethode die Förderung effizienter Kommunikation im Vordergrund steht. Die Umsetzung der Ergebnisse durch die Gruppe ist beabsichtigt, soll aber im wesentlichen ebenfalls über Arbeitseffizienz gefördert werden. Demgegenüber spielt die Effizienz in der Zukunftswerkstatt zwar eine wichtige Rolle, ihr steht aber die Förderung des Engagements der Teilnehmer kaum nach. Das Wirkungsgefüge, das für die Umsetzung der Ergebnisse bedeutsam ist, wird gezielt betont. Der zweite Hauptunterschied besteht in der Art der Ergebnisgewinnung. Die Phantasie spielt in der Zukunftswerkstatt eine wesentliche Rolle. Damit ist nicht nur eine andere Vorgehensweise verbunden, sondern die Ergebnisse der Moderation unterscheiden sich auch inhaltlich.

Literaturverzeichnis

Im Sinne der Lesbarkeit habe ich im Text nur selten Quellen angegeben. Daher sind im folgenden die Titel aufgeführt, aus denen ich mehr oder minder große Anregungen entnommen habe. Bücher, die ich für theoretisch oder praktisch bedeutsam halte, sind am Rand mit einem »T« oder einem »P« gekennzeichnet.

Eine weitere Quelle dieser Arbeit liegt in Gesprächen mit Moderatoren und in der Teilnahme an ihren Veranstaltungen. Dafür möchte ich mich insbesondere bei Walter Häcker, Beate Kuhnt, Ulrich Lipp, Norbert Müllert und Reinhard Sellnow bedanken.

Anders, Günther: »Die Atomkraft ist die Auslöschung der Zukunft«. Ein Gespräch mit Günther Anders. In: Psychologie heute Taschenbuch: Wieviel Katastrophe braucht der Mensch? S.7-19. Weinheim, Basel 1987.

Böning, Uwe: Moderieren mit System. Wiesbaden 1991.
Brühwiler, Herbert: Methoden in der Erwachsenenbildung. Thalwil, Zürich 1989.

Carstensen, Birgit / Haubenreisser, Karen: Sammeln allein genügt nicht – Bearbeitungsmöglichkeiten in der Kritikphase. Unveröffentlichtes Referat auf dem Jahrestreffen der Zukunftswerkstätten-ModeratorInnen 1994.
Cohn, Ruth C.: Von der Psychoanalyse zur themenzentrierten Interaktion. Stuttgart 1981.

T Dörner, Dietrich: Die Logik des Mißlingens. Strategisches Denken in komplexen Situationen. Reinbek 1992.

Franck, Johannes: Sozialpsychologie für die Gruppenarbeit. Tübingen 1976.
Franke, Heinz: Problemlösen als soziale Interaktion. Berlin 1976.

T/P Geißler, Karlheinz A.: Anfangssituationen. Was man tun und besser lassen sollte. Weinheim, Basel 1993.

Geißler, Karlheinz A.: Schlußsituationen. Die Suche nach dem guten Ende. Weinheim, Basel 1992.

Häcker, Walter: Kurzbericht »Zukunftswerkstätten«. In: Schwencke, Olaf (Hg.): Menschenbeben. Neue Aufgaben und Felder der Zukunftsforschung, S.157-161. Loccum 1991.

Jungk, Robert: Der Jahrtausendmensch. Bericht aus den Werkstätten der neuen Gesellschaft. München, Gütersloh, Wien 1973.

Jungk, Robert: Entwerfen und Planen gegen die Versuchung der Resignation. In: Lutz, Rüdiger (Hg.): Pläne für eine menschliche Zukunft. Weinheim, Basel 1988.

Jungk, Robert: Projekt Ermutigung. Berlin 1991.

Jungk, Robert / Müllert, Norbert R.: Zukunftswerkstätten. Mit Phantasie gegen Routine und Resignation. München 1989. *T/P*

Jungk, Robert / Müllert, Norbert R. / Geffers, Stephan G. / Solle, Angelika: Zukünfte »erfinden« und ihre Verwirklichung in die eigene Hand nehmen. Ratingen, Wuppertal, Berlin 1988.

Klebert, Karin / Schrader, Einhard / Straub, Walter: ModerationsMethode. Hamburg 1987a. *P*

Klebert, Karin / Schrader, Einhard / Straub, Walter: KurzModeration. Hamburg 1987b. *P*

Knoll, Jörg: Entscheiden. In: Hierdeis, Helmwart / Knoll, Jörg / Krejci, Michael: Basiswissen Pädagogik, S.36-52. München 1977.

Knoll, Jörg: Kleingruppenmethoden. Weinheim, Basel 1993. *P*

Koch, Gerd: Die erfolgreich Moderation. Landsberg 1989.

Langmaack, Barbara/Braune-Krickau, Michael: Wie die Gruppe laufen lernt. Weinheim, Basel 1985.

Lechler, Michael: Zukunftswerkstätten. Kreativität und Aktivierung für lokales Bürgerengagement. Bonn 1992. *T*

Linneweh, Klaus: Kreatives Denken. Techniken und Organisation produktiver Kreativität. Karlsruhe 1978.

Lipp, Ulrich: Mind-Mapping in der Schule. Gedanken-Landkarten als visuelle Lernhilfe. In: Pädagogik 10/94, S.22-26. *P*

Lipp, Ulrich: Mind-Map-Training. Unveröffentlichte Trainingsunterlagen o.J.

Lutz, Rüdiger: Die Friedenswerkstatt. In: ders. (Hg.): ÖKOLOG-Buch 2, S.173-178. Weinheim, Basel 1983.

Lutz, Rüdiger: Erfahrungen mit Zukunftswerkstätten – eine Zwischenbilanz. In: Landesinstitut für Schule und Weiterbildung: Zukunftsphantasien: (k)ein modischer Trend!? S.29-39. Soest 1987.

Lutz, Rüdiger: Einführung in die Zukunftswerkstatt. In: Holzheuer, Jürgen / Maelicke, Bernd (Hg.): Widersprüchliche Zukünfte der sozialen Arbeit – Bericht über die ISS-Zukunftswerkstatt vom 5. – 8. März 1986. Frankfurt 1987.

Maeck, Horst: Das zielbezogene Gespräch. Düsseldorf 1990.

Mauch, Hansjörg: Werkstattzirkel – Wie Arbeiter und Meister an der Lösung betrieblicher Probleme beteiligt werden. Quickborn 1981.

Müllert, Norbert R. / Kuhnt, Beate: Moderatorenfibel Zukunftswerkstätten. Bislang unveröffentlichtes Manuskript o.J.

Osnabrügge, Gabriele / Stahlberg, Dagmar / Frey, Dieter: Die Theorie der kognizierten Kontrolle. In: Frey, Dieter / Irle, Martin (Hg.): Theorien der Sozialpsychologie, Bd. 3: Motivations- und Informationsverarbeitungstheorien, S.126-172. Bern, Stuttgart, Toronto 1985.

Pallasch, Waldemar / Reimers, Heino: Pädagogische Werkstattarbeit: eine pädagogisch-didaktische Konzeption zur Belebung der traditionellen Lernkultur. Weinheim, München 1990.

Rahn, Rainer-Michael: Vom Problem zur Lösung. München 1989.

T Sader, Manfred: Psychologie der Gruppe. Weinheim, München 1991.

Schneider, Hans-Dieter: Kleingruppenforschung. Stuttgart 1985.

Schnelle, Eberhard: Entscheidung im Management. Quickborn 1966.

Schnelle, Eberhard: Evolution des Management. Quickborn 1968.

Schnelle, Eberhard (Hg.): Der Informationsmarkt – eine Metaplan-Methode. Metaplan Reihe Heft 8. Quickborn 1981.

P Schnelle, Eberhard (Hg.): Metaplan Gesprächstechnik – Kommunikationswerkzeug für die Gruppenarbeit. Metaplan Reihe Heft 2. Quickborn 1982.

Schnelle-Cölln, Telse: Visualisierung – die optische Sprache in der Moderation. Metaplan Reihe Heft 6. Quickborn 1983.

P Schnelle-Cölln, Telse: Optische Rhetorik für Vortrag und Präsentation. Quickborn 1988.

P Seifert, Joseph W.: Besprechungs-Moderation. Mit neuen Techniken effektiv leiten, erfolgreich teilnehmen, Zeit sparen, Ziele erreichen. Bremen 1994.

P Seifert, Joseph W. / Pattay, Silvia: Visualisieren – Präsentieren – Moderieren. Speyer 1990.

Sellnow, Reinhard: Einführung in die Methode der Zukunftswerkstatt. In: Pädagogische Arbeitsstelle des Deutschen Volkshochschul-Verbandes (Hg.): Bürgerforum

& Zukunftswerkstatt. Zur Wiederbelebung des politischen Diskurses als Aufgabe der Volkshochschulen, S.49-63. Bonn, Frankfurt/Main 1990.

Sellnow, Reinhard: Die mit den Problemen spielen... Ratgeber zur kreativen Problemlösung. Bonn 1994. *P*

Stange, Waldemar / Bardenhagen, Harald / Paschen, Wolf / Tiemann, Dieter: Die Lernwerkstatt. In: Landesinstitut für Schule und Weiterbildung: Zukunftsphantasien: (k)ein modischer Trend!? S.67-130. Soest 1987.

Svantesson, Ingemar: Mind-Mapping und Gedächtnistraining. Bremen 1993.

Weinbrenner, Peter / Häcker, Walter: Zur Theorie und Praxis von Zukunftswerkstätten. Ein neuer Methodenansatz zur Verknüpfung von ökonomischem, ökologischem und politischem Lernen. In: Bundeszentrale für politische Bildung: Methoden in der politischen Bildung – Handlungsorientierung, S.115-149. Bonn 1991.

Register